新时代大学生素质教育丛书

新时代
大学美育教程

主　审 ◎ 黄志繁

主　编 ◎ 黄丽娜　　张素华　　周石其

副主编 ◎ 杨　晶　　旷璐璐　　万　欢　　谢亨蓉
　　　　　张晶璇　　何　佳　　钟春明　　黄静泊

华中科技大学出版社
http://press.hust.edu.cn
中国·武汉

内 容 提 要

本教材紧扣立德树人根本任务,创新构建了"理论—实践—应用"三位一体的美育教学体系。教材涵盖美育历程、生活之美、社会之美、自然之美、艺术之美、汉字之美、科技之美、红色文化之美、非遗之美九大板块,旨在通过以美育人、以文化人,提升大学生的审美素养与人文素养,引导大学生发现美、感受美、欣赏美、创造美。本教材旨在启迪思想智慧,激发创新活力,为大学生的未来发展注入源源不断的动力,培育能够担当民族复兴大任的时代新人。本教材既可作为大学美育通识课教材,也可作为人文素养提升读本。

图书在版编目(CIP)数据

新时代大学美育教程 / 黄丽娜,张素华,周石其主编. -- 武汉 : 华中科技大学出版社,2025.9. --(新时代大学生素质教育丛书). -- ISBN 978-7-5772-2216-5

Ⅰ. G40-014

中国国家版本馆CIP数据核字第2025SB5868号

新时代大学美育教程
Xinshidai Daxue Meiyu Jiaocheng

黄丽娜　张素华　周石其　主编

策划编辑:李承诚　刘　平

责任编辑:唐梦琦

封面设计:孙雅丽

责任校对:余晓亮

责任监印:曾　婷

出版发行:华中科技大学出版社(中国·武汉)　　电话:(027)81321913
　　　　　武汉市东湖新技术开发区华工科技园　　邮编:430223

录　　排:孙雅丽

印　　刷:武汉市洪林印务有限公司

开　　本:889mm×1194mm　1/16

印　　张:12.25

字　　数:350千字

版　　次:2025年9月第1版第1次印刷

定　　价:56.00元

前　言

在新时代教育蓝图中，美育占据着举足轻重的地位。习近平总书记强调，要全面加强和改进学校美育，坚持以美育人、以文化人，提高学生审美和人文素养。美育不仅是审美教育、情操教育、心灵教育，更是丰富想象力和培养创新意识的教育，对培养德智体美劳全面发展的社会主义建设者和接班人具有不可替代的作用。

大学阶段作为青年学子成长、成才的关键时期，美育在其中承担着独特的使命。美育能帮助大学生提升审美素养，使其具备感知美的能力，精准捕捉生活中的细微美好和艺术作品中的深邃意境。美育能够陶冶大学生的情操，使他们在接触各类美的事物时，潜移默化地塑造积极向上的价值观；有助于其养成健康品格，以美为指引，培育坚忍、包容、积极、乐观的品质；还能启迪思想智慧，激发创新活力，为大学生的未来发展注入源源不断的动力，使其成长为堪当民族复兴重任的时代新人。

《新时代大学美育教程》旨在为大学生打开一扇通往美的大门。在内容编排上，我们精心构建了一个系统、全面的美育体系：回顾人间觉醒的美育历程，探寻美的起源，明晰美与美育的特征和作用，以及审美艺术的欣赏路径；探寻人间烟火的生活之美，展现服饰、饮食、劳动等日常生活中的美学韵味；体会时和岁稔的社会之美，涵盖心灵、行为、风尚、交际、环境等多个维度，揭示社会生活中美的真谛；领悟天地大爱的自然之美，体味风景、园林、生态、矿产的自然魅力；走近栩栩如生的艺术之美，感受音乐、器物、舞蹈、戏曲、绘画、雕塑、建筑、茶艺等艺术形式的独特魅力；回溯文明火种的汉字之美，剖析篆书、隶书、草书、楷书、行书等书体蕴含的文化底蕴与艺术价值；展望瞬息万变的科技之美，展现技术、设计、影视艺术、数字媒体等领域的创新之美；颂扬星星之火的红色文化之美，深入挖掘红色文化的内涵、发展及其所具有的美育功能，通过红色文学、影视戏剧、美术作品等载体，传承红色基因；触摸人类遗产的非遗之美，厘清非遗分类，展示精美的非遗技艺及其卓越的艺术表现。

我们期望通过本教材，让学生在美的世界里遨游，发现美、感受美、欣赏美、创造美；让学生以美的视角去观察大千世界，以美的心态去拥抱人间真情，以美的理念去创新，以美的行为去奉献，在美育的滋养下，拥有丰富的精神世界，塑造健全的人格，为实现中华民族伟大复兴贡献自己的力量。

本教材由黄志繁担任主审，黄丽娜、张素华、周石其担任主编，杨晶、旷璐璐、万欢、谢亨蓉、张晶璇、何佳、钟春明、黄静泊担任副主编。本教材在编写过程中，得到了江西理工大学教务处的支持，在此向教务处的老师们表示衷心的感谢！

另外，本教材在编写过程中参考了大量的文献资料和相关网络资源，由于客观原因，未能与原始文献作者一一取得联系，在此向所有原始文献作者表示诚挚的感谢。由于编者水平有限，书中难免存在疏漏或不当之处，敬请广大读者批评指正，以使本教材在使用过程中不断得到提高和完善。

编者

2025 年 6 月

CONTENTS

目 录 ……

第一章

人间觉醒:美育历程

第一节
什么是美

　　"什么是美?"这个问题是美学基本理论问题之一,它通常被表述为美的本质问题。千百年来,无数美学家、哲学家从不同的角度,采用不同的方法,对这个问题进行了不懈的探索。例如,毕达哥拉斯学派提出了"美是和谐与比例"的观点,古希腊哲学家柏拉图首次提出"美是什么"的问题,亚里士多德则在其《诗学》中建立了以艺术模仿说为核心的唯物主义美学观,等等。美的现象广阔、复杂,审美评价也因人而异,具有差异性、可变性和主观性,因此,美的本质包含多方面的内容。

一、被感知的存在是美的前提

　　在美学研究中,"美"有三层含义:第一层是指具体的审美对象,即"美的东西";第二层是指众多审美对象所具有的特征,主要是形式和形象上表现出来的审美属性;第三层是指美的本质和美的规律。

　　从最基本的词义学上分析,无论是汉语还是拉丁语、英语、法语、意大利语中的美,都是指对人们的生活有意义、有价值的事物属性。从审美对象看,美是事物通过其外在形象表现出来的某些客观属性,是能够使人产生积极情感体验并促使精神发生积极变化的事物属性。这种积极情感体验既可以是情感上的愉悦,又可以是身心上的舒适,也可以是感觉上的满足。某些客观事物能够满足人们某种主观需求,那么这些客观事物的外部形态就会使人在主观上感受到某种美。这些客观事物是人们感受美的基础,当客观事物不存在的时候,其所表现出的个性美也会随之消失。例如:当雨后的泰山出现云海玉盘奇观时,周围的群山或被云雾吞没,或被云雾环绕,让人感受到一种直觉上的美感(图1-1);当冬季的树木秃枝上绽放傲立的寒梅时,风雪送来的那一缕缕若有似无的幽香会让人不禁联想到坚忍高洁、铁骨冰心的精神(图1-2)。

图1-1　泰山云海

(图片来源:网络)

图1-2　雪中寒梅

(图片来源:网络)

二、感官体验是感知美的手段

在一定意义上讲，美是人们对某种事物的感觉，这种感觉是人们的视觉、听觉、味觉、触觉及身心对某一事物的愉悦感受，包括事物在结构上的和谐和新奇、色彩上的绚丽多姿、音乐旋律的美妙动听、大自然的鬼斧神工等。

鲜花娇艳欲滴、香气怡人，人们通过视觉和嗅觉来感知它；音乐旋律抑扬顿挫、抒情动听，人们通过听觉来感知它；绿野之巅的雪峰，银装素裹、洁白无瑕，人们通过视觉、身心来感知它……

三、美是人类社会的产物

美是相对于人类而言的一种价值属性，美离不开人，也离不开人类社会。美以事物的自然属性作为物质基础，但美之所以为美，关键在于这些自然属性同人类社会生活的联系。人们主观认为，不能够满足自己主观需求的客观事物，其外部形态就不能够使人感觉到美。人的主观行为的产生是以人的文化观念形态为根据的。不同人的文化观念形态是不同的，并且每个人的文化观念形态也会不断发生变化。这就是为什么一些人认为美的事物另一些人却认为不美，人们过去认为美的事物现在却认为不美的根本原因。美是一种社会现象，是社会历史发展的产物，必然受到人类社会生活的制约。只有随着人类社会不断发展，美才能不断丰富和发展起来。

第二节
美与美育的特征

一、美的特征

美的特征主要表现为形象性、感染性、创造性等。

（一）形象性

一切审美对象必须是个别的、具体的、形象的。德国哲学家黑格尔在《美学》一书中说："美只能在形象中见出，因为只有形象才是外在的显现。"

东汉许慎《说文解字》中对美的解释是："美，甘也。从羊，从大。"这在一定程度上说明，美与具体事物的属性相关联，美以具体的形象呈现在人们面前。

美是通过一定的声、光、色、线等物质材料所构成的外在形式的表现，审美对象都有一种具体可感的形态，具有形象性。作为审美对象的事物或现象，是审美主体凭借感觉、直觉、知觉等一系列审美心理活动直接感知的感性形态。客观世界中的自然界、社会生活、艺术形象等都是具体的审美对象，是人们审美产生的源泉。例如，"峨眉天下秀"是对峨眉山的评定，其山脉绵亘曲折，千岩万壑，瀑布溪流，奇秀清雅，对峨眉山远观（图1-3）与近看（图1-4）会让人产生不同的美感。峨眉山海拔高，雨量充沛，整座山常年笼罩在云雾之中，犹抱琵琶，如梦如幻。峨眉山的秀离不开那四季苍翠的茂盛植被，离不开那飘忽于山峦间的云雾，也离不开那深厚的人文底蕴。

图 1-3　峨眉山远景

（图片来源：网络）

图 1-4　峨眉山近景

（图片来源：网络）

（二）感染性

美具有形象性，但并不是一切形象都是美的，只有那些具有感染性、能愉悦人们情感的形象才能成为审美对象。美的事物作为实践的产物，积淀着人的个性、智慧、才能、理想、情感等。在审美过程中，审美主体的情感与理想社会、审美对象相调和而引起感情波动或浓烈的感情向纵横方向扩充，就是美的感染性。美的感染性与形象性密切相关，人们被美的形象所感染，不仅是一种简单的生理反应，更是一种高级的精神享受。在这个过程中，美的事物能激发人们的审美情感，愉悦人们的精神感受，满足人们的身心需求。例如：当人们站在海滩上，遥望辽阔的海洋、倾听海浪的声音、看水天交接处的云卷云舒（图1-5）时，内心会不自觉地涌起壮美的情感，从而感到心旷神怡；当人们诵读唐代诗人张继的《枫桥夜泊》时，江南水乡（图1-6）幽静的环境就好像浮现在眼前，夜色衬托下的江南幽寂清冷，诗句中虽未直接提及乡愁，却字字都是乡愁，让人领略到一种情味隽永的诗意美。

图 1-5　大海与云

（图片来源：网络）

图 1-6　江南水乡

（图片来源：网络）

（三）创造性

随着人类实践活动的深入，美不仅仅是客观存在的，还会不断地展现出新的面貌。美是人类本质力量的显现，人的本质力量是积极向上的。人们不仅能够欣赏美，而且可以创造美，从而使整个世界更有色彩、更有魅力、更有生机。

　　人类创造出的优秀艺术作品或新的形象能起到吸引人、感染人、启迪人的作用。例如：饮食文化中食具的美，能从不同时代发明的陶器、瓷器、铜器、金银器、玉器、漆器和玻璃器上得到充分展现；园林美将自然的或经人工改造的山水、植物与建筑物按照一定的审美要求进行组合，通过自然景观、建筑、空间变化等手段来表达一定的审美情趣和人生理想；即使是自然美，也在发展变化中不断出现新的形象，创造出新的美景。

二、美的表现

（一）过程之美

　　诺贝尔生理学或医学奖获得者班廷说过："人生最大的快乐不在于占有什么，而在于追求什么的过程。"例如，对运动员来说，在运动赛场上最大的收获不仅仅在于获得了多少荣誉或多少奖杯，更重要的是参与比赛的过程，并因此发现了更好的自己。生命是一个过程，每个人的起点和终点是相同的，但每个人经历的过程却是不一样的。人们所追求的人生之美就体现在每个人的生命过程之中。终点之美属于优胜者，起点之美属于每个人，自觉地进入起点并调动起自己的美，就是人生的优胜。

　　中国古代不乏深谙过程之美的人，如《世说新语》中就记载了这样一个故事：

　　王子猷（yóu）居山阴。夜大雪，眠觉，开室，命酌酒，四望皎然，因起彷徨，咏左思《招隐》诗。忽忆戴安道；时戴在剡，即便夜乘小船就之。经宿方至，造门不前而返。人问其故，王曰："吾本乘兴而行，兴尽而返，何必见戴？"

　　这个故事主要讲述了王子猷雪夜访戴安道"乘兴而行，兴尽而返"，表现了魏晋名士任情率性的风度和一种乐观、豁达的人生态度。王子猷重视的是"乘兴而行"的过程，深谙过程之美。对人的一生而言，追求美好理想与事物的过程本身就是一种美的境界。

（二）缺憾之美

　　俄国学者车尔尼雪夫斯基说过："既然太阳上也有黑点，'人世间的事情'就更不可能没有缺陷。"月有阴晴圆缺，日有东升西落，星有永恒与陨落……很多无法弥补的缺憾伴随着每个人的人生历程。世上没有十全十美的事，正因为有不完美，人们才会不断地进行弥补、完善；正是因为有这些缺憾，才更能彰显出生命的真谛。

　　欣赏《米洛斯的维纳斯》的时候，人们完全不会为失去双臂的雕像而深感遗憾，因为这种"缺陷"让维纳斯显现出一种独特、清冷的韵味，充斥着知性、优雅和美丽，散发出一种平和、安静的美。

　　文学作品中的角色形象，也常常因作家恰到好处地刻画出人物外形和内心的某种"缺陷"而别具魅力。"黑旋风"李逵憨直忠勇，却又鲁莽可爱；林黛玉聪明美丽、绝尘雅致、口才伶俐，却又心思敏感、多愁善感；孙悟空机智勇敢、能力超群、爱憎分明，却又稍显急躁……一个个鲜明的人物形象跃然纸上，呼之欲出。古往今来，大凡成功的艺术形象都不是绝对完美的，恰恰是这些若隐若现的"瑕疵"，才让其显现出璞玉浑金般的光彩。

三、美的分类

由于美的形态具有多样性和复杂性，以及人们对美的本质和特征有着不同的理解，所以不同的学者对美的划分各有不同。古希腊哲学家柏拉图把美分为形体美、心灵美、知识美和理念美；英国的哈奇生是较早尝试对美进行分类的美学家，他将美分为"绝对美"和"相对美"；德国的黑格尔将美分为"自然美"和"艺术美"，并认为艺术美是更高层次的美。此外还有很多美的分类标准，不再一一列举。

根据审美现象的存在状态、存在方式及美的本质表现所具有的共同特点，人们把形形色色的审美对象分为艺术美、书法美、文学美、自然美、生活美、影视美六种形态。

（一）艺术美

艺术美是艺术家对生活的审美感情和审美理想与生活美丑特性在优美艺术形象中的一种结合，是艺术家创造性劳动的产物。艺术美是一种反映形态的美，来源于现实生活，但不等同于生活。艺术美不是对生活中的美进行机械、刻板的复制，而是生活中的美经过典型概括的艺术反映，是比生活中的美更集中、更强烈的美。

艺术美是人们的创造物，是人们劳动和思想的结果，是自然界原本不存在的。艺术美是美的集中表现，是美的高级形态。艺术美存在于一切种类、样式的艺术作品中，种类繁多，主要包括建筑（图1-7）、雕塑、绘画（图1-8）、音乐、舞蹈、戏剧、影视等。艺术美具有陶冶性情、娱乐身心、认识生活、宣传教育、净化心灵等作用。

图1-7 江西理工大学优秀建筑

（图片来源:网络）

图1-8 《富春山居图》(局部)

（图片来源:网络）

（二）书法美

书法是汉字的书写艺术，是中国极具传统文化色彩的艺术形式之一，它根植于中国传统文化的土壤，是中国传统文化的精粹，那浸染着墨色芬芳的一撇一捺早已深深地融入中华民族久远的血液之中。汉字在漫长的历史发展过程中，一方面起着思想交流、文化继承等重要的社会作用，另一方面形成了自身独特的造型艺术。书法美主要表现为形体美和神韵美：形体美是指可视的线条美、结构美、章法美，具有强烈的观瞻性；神韵美是指书写文字的时候自然融入的作者的精气神。书法家王羲之在《记白云先生书诀》写道："把笔抵锋，肇乎本性。"字是书者人品的写真，从字中可以看出作者的性格、审美和品德，好的书法作品是可以感染人的。例如，唐代书法家欧阳询的《张翰帖》（图1-9），笔锋书写不张扬、不夸张，显现出足够的严谨和内敛，这与其本人敦厚审慎的性格有关。唐代书法家张旭嗜酒，作书每每大醉，高呼狂叫，甚至以发濡墨，世人称其"张颠"。他以王（王羲之、王献之）书为基底，又得法于张芝，发展了传统的草书，开创了草书的全新境界（图1-10），使抽象的线条结构成为表达其思想感情的一种手段。

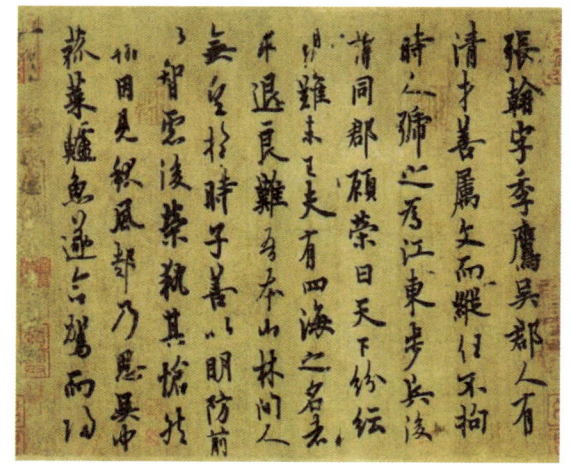

图1-9 《张翰帖》（局部）

（图片来源：网络）

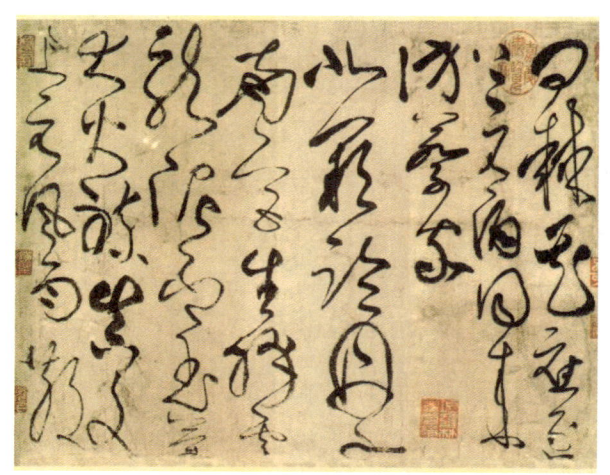

图1-10 《古诗四帖》（局部）

（图片来源：网络）

（三）文学美

文学是一种艺术，演绎着人们的各种思维、情感等心理活动，是以语言符号为媒介创造出富有审美意蕴的形象艺术，如诗歌、散文、小说、戏剧等。文学美是指从美学角度对文学进行欣赏，将文学艺术作为对象，从人对现实的审美关系出发，研究美、丑、崇高等审美范畴和人的审美意识、美感经验，以及美的创造、发展规律。文学美主要在于思想与感情的真实流露，并以文字进行完美的表达，其既包括语言本身具有的音韵、词义、修辞、语法等美的元素，又包括文学作品中蕴含的思想、形象、意境等美的元素。

生活中很平常的景象进入文学作品中就会变成美景。例如，南宋诗人叶绍翁的名篇《游园不值》就描写了诗人春日游园的所见所感，乡间农舍、静寂家园、矮墙环围、柴扉紧闭、红杏盛开……这些看似普通平常的景象，诗人却用一句"春色满园关不住，一枝红杏出墙来"，呈现出一幅意象鲜明、春意盎然的画面。

（四）自然美

自然美是指客观世界中自然事物（图1-11）和自然现象（图1-12）的美，是人们改造自然、认识自然的本质力量在自然事物和自然现象中的感性显现，是社会性与自然性的统一。自然事物的某些属性和特征是形成自然美的必要条件，离开了事物的自然属性，自然美也就不存在了。例如："泰山天下雄"，雄在它的陡峭、高耸；"青城天下幽"，幽在它的深谷丛山、恬静深邃；"黄山天下奇"，奇在它的云海古松、奇峰怪石。正是这些与众不同的自然属性造就了自然事物和自然现象独特的美。

（五）生活美

生活美是指存在于社会生活领域中的社会事物、社会现象、社会生活的美，是那些具备积极、健康、有益的性质和创造意义，并符合人们的进步愿望和先进理想的行为美。生活美的核心是人的美，人的美又

图 1-11　秋天的枫叶

（图片来源：网络）

图 1-12　冬季的雪

（图片来源：网络）

以人格美、服饰美、饮食美等作为基本内容。生活美直接或间接地反映人们的创造智慧，融入了人们的审美思想，带给人们更加强烈的审美体验，能够激发人们的生活热情、坚定人们的生活信念。

（六）影视美

影视艺术是极具活力的一门艺术，其融合了文学、音乐、美术、表演等多种艺术元素，以现代科技手段作为技术支撑，具有极强的艺术感染力。影视艺术利用光线、色彩、影像等，对自然美加以提炼、升华，给观众以视觉美的体验。影视艺术能够使观众获得充分的审美感受，使观众受到道德教育、精神鼓舞、思想启迪，从而开阔视野、发展想象力、提高审美能力。

四、美育的特征

美育作为一种独特的教育方式，不仅具有特殊的内涵与目的，而且具有与其他教育形式不同的、显著的教育特点。

（一）情感性

情感性是美育的首要特性。所谓情感性，不仅指美育主要以情感为中介，通过诉诸人的情感领域来进行教育，而且也指美育具有激发情感、以情动人、陶情养性的重要作用。

在审美教育中，情感并非仅仅表现为一种单纯的手段，它还是美育直接的目的之一。如果审美教育不能开启人情感世界的大门，不能引起人情感的波动，就不可能真正实现美育的目的。在美育中，人的情感一旦被激发起来、活跃起来，不仅会在受教者的心灵中唤起一种新的力量，使其"如入云烟中而为其所烘，如近朱墨处而为其所染"，而且会使受教者留下持久而深刻的印象。由于在美育中所生成的审美感受往往与情感伴随交融在一起，审美感受涉及十分复杂的生理和心理过程，因而这种情感记忆比普通的记忆要深刻得多。美学家蒋孔阳在一篇文章中所谈的亲身经历就是生动的例证："抗日战争刚刚爆发的时候，我在初中读书。一天，来了两位抗敌宣传队的队员。他们把全校同学召集在一起，不讲任何一句话，只是唱《流亡三部曲》。先唱《松花江上》，全场唏嘘，无不痛哭。又唱《打回老家去》，全场的情绪立刻为之一振，所有的同学都沸腾了起来，恨不得立刻杀上战场。"

（二）审美性

审美就其深层的本质而言，乃是人类生命意识的自觉和完满人性的展现。因此，美育的效用与意义，突出地表现在它能培养人们对生命的热爱、崇高感和同情心，这是培养高尚品德的深厚土壤。而美育区别于其他教育形式的一个重要特点，即施教者必须积极引导受教者参与并投入审美活动中。如音乐欣赏，如果仅仅在课堂上向学生讲授音乐的旋律、节奏、调式等音乐理论，显然是无法达成教育目标的，因此，施教者应通过自己的教学设计、策划与组织，引导受教者在具体的作品演绎中去体验、去发现、去领悟音乐的美。正是在欣赏作品的过程中，人们能够全身心地沉浸到审美世界中，在直觉、情感、理性等元素的充分作用下，融入作者的心灵，触摸作品的灵魂，领悟作品的境界，从而升华自己的情感与内心世界，最终达成美育的目标。

（三）全面性

培养德、智、体、美和谐与全面发展的新型人才，既是社会发展对教育提出的根本要求，也是在全球化语境下我国教育提出的新理念。人们日益深刻地认识到教育不是单纯的"复制"工作，即把前人的文明成果简单地迁移到受教育者身上，使之成为适应特殊职业要求的工具，而更多的是把培养具有人文情怀、创新意识、批判精神和独立个性的人作为自身崇高的使命，这是一种以人为本的、面向未来的教育观。

美育的全面性主要表现在两个方面：一方面，德、智、体等教育方式可借助美育的手段和方法来增进教学效果；另一方面，美育又是其他各种教育方式的发展基础。例如，开展德育，除了向学生讲解政治方向、人生理想、道德标准等内容之外，还可借助美育的手段来引导学生阅读经典名著，组织学生参观和游览祖国的名胜古迹、山水风光，使学生在欣赏美的过程中潜移默化地受到中华优秀传统文化和爱国主义的理想教育。又如开展历史学科的教学，教师可组织学生参观博物馆，近距离观赏艺术品（如秦始皇兵马俑、名画《清明上河图》等），能够帮助学生更具体地进入历史情境，更深切地感受历史氛围，从而更准确地了解历史事件。再如开展体育学科的教学，许多体育运动本身就有很高的艺术性和审美观赏价值，如体操、跳水、花样滑冰等，教师可组织学生观看体育表演，帮助学生发现体育运动中的审美因素，从而帮助学生更自觉地参与体育锻炼。

第三节
美育及其作用

一、美育的含义

美育是指通过寓教于乐、潜移默化的形式，培养学生认识美、爱好美和创造美的能力的教育，是全面发展教育不可缺少的组成部分。从狭义上讲，美育是指艺术教育，是通过鉴赏文学艺术作品来感染、熏陶学生，从而提高学生审美能力的教育。从广义上讲，美育除了艺术美外，还包括书法美、文学美、自然美、生活美、影视美等，兼具美的教育、情感教育、人格教育、感化教育、艺术教育等综合教育功能。

美育具有计划性、渐进性、科学性和集中性等特点。学校应根据培养人才的要求，按照教育规律，有目的、有计划地组织美育活动，引导学生进行学习，接受训练，从而保证培养人才的质量和规格。美育的要求和内容应具有层次，每一门课、每一个专题、每一项审美实践活动都应遵照循序渐进的原则组织教学，做到连贯、完整、系统。学校美育应讲究科学性，帮助学生树立进步的、健康的审美理想，掌握正确的审美标准。

二、美育的作用

（一）树立正确的审美观

审美观即审美主体从审美的角度对世界和人生的看法，其核心是审美理想和审美标准。爱因斯坦说过："照亮我的道路，并且不断地给我新的勇气去愉快地正视生活的理想，是善、美和真。"树立正确的、崇高的审美观能帮助我们更好地发现美、欣赏美、创造美。

诚然，人人都有爱美的天性，没有学过美学理论的人，受他人的影响或在自己的实践中也能在一定程度上感受美、追求美，但是由于缺乏美学理论的指导，他们对美的感受往往是肤浅的、迟钝的，对美的追求往往是不自觉的，带有某种盲目性，而且在审美时很容易产生错觉，甚至接受错误的美学思潮的影响，不辨美丑，甚至以丑为美，误入歧途。例如，在对人生的意义上，一种看法是视为人民群众辛勤劳动、创造财富做出贡献为最大的快乐和美的人生；另一种看法则是只讲索取和享受，不择手段追求金钱和地位，视满足个人吃喝玩乐为最大的快乐和美的人生。

在处理人与人之间关系的问题上：一种看法是人的生存离不开集体，只有彼此尊重、互相帮助、团结友爱才能促进社会的进步，所以要以建立亲密无间的友谊为美；另一种看法则是人都是自私的，没有真情，只有你争我夺，伤害别人，才能使自己获得利益，所以就以虚情假意、恶语伤人、仗势欺人为美。在商品的审美价值上：一种看法是商品的优劣不在于是由哪个国家生产的，应以货真价实、实用、高质量为美；另一种看法则是盲目追崇"外国货"。再如"人之美"，有的人只重外表，甚至以打扮的洋、奇、特、怪为美。荀子在《非相》篇中写道："形相虽恶而心术善，无害为君子也；形相虽善而心术恶，无害为小人也。"

人的审美观不是天生的，也不是一成不变的，而是建立在一定的社会实践基础之上，并随实践的发展而发展。以自然美为例，同样是秋天，唐代诗人刘禹锡笔下的秋天是："自古逢秋悲寂寥，我言秋日胜春朝。晴空一鹤排云上，便引诗情到碧霄。"在他的眼里，秋天是充满诗情画意的季节。而在宋代文学家欧阳修的眼中，秋天是"其色惨淡，烟霏云敛"，"其意萧条，山川寂寥"，"宜其渥然丹者为槁木，黟然黑者为星星"，一派萧条、凄凉之景。而现代作家峻青《秋色赋》中描写的秋天，则是繁荣昌盛、硕果累累的季节。正如墨子所说："食必常饱，然后求美；衣必常暖，然后求丽；居必常安，然后求乐。"

（二）提高审美能力

审美能力包括对美敏锐的感知力、丰富的想象力和透彻的鉴赏力。

罗丹曾说过："美是到处都有的。对于我们的眼睛，不是缺少美，而是缺少发现。"审美感知力是人们审美、创美活动的前提和基础。欣赏音乐要有善于感受旋律的耳朵，欣赏绘画要有善于感受线条、色彩的眼睛，欣赏小说要有善于借助语言进行艺术想象的头脑。如果审美者缺少对各种美好事物的形、声、色等的敏锐而准确的感知能力，他就不可能将丰富多彩的美的因素极其迅速地输入大脑中，也就不可能获得丰富多彩的审美感受。罗丹说："所谓大师，就是这样的人：他们用自己的眼睛去看别人见过的东西，在别人司空见惯的东西上能够发现出美来。"有的人只能从好听、好看等方面去感受审美对象，只能欣赏一些大众化、普及化的东西，而无法欣赏比较大型的、复杂的、蕴涵着深广社会历史内容的东西。出现这种情况的原因，一是因缺少审美实践而使得审美感受能力不太敏锐，二是因缺少必要的文化素养而不太熟悉审美欣赏的基本要领，从而影响了欣赏、品味精英文化的机会。

想象在审美活动中有着十分重要的作用，其最大的特点在于新形象的创造。如欣赏绘画《踏花归去马蹄香》，欣赏者就要思考：为什么行进中的马蹄周围会飞舞着许多蝴蝶，进而联想到马蹄上可能沾染着花的香气，或许是骏马刚刚在一片美丽而芬芳的花丛中驰骋。再如中国戏曲的表演艺术中，舞台上许多场景常常用艺术夸张的形式来表现骑马、坐轿等行为，以无作有，以假作真，可谓"三五人演出千军万马，六七步走遍四海九州"。任何艺术的欣赏和创作都离不开想象，但是，想象的基础是生活，只有对生活充满热爱的人才能更多地发现生活中美好的事物。因此，一方面要观察和体验社会生活和大自然的美，存储足够多的记忆表象，另一方面也要有更多的知识积累，为想象力的升华铺开理性之路，同时还应开展多姿多彩的艺术鉴赏活动，欣赏艺术之美，打开想象之门。审美鉴赏力是指审美主体对审美对象的鉴别和欣赏能力。如中国画和西洋画在审美情趣、造型手段、构图方法和画面内容上就有着截然不同的审美特征。只有了解这两种绘画体系不同的风格和特点，才能正确地分析、判断其作品的美丑，才不会对不同的绘画风格妄加褒贬。关于审美鉴赏力，一是对事物和艺术美丑的辨析能力，二是对审美对象的领悟和评价能力。在复杂的现实生活中，美丑相杂，良莠并存，"丑就在美的旁边，畸形靠近着优美，粗俗藏在崇高的背后，恶与善并存，黑暗与光明相共"。如果缺乏对美丑的鉴别分析能力，就无法理解和欣赏美，当然也得不到更多的审美享受，更不可能做出正确的审美评价。对美的事物不仅要感受其外在形式，更要领略其内在意蕴，《红楼梦》中林黛玉听《牡丹亭》不是仅停留在悦耳的戏曲声中，也不是仅满足于优美的戏文唱词，而是从中感悟人生，历经世态，所以才有如痴如醉的审美享受。审美鉴赏能力来自长期的生活实践、丰富的审美实践和深厚的知识积累。生活实践为审美鉴赏提供基本的社会知识，有些事物之美，没有一定的生活经验是无法体验到的，正如"少年不识愁滋味""为赋新词强说愁"，只有拥有了一定的人生阅历，才能"识尽愁滋味"，而"欲说还休"的人生况味又岂是一个愁字了得！同样，丰富的审美实践是提高审美鉴赏力的必要条件，正如"凡操千曲而后晓声，观千剑而后识器。故圆照之象，务先博观"。知识的积累既可开阔视野，又可为美的鉴赏打下深厚的文化基础。

（三）培养创造美的能力

一个美的欣赏者不一定能成为美的创造者，但是一个美的创造者一定能成为美的欣赏者。创造美的能力，是指人们按照美的规律创造美的事物和美化自身的能力。有人认为，美的创造很神秘，高不可攀，其实不然。美育的任务并非使人人都成为艺术家，也不可能把所有人都培养成艺术家。美的领域是多方面的，除了艺术以外，还可以表现在服饰装扮、环境美化、产品造型、社会交往、文化活动等方面。凡是在日常生活中，在人与人之间的各种交往中都存在着一个如何按照美的规律来表现美、创造美的问题。只要一个人有美的自觉意识，能主动地把美融入自己的生活、工作中去，融入个人的服饰装扮和言行举止中去，想方设法地美化自己创造的产品，美化自己的生活环境以及仪表、仪态，就是一种美的表现、美的创造，也是一个人的审美创造能力的体现。

对美的表现和创造要遵循美的规律，要充满激情并善于想象。俄国文学评论家别林斯基说过，"没有感情，就没有诗人，也就没有诗歌"。如曹雪芹耗尽十年心血写就的一部《红楼梦》，正可谓"满纸荒唐言，一把辛酸泪！都云作者痴，谁解其中味"？美的表现和创造需要全身心地投入，那些仅仅靠模仿或为表演而表演的做法算不上美的表现和创造。

综上所述，树立正确的审美观念是美育的前提，培养敏锐的美的感受能力是美育的基础，提高美的鉴别和欣赏能力是美育的发展，培养和提高表现美、创造美的能力是美育的拓展，而陶冶高尚的人格情操，提升精神境界，完善人格塑造，艺术地对待生活，实现个体与社会、人类与自然的和谐发展，才是美育的最终目的和最高境界。

第四节
审美艺术的欣赏

一、直觉感物

直觉感物是审美活动的初级阶段。从被感知的对象来看，直觉感知到的美主要是事物的形、色、声、味等个性属性，所把握的是事物的外部形象。从审美主体来看，直觉感物阶段所收获的美感是感官上的愉悦与兴奋。英国美学家夏夫兹博里说过："我们一睁开眼睛去看一个形象或一张开耳朵去听声音，我们就马上见出美，认出秀雅与和谐。"

大自然中不乏青山环抱、碧水之幽的绝美。在这里，人们看到的是适宜视觉感受的自然色彩（图1-13），呼吸到的是富含负离子的清新空气，嗅到的是四处弥漫的花香，听到的是站在枝头的"乐师"（图1-14）悦耳的歌声。一旦身处这样的情境，人们会不自觉地陶醉其中，心情愉快地获得初级的审美享受。

图1-13　美丽的鲜花

（图片来源：网络）

图1-14　枝头歌唱的小鸟

（图片来源：网络）

二、情感体验

情感体验是审美主体对所感知的事物心有所感、意有所动，是审美活动在心意层面上的展开，是审美主体对事物生命的深刻把握，是精神愉悦的一种体验。人们能够从自然、艺术的欣赏活动中获得情感体验。

在欣赏自然景观的过程中，情感体验表现得较为突出。两岸青山对峙，绿树滴翠，四方奇峰遮天，清流潺潺，山色迷蒙，云雾开合（图1-15），这样的诗情画意往往能令人豁然开朗、喜不自胜。观赏的人会惊讶于自然的神奇，会忘却俗世的烦扰，会生出一种超然脱俗的情怀，这对于长期处于生活重压下的人们而言，是一种精神上的慰藉和人之本性的自然回归。正如孔子所说"知者乐水，仁者乐山"，陶渊明亦写下"采菊东篱下，悠然见南山"。古往今来，诗人们用细腻的笔触投向静谧的山林、悠闲的田野，缘景抒情，因寄所托，以此表达自己的理想和志趣。

好的艺术作品同样能够激发人们的情感反应，美化人们的心灵，振奋人们的精神。例如，在徐悲鸿先生的画笔下，骏马扬蹄长啸，飞奔于广袤的土地上，有破纸而出之势（图1-16）。这些作品倾注了徐悲鸿深刻的思想情感，也是正在觉醒的民族精神的象征。

图1-15　美丽的峡谷

（图片来源：网络）

图1-16　徐悲鸿《奔马图》

（图片来源：网络）

情感体验是以想象、理解为主要特征的。在情感体验阶段，审美主体"精骛八极，心游万仞"，在事物的具体形象之外，萌生出一种更广的深意。这一阶段，想象、理解等美感心理因素与心理活动增强，审美感受更具持续性和稳定性。深刻牢固的情感体验不易随时间的推移而淡化，甚至会伴随审美主体一生。

三、精神感受

审美活动不是客观事物的刻板教条，也不是人们单纯的主观思想活动，而是客观与主观之间的有效互动，是一个双向的过程。精神是指审美主体的精神意志，精神感受是通过审美主体精神意志的通畅和提升而获得的一种自由的体验，是审美主体从"小我"进入"大我"、从有限达到无限的精神境界，是审美主体与审美对象高度和谐统一的阶段。

审美活动达到精神感受的层面时，审美主体零散的、感性的体验将上升为个人信念或信仰，甚至是民族的信仰。这时，客观的审美对象就具有了主观的生命情调。一片风景就是一个心灵的世界，当身心与自然融为一体时，便能从中收获美感，人的精神意志也就有了质的提升。

四、花之美

花是天地灵秀之所钟，是美的化身。赏花，在于悦其姿色而知其神骨，如此方能品得每一种花的独特韵味，并深得其中情趣。赏花，一般是从花卉的色、香、姿、韵四个角度去品赏其美。

（一）花之美美在色彩

花卉的世界是一个五彩缤纷的世界，给人以最直接、最强烈的美感。红色给人温暖，催人奋进；黄色象征智慧，充满神秘；绿色给人希望，使人充实；橙色饱含热情，使人充满活力。鲜红的玫瑰、火红的石榴花、黄色的菊花（图1-17）、洁白的玉兰（图1-18）……万紫千红，争妍斗艳。看着一丛丛、一朵朵绚丽无比的迷人色彩，人们会不自觉地振奋精神。

图1-17 菊花

（图片来源：网络）

图1-18 玉兰

（图片来源：网络）

自古以来，许多文人墨客寄情于花，他们用细腻动人的语言让这种美流传千年。唐代诗人李商隐写下"暗暗淡淡紫，融融冶冶黄"；唐代诗人刘禹锡写下"桃红李白皆夸好，须得垂杨相发挥"；宋代词人秦观写下"小园几许，收尽春光。有桃花红，李花白，菜花黄"；宋代诗人杨万里写下"谷深梅盛一万株，十顷雪花浮欲涨"；宋代诗人林逋写下"蓓蕾枝梢血点干，粉红腮颊露春寒"……

（二）花之美美在花香

花香是花的魂，能醒目、提神，给人如梦似醉的美感。桂花没有硕大的花朵，没有鲜艳的色彩，但它盛开之时，金粟万点，飘香溢芳，"疑是广寒宫里种，一秋三度送天香"；茉莉花清新洁白，"一卉能熏一室香"，在满天星光的夏夜，茉莉花香伴随流泻飘忽的月光涌入鼻尖，沁人心脾，妙不可言。

（三）花之美美在姿态

花姿仪态万千，神态毕肖，芳容倩影，柔姿娇枝，俊美绝伦，展现了大自然造化万物的神奇。明代邱浚《题墨梅》写下"老龙半夜飞下天，蜿蜒斜立瑶阶里。玉鳞万点一齐开，凝云不流月如水"，诗人笔下形形色色的花姿美，实在令人回味无穷。

（四）花之美美在神韵

赏花者若不谙花韵，则难入高雅境界。赏花的情趣是赋予无情之花以有情之意，从美的享受中汲取生命的活力和生存的动力。正如：荷花（图1-19）"出淤泥而不染，濯清涟而不妖"，品格高洁；梅花（图1-20）"凌寒独自开"，在冰中孕蕾，雪里开花，屹然挺立，象征着不屈不挠、坚忍不拔的品质；"唯有牡丹真国色，花开时节动京城"的牡丹（图1-21），雍容华贵，是国泰民安、盛世气象的具象化表达。丰富多彩的花卉蕴含着丰富的情感，亦彰显着人的品格、精神和思想。

图1-19　荷花

（图片来源：网络）

图1-20　梅花

（图片来源：网络）

图1-21　牡丹

（图片来源：网络）

第二章

人间烟火：生活之美

第一节
生活美的特征

一、实践性特征

生活美不是理念的假设与逻辑的推演，而是审美实践的结晶。审美主体并非停留在理论思辨上，而是在具体的实践活动中，将主体的审美目的与审美理想在具体的生活对象上体现出来。生活美是现实的、可操作的，是看得见、摸得着、能够变成现实并直接享受的美。例如居室美，建筑设计师能够概括出居室美的抽象标准，但房主在装修自己的住房时，则要根据自身财力情况和生活实用性的需要，具体构建属于自己的审美要求。又如爱情美，社会学家可以概括出"志趣相投""门当户对""郎才女貌"等，但在实际的爱情生活中，具体情况又千变万化，作为爱情主体的男女双方，可能会有自身对于爱情的特殊要求，若不能同时满足双方的特殊要求，爱情可能就会消失。由此可见，实践性是生活美的第一个特征。

随着历史的变迁，社会的发展，生活美的概念、标准也在不断地变化。从今天的审美角度来评价过去的美的对象与美的标准，有时也会令人无法理解。生活美是实践性的、可操作的，也在社会发展、历史变迁中不断变化。

二、趋向性特征

生活美的趋向性特征，表现为生活美存在"趋新"与"趋同"两种相反的倾向。"趋新"表现为追求时髦、追赶潮流。生活美是最普遍的、最大众化的美。人们对生活美的追求，总以"新"为导向、为目标。"喜新厌旧"是人们的一种审美倾向，只有"新"，方能引人瞩目，受到更多人的关注，所以求新、求异是生活美的一个重要原则。以服装颜色来说，今年流行黑色，明年可能流行灰色，后年可能流行白色或蓝色乃至其他颜色，各国的服装设计师们费尽心思地设计与以往不同的"奇装异服"，通过时装模特的精彩展示，来引起观众的青睐，尤其是吸引那些"追新族"。这里所讲的"求新""求奇"，既与审美的心理原因有关，又与市场促销有关。所有的广告、包装，都是促销新产品的手段，是卖家的一种战略战术。但"趋新"内含审美的规律性，所以具有不可阻挡的力量。例如西装革履，曾被视为资产阶级的生活方式，但在改革开放后，有"弄潮儿"带头穿着，结果从者甚众，一时成为风尚。服饰如此，其他饮食起居等日常生活方式，也无不具有"求新""求奇"的趋向。与"趋新"相反的"趋同"，就是从众、求同。美具有时间性、地域性。民族性，在一定程度上就是趋同、从众的历史反映。生活美中的民族特色，也是趋同性的表现。如印度女性穿着用整块布包裹躯体的纱丽，阿拉伯人喜欢戴包裹头部的头巾，这些穿着习惯不仅是历史的延续，也是民族性的体现。中华民族是由五十六个民族组成的大家庭，各民族都有属于自己的民族服饰，不同民族服饰有其独有的特点。如苗族人喜爱银饰，藏族服饰有单袖穿法，这都是民族性趋同、从众的结果，也是历史沿袭的产物。

三、自由性特征

美是自由的象征，最能体现人的本质力量，其形式丰富多样。与偏重群体的社会美相比，偏重个体的生活美享有更为广阔的自由空间。尽管生活美有趋向性，但对于趋向的选择是自由的。作为社会成员之一的个体，完全有权利自由地选择自己认可的美的行为方式与生活方式，在一般情况下，社会群体无须干涉也不能干涉。只要不违反法律法规、不违背社会行为规范体系，如何选择生活美、选择什么样的生活美是个体的自由与权利。群体应当尊重个体对生活美的自由选择。衣、食、住、行是生活美体现最为集中的四个领域。中华民族既有勤劳勇敢的传统，又有享受人生的追求，所以在衣、食、住、行各方面都很讲究。当今世界有"吃在中国"之说，而对于饮食美的讲究，在我国已有悠久的历史。孔子就曾说过"食不厌精，脍不厌细"，其还对饮食美提出了色、香、味、形诸美的具体要求。中国的烹饪是一门精湛的艺术，除了讲究食品本身，还讲究餐具美，所谓"美食美器"，即要求饮食器具应具备审美价值，精致的饮食器具亦是极富观赏性的工艺品。饮食还讲究环境美，如餐厅的布置、桌椅的安排、灯光的明暗，以及乐曲的选择等，都为人们的饮食活动创造了优雅、舒适的氛围。居室美是现代人最讲究的，一般也是一种大宗消费。大多数普通人一生辛勤，勤俭节约，就是为了能拥有一套属于自己的住宅。住宅中的装潢设计、家具购置、颜色搭配等，无不体现着房主的审美要求（图2-1、图2-2）。法国作家布封曾说："风格即人。"这个强调文学风格与作者人格或创作个性的内在相关联的写作理论，同样适用于强调个体在其居所中的审美体现。居室美的重要标志就是鲜明的风格，以及能否体现房主的审美个性和对美的追求。在"衣"与"行"方面的审美多样性，更是审美自由的体现。可以说，对于丰富多彩的生活美的自由追求，是社会物质文明程度的重要反映。

图2-1　欧式装修风格

（图片来源：网络）

图2-2　美式装修风格

（图片来源：网络）

第二节
服饰美

一、中国传统服饰发展史

中国的传统服饰以汉族传统服饰为主流，其发展史不仅与纺织史、工艺美术史密切相关，还离不开礼制的规范。我国传统服饰形制虽历经宽袍大袖、紧身窄袖的不断变化，但上衣下裳、束发右衽的基本形制却持续了数千年。

（一）先秦时期

夏商周三代的服饰可以用"效天祀地"来形容，商代至西周的服饰风格凝重有序、礼法至上、等级分明，受生产水平所限，式样和色彩单调，较为程式化。

从现有历史资料来看，商代服装所采用的衣料主要有麻、葛和丝绸，统治阶级的服饰相对精致烦琐，不便于劳作，和被统治阶级的服饰差别非常大。从河南安阳等地出土的人像雕塑可见，商代贵族一般头戴扁帽，上穿右衽交领窄袖衣（图2-3），衣长齐膝，下着裳，腰系束带，裹腿，脚着翘尖鞋。商代服饰已出现纹饰织绣，商人束发，男女都用骨笄或牙笄簪发，笄上雕刻有精细图案；身上佩玉，多为鱼形。商人已经开始穿鞋子，其鞋大多以葛、麻为面，以皮、麻为底，也有部分以木为底制成。商代服装颜色以暖色居多，黄、红色为主，间有棕色和褐色，但也存在蓝、绿色等冷色。女子发型多为辫式，卷曲垂肩，头上套有帽箍式冠巾。奴隶免冠，着圆领衣，有的手上还戴有枷锁。此时上衣下裳、束发右衽的服饰形制基本形成。

周代是较为成熟的封建制时代，《周礼》规定了更加完备的礼仪准则和宗法制度。此时形成的中国衣冠制度，完整地贯彻了服饰在"礼"中的作用，即通过服饰的造型、色彩、纹样等来区分人们的等级身份以及其应遵守的礼仪行为。在饰物上周代强调"德如玉"的观念，把美德具象化到具体的服饰材质上，大规模地推崇用美玉制作的饰品（图2-4）。

图2-3 商代贵族窄袖织纹衣

（图片来源：网络）

图2-4 西周五璜联珠组玉佩

（三门峡市虢国博物馆藏品）

东周时期，随着周王室势力的衰弱和诸侯的群雄并起，服饰也掀起了变革的浪潮。除了之前的分等级、别尊卑等特征外，人们也开始追求舒适、简单和富有个性的服饰，胡服、深衣等形制开始流行，其中胡服的大力推广离不开赵武灵王的努力。赵武灵王作为中国服饰史上最早的改革者，其推行的"胡服骑射"是中国历史上第一场服饰革命。胡服衣短袖窄，不仅适合作战，具有强大的实用功能，胡服的流行还弱化了服饰的身份标示功能，对后世服饰产生了极其深远的影响（图2-5）。

图2-5 邯郸市"胡服骑射"纪念雕塑

（图片来源：网络）

（二）秦汉至魏晋南北朝时期

秦汉时期的服饰，沿用了先秦时代的深衣形制。桑蚕纺织业的发展，使这一时期的衣袍装饰更为华丽考究。魏晋时期的服装款式则进一步强化了男装和女装的区别。

秦人尚黑，服装以黑色为主，配饰简洁素雅。在服装形制上，秦代沿袭战国旧制，式样简单，以袍服、上襦下裤为主。汉代初期服饰仍然尚黑，但出现了"吏黑民白"的服饰风貌。之后汉代重土德，开始崇尚黄色，随着纺织、刺绣、染绘等工艺的发展，这一时期的衣冠服饰日趋华丽端庄，又等级严明。曲裾深衣是妇女中较为常见的一种服饰穿着，通身紧窄，长可曳地，下摆呈喇叭状，行不露足（图2-6）。衣袖有宽窄两式，袖口大多镶边。衣领通常用交领，领口较低，以便露出里衣。若穿多件衣服，则每层领子必须外露，衣领可达三层以上，时称"三重衣"。西汉早期，男子也穿曲裾深衣，到东汉时已经少见。曲裾深衣的形成，与当时的无裆裤有关。当时的裤子尚无裤裆，由两条裤腿套到膝部，用绳子系于腰间。如果不用外衣遮掩，裤子就会外露，这在当时被认为是不雅的，曲裾深衣正好满足了这一要求。随着内衣的改进，东汉后期曲裾深衣逐渐被直裾深衣（图2-7）取代。此时女子服装还有襦裙样式，为上襦下裙，上襦极短只到腰间，下裙长垂至地，襦裙是中国妇女服装主要的样式之一。秦汉的首饰多为玉饰。到了汉代，礼仪性玉饰逐渐减少，种类趋于简化，装饰性玉饰增多。汉代男子的发饰以笄为主，女子的发饰除笄外还有钗、簪、金胜、华胜等。

图2-6 朱红菱纹罗曲裾式丝绵袍

（湖南博物院藏品）

图2-7 印花敷彩纱直裾式丝绵袍

（湖南博物院藏品）

魏晋时期迎来了中国服饰的第二次大变革，开创了新的篇章。这一时期男子喜穿大袖衫、裤褶、裲裆等。女子服装承袭秦汉遗俗，并吸收少数民族服饰特色，一般为上着衫、袄、襦、帔子，下着裙，衣身部分紧身合体，对襟、束腰，袖口肥大，有"上俭下丰"形制特点，袖口、衣襟、下摆有不同色的缘饰，裙为条纹间色多折裥裙，裙长曳地，下摆宽松，腰间以帛带系扎（图2-8）。此时最有特色的首饰是步摇。步摇是典型的外来服饰与中国本土服饰文化融合的案例，其基座一般为动物造型，在基座上插入桂枝，配以叶子和花朵，女性佩戴后在行走时具有一步一颤的动态，步步摇曳，步步风情（图2-9）。

图2-8　东晋顾恺之《洛神赋图》(局部)

(故宫博物院藏品)

图2-9　马头鹿角形金步摇

(中国国家博物馆藏品)

（三）隋唐时期

隋唐时期南北统一，服饰也由汉魏时的单一系统，变成华夏、鲜卑两个来源的复合系统，在服饰制度上由单轨制变为双轨制。当时的服装分成两类：一类继承了北魏改革后的汉式服装，用作冕服、朝服等礼服；另一类继承了北齐、北周改革后的圆领缺胯袍，用作平日的常服。世俗服饰是隋唐服饰最为精彩的部分，其款式、色彩、图案等呈现出前所未有的朝气蓬勃的局面，构成了中国服饰的第三次变革。

此时的男装为圆领窄袖袍衫，其廓制较前代变短变窄，更加方便行动。唐代圆领袍衫既有官员学子所着襕袍（图2-10），又有百姓所着缺胯袍，还有武周时期所创的铭袍，为官员所穿着。此时还有裤、甲胄等服饰引人注目。腰带作为普遍的饰品，不同级别所用的材料和色彩均不同，具有一定的辨识作用（图2-11）。

从初唐到盛唐再到唐末，女子服饰的流行趋势大致经历了一个从简到繁、由俭入奢的过程。襦裙是隋唐妇女的主要着装，唐代裙装的款式之丰、颜色之多、质料之精、图案之美，都达到了前所未有的水平。这一时期女子着襦裙常与披帛相配（图2-12）。披帛是服饰上的一种配饰，材质多为轻薄织物，一般用印花或金银粉绘花的薄纱罗制成，其戴法多样，宽幅的长度较短，可披在肩上，窄幅的较长，可缠绕于双臂。

隋唐时期，女子的面部妆容极富特色。唐代妇女的化妆顺序大致为：一敷铅粉，二抹敷脂，三涂鹅黄，四画黛眉，五点口脂，六描面靥，七贴花钿。中晚唐时，妇女妆容逐渐脱离唐初较为素净的风格，开始向艳丽的方向发展，脸颊上的红妆变得浓重，范围逐渐扩大，眉形由细长眉变为粗眉，还流行额贴花钿的装饰（图2-13）。

图 2-10　穿着圆领襕袍的唐代男子

（图片来源：网络）

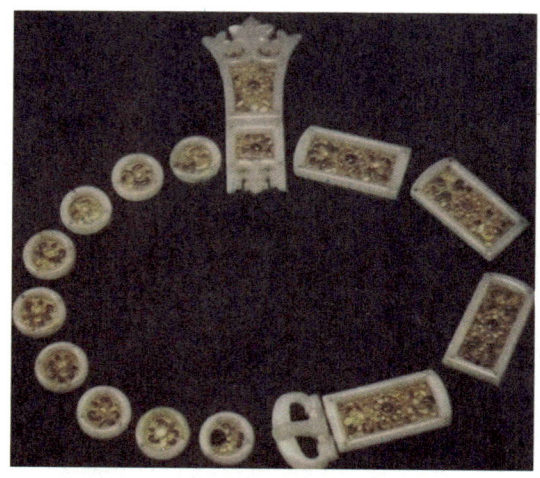

图 2-11　唐代镶金嵌珠宝玉带饰

（图片来源：网络）

图 2-12　唐周昉《簪花仕女图》（局部）

（辽宁省博物馆藏品）

图 2-13　《弈棋仕女图》（局部）

（新疆维吾尔自治区博物馆藏品）

（四）两宋时期

宋代的纺织业十分发达，丝、麻、毛等的纺织技术得到了很大发展，为宋代服饰的发展提供了良好的物质基础。这一时期的服饰注重朴素实用、修身适体，凸显出内敛风雅的气质。

宋代男子服饰的主要特点是圆领、大襟，袖的大小、宽窄不同，衣摆长度从腰身至踝部长短不一，颜色多浅淡之色，朴素简洁，符合当时低调雅致的审美倾向。宋代流行襕衫，形制为圆领或交领，下摆膝部处有一道接缝，称为"横襕"，以示上衣下裳之旧制。纱帽作为宋代士大夫与儒生的交际常服，样式繁多，以新奇为上（图 2-14）。在宋代，簪花风俗大盛，男子亦有簪花的习惯，他们将簪花视为仕途亨通的吉兆和荣耀，甚至还有专门的礼仪，可谓盛极一时。

图 2-14　宋太祖着圆领袍衫纱帽像

（图片来源：网络）

宋代女子服饰中最有特色的当属褙子。褙子的样式为长袖、长衣身,腋下开衩,前后片在腋下不缝合,多罩在其他衣服外穿着。这种服装样式可以将人体修饰得秀丽颀长(图2-15)。此外,宋代襦裙的形制和唐代基本相同,不同的是宋代襦裙衣襟掩向可左可右,裙子多为褶裙。宋代的头部造型相关饰品有珠冠、团冠、高冠、花冠、盖头等,还有高髻假套,以及用金银珠玉制成的鸾凤、花枝和各式簪、钗、篦、梳等发饰,美丽雅致。头冠在宋代已不是男子的专利,女性日常妆饰喜欢戴各种冠子,其式样从高到低、由简至繁,深受各阶层女子的喜爱(图2-16)。

图2-15 宋代褙子服饰

(来源:《人民画报》)

图2-16 《宋宣祖后坐像轴》(局部)

(图片来源:网络)

(五)辽金元时期

辽代在汉族冠服制度的基础上创立了自己的官服制度,有南班(汉制)、北班(辽制)之分。南班服饰大多为汉族装束,男子或束发,或戴幞头,着圆领长袍;妇女梳髻,髻上插有发饰,耳垂挂耳饰,身穿窄袖短襦,下穿曳地长裙,腰侧有打结绶带。北班服饰,男女均以长袍为主,左衽、圆领、窄袖,袖上有疙瘩式纽襻,袍带于胸前系结,下垂至膝,袍服颜色暗雅,花纹朴素(图2-17)。

金人尚火葬,遗存服饰实物很少,从当时记载的资料以及出土的实物可知,金代女真上层服饰制度融合了辽制与宋制,以袍为主,左衽、圆领、小窄袖。而金人的发型装饰,则在《大金国志》中记载:"金俗好衣白。辫发垂肩,与契丹异。(耳)垂金环,留颅后发,系以色丝。富人用金珠饰。妇人辫发盘髻,亦无冠。"

元代服装以长袍为主,质孙服为蒙古族传统的服装之一。质孙为蒙古语音译,意为"单色衣",其形为袍袄状,与汉族深衣相近。此外元人多着辫线袄,辫线袄形制为圆领、窄袖,下摆宽大过膝,折有密裥,并在腰部缝以辫线制成的宽阔围腰,有的还钉以纽扣。元代富有特色的"海青衣",袖根处开口,以适应草原早晚温差大的特点(图2-18)。帽子为元人日常必备之物,其大致分为帽顶、帽身、帽缨、帽带四部分,帽顶之装饰即展示帽子主人等级差别之物,王侯贵族多用价值昂贵的金玉宝石进行装饰。姑姑冠,又称罟罟冠,则是元代蒙古贵族已婚妇女的独特冠制,风靡一时(图2-19)。

图2-17 辽代契丹男子形象

(图片来源:网络)

图 2-18　元代海青衣

（图片来源：网络）

图 2-19　《元世祖后像》

（图片来源：网络）

（六）明代时期

到了明代，统治者改易服制，上承周汉，下取唐宋，并吸取了元代服饰中的部分元素，发展成了新的服饰形制。

与唐代服装不同，明代服装将上衣拉长，缩短露裙长度，出现了立领样式，并在服装的显眼处大量使用纽扣等。明代男子服装以方巾圆领为典型形式，方巾款式多样，不一而足；袍衫特点是宽袖、黑边、圆领、黑条软巾垂带（图 2-20）。其中，明代官员官服的袍色、花纹各有规定，盘领右衽，袖宽三尺，袍上缝缀补子，以区分等级，文官绣禽，武官绣兽，并与乌纱帽、皂革靴相配。女子礼服所用霞帔，形状为一条长长的彩带，宽三寸二分，长五尺七寸，绕脖颈披挂胸前，下端垂有金玉坠子，显得挺拔高贵（图 2-21）。此外，明代流行一种叫水田衣的女子服饰，整件服装以各色零碎锦料拼合缝制而成，酷似袈裟（图 2-22）。袄裙则是有里子的双层的上襦和下裙的服装（图 2-23）。

图 2-20　明代男子宽袖袍衫

（图片来源：网络）

图 2-21　明代霞帔命妇

（图片来源：网络）

图 2-22　明代水田衣

（图片来源：网络）

明代饰品精美华贵、大气端庄，宫廷饰品更是大量运用了高难度的累丝工艺，达到了全新的高度，成为中国首饰工艺的一个里程碑。明梁庄王妃金凤簪，簪头为镂空金凤，运用了累丝工艺，堆叠出立体的腹、翅和尾，头、颈以及簪尾系捶揲而成。金簪装饰华丽，制作精细，是难得的珍品（图2-24）。

图 2-23 《明宪宗元宵行乐图》(局部)

(图片来源:网络)

图 2-24 明梁庄王妃金凤簪

(湖北省博物馆藏品)

（七）清代时期

明清鼎革以后，满汉民族之间在文化上经历了一个从剧烈冲突到长期磨合，进而逐渐融合的过程。最显而易见的表现，就是服饰的改变。清廷入主中原后，令汉人剃发易服，改变了以往的汉人服饰，但"十从十不从"条例又使汉人的女性、儿童的服饰与婚丧典礼仪式继承了明代旧俗。有清一代，满汉服饰发生了碰撞和融合，产生了很多独有的服装款式。

清代的典型服饰有几种。长袍多为圆领或立领，有对襟、大襟、琵琶襟等，皆用纽扣系合，袍长至脚背或脚踝，造型简洁，前后衣身有接缝，下摆有两开衩、四开衩、无开衩等多种类型（图2-25）。马褂是一种穿于袍服外的短衣，长度到肚脐左右，袖长仅掩肘，因便于骑马而得名。马甲，又称短背心、坎肩，是一种无袖的紧身式短上衣，有一字襟、对襟、大襟和多纽式等款式。男女均穿马甲，清初多穿于内，晚清则穿在外。清代还有一种穿于袍服内的服饰，称为衬衫，其形状类似长衫，颜色多为白色、玉色、淡青色、油绿色等。短衫、短袄，是普通劳动阶层常穿的上衣，颜色多为浅蓝、蓝、灰色，与裤子相配，劳作时腰部会系有布制腰带。

清代女子服饰，满汉差异很大。汉族女子在康熙、雍正时期仍保留着明代款式，流行小袖衣和长裙。到了乾隆年间，上衣渐宽渐短，袖口加宽，还配有云肩。晚清时，都市妇女的下装有裙和外裤，衣边大镶大滚，极尽华贵。汉族女性上衣由内到外依次为肚兜、贴身小袄、大袄、坎肩、披风。满族妇女着旗装，梳两把头（图2-26），穿花盆底鞋。

清代的首饰制作工艺发展到新的高度，制作的饰品相当精美，题材多采用寓意吉祥的传统图案，材质有金、银、玉、木、石、珐琅、丝绸等，工艺先进，风格多样。

在中国古代，服饰除了实用功能之外，还被赋予了特殊的功能，成为等级化符号的载体。不同的服饰代表着个人所属的不同社会阶层，最有代表性的是文武百官的补服。清代文官的补子通常是一品鹤、二品锦鸡、三品孔雀、四品云雁、五品白鹇、六品鹭鸶、七品鸂鶒、八品鹌鹑、九品练雀。清代武官的补子通

图2-25　清代男子马蹄袖长袍

（图片来源：网络）

图2-26　《孝慎成皇后行乐图》(局部)

（图片来源：网络）

常为一品麒麟，二品狮，三品豹，四品虎，五品熊，六品彪，七品同六品，八品犀牛，九品海马。

　　在中国古代，服饰的色彩符号也具有象征意义，成为特定人物、特定阶层的象征。例如，青、赤、黄、白、黑为正色，象征高贵，多用于礼服官服等正式场合。隋唐时期，不准普通百姓着黄色衣衫，从此黄色成了帝王专用的服色，成为皇家威严的象征。还有"白衣""乌纱帽""红顶"等，它们都曾在一定时期被赋予特定的意义，从而成为某种地位或身份的象征。

二、美丽的民族服饰

　　我国拥有50多个少数民族且分布广阔，各民族地区的地理环境、气候、风俗习惯等存在一定的差异，由此形成了各具特色的民族服饰。

（一）维吾尔族服饰

　　维吾尔族是一个能歌善舞的民族，其服饰式样宽松、洒脱，色彩对比强烈。男子所穿的长袍，称为"袷袢"（图2-27），对襟，无纽扣，多以蓝、灰、白、黑等颜色的布料制成，用长方巾扎腰。青年男子装束较为淡雅、凉爽，多搭配青色长裤，穿皮靴，彰显出青春活力与健美。年老者穿的袷袢多选择黑色、深褐色等，显得古朴大方。制作讲究的男裤，则在裤脚边际饰以花卉纹样，多以植物的茎、蔓、枝藤组成连续性纹饰，十分雅致美观。女式服饰以裙装为主，服装面料多选用丝绸和毛料，外搭配绣花背心。丝绸材质的裙装质地柔软、轻盈飘逸，再佩以耳环、戒指、手镯、项链等，跳起舞来飘逸精致。此外，花帽也是维吾尔族服饰的重要组成部分，也是维吾尔族服饰美的标志之一。花帽采用民族传统的绣花、挑花、绊金、绊银、串珠等方法，手工拼成各种图案绣织而成。各种花帽均具有质地鲜艳、光泽四溢、绚丽多彩的特点，让人爱不释手。

（二）傣族服饰

　　云南省的西双版纳傣族自治州、德宏傣族景颇族自治州、耿马傣族佤族自治县和孟连傣族拉祜族佤族自治县是傣族主要的居住区。傣族的民族服饰淡雅美观，既讲究实用，又有很强的装饰意味。傣族男性服饰各地区间差异不大，样式朴实大方，上身为无领对襟或大襟小袖短衫，下身着长管裤，天寒时喜披毛毡，多用白布、青布包头。傣族女性服饰轻盈、秀丽、淡雅，服装色彩搭配极为协调（图2-28）。西双版纳傣族

图 2-27　裕祥

（图片来源：网络）

图 2-28　传统傣族服饰

（图片来源：网络）

自治州的傣族女性一般喜欢穿窄袖短衣和筒裙，把她们修长苗条的身材充分展示出来，上面多穿着白色或绯色内衣，腰身细小，下摆宽，下着各色筒裙。德宏傣族景颇族自治州的傣族妇女，婚前着浅色大襟短衫，长裤，束小围腰，婚后改着对襟短衫，黑色筒裙。傣族女性装束充分展示了女性形体之美，加上所采用的布料轻柔，色彩鲜艳明快，给人婀娜多姿、潇洒飘逸的感觉。傣族的男女日常会携带用织锦做成的挎包，称为筒帕。筒帕色调鲜艳、风格淳朴，具有浓厚的生活气息和民族特色，上面织绣的图案有珍禽异兽、树木花卉或几何图形，形象逼真，栩栩如生。

（三）藏族服饰

藏族服饰的基本结构是长袖、宽腰、大襟长袍。这种服装结构宽松舒适，既防寒保暖，又便于起居、旅行。藏袍是藏族的主要服装款式，服装材质有锦缎、皮面、氆氇、素布等。穿藏袍，里面要穿衬衣。男女穿的衬衣有一定区别，男式衬衣多半是高领，有大襟和对襟两种；女式衬衣多为翻领，用各种颜色的绸布做成。女式衬衣袖子较长，平时卷起，跳舞时放下，袖随舞起，十分美观。藏族女性冬穿长袖长袍，夏着无袖袍，内穿各种颜色与花纹的衬衣，腰前系有彩色花纹的围裙。藏族服饰配色大胆精巧，如用蓝、绿、紫、青、黄、米等竖立色块依次组成五彩色带，大胆地运用红与绿、白与黑、黄与紫等强烈对比的颜色，巧妙运用复色和金银线，创作出明亮又和谐的艺术效果（图2-29）。藏族男女特别讲究饰物搭配，有头饰、发饰、鬓饰、耳环、项链、胸饰、腰饰、戒指等。饰物以银、金、珍珠、玛瑙、玉、绿松石、翡翠、珊瑚、琥珀等材质为主。男性普遍佩戴各种腰刀、火镰等饰物。

（四）白族服饰

白族主要聚居在云南省大理白族自治州，崇尚白色，民族服饰清爽大方，以白色衣服为尊贵。大理一带的男子多穿白色对襟衣，外套黑领褂，洱海东部白族男子则外套麂皮领褂，或皮质、绸缎领褂，腰系绣花兜肚，下着蓝色或黑色长裤。女子服饰各地有所不同。大理一带多穿白上衣、红坎肩（图2-30），或是浅蓝色上衣，外套黑丝绒领褂，右衽结纽处挂"三须""五须"银饰，腰系绣花短围腰，下穿蓝色宽裤，足蹬绣花鞋。白族女性的头饰含"风花雪月"之意，垂下的穗子代表下关的风，艳丽的花饰代表上关的花，洁白的帽顶代表苍山雪，弯弯的造型代表洱海月。白族服饰强调明快、简洁、跳跃、对比，领褂大襟边、围腰、飘带、头巾袖口等细部则以精美的刺绣、挑花、扎染、镶绲等工艺进行装饰，精美绝伦。

图 2-29 传统藏族服饰

（青海藏文化博物馆藏品）

图 2-30 传统白族服饰

（图片来源：网络）

三、服饰的美学特征

（一）着装称体

称体就是要求服饰的质料、色泽、款式、造型与人的身材、肤色乃至气质状态相协调。若人体形态有某方面的不足，称体的服饰能扬其所长、避其所短，使美者益美、"丑"者变美。例如身形瘦小的人不宜着深色、条形的宽大服装，否则会显得更加赢弱；相反，穿着带有横直线条纹、剪裁合体、浅色下装和重色上装的衣服，就显得修长且充满活力。肥胖者不宜穿色泽浓重、花形过大、横粗条纹、质地太厚或太薄的布料做成的服装，否则体态会显得愈加臃肿。人的脸型不同，对服装领型也有不同的要求。如：长脸型宜穿高领或一字领的服装，不宜穿领口开得太大、太低的衣服；圆脸型不宜穿圆形领、方形领、横形领的衣服，而"V"字形领或"U"形领的衣服能纵向修饰脸型。色彩是服饰的灵魂，服饰色彩的选择直接影响到肤色呈现效果。一般情况下，肤色较黑者，如果再着黑、红色，或饱和度过高的颜色，肤色越显其黑。相反，米黄、浅蓝等饱和度较低的颜色，能提升皮肤的亮度，显得容光焕发。肤色较黄者，不适宜穿着黄、米黄、褐、黑等色调的服装，选用明快的暖色调可调整脸部的气色，凸显朝气和活力。除服装以外，饰品的佩戴也应恰到好处，与服装搭配统一和谐，彰显出佩戴者的气质。

（二）衣着入时

入时就是追求与自然的协调和谐。服饰之美也要顺应自然变化的法则，与自然节气时令的变化协调统一，与大自然保持和谐。人们应根据季节、气候的变化，选择不同款式、不同质地的服装。春装柔美清新，与"千里莺啼绿映红"的春色相映成趣；夏装娇艳活泼，与骄阳似火的酷夏相得益彰；秋装淡雅高洁，与"霜叶红于二月花"的秋景相互衬托；冬装色浓厚重，与"银装素裹、分外妖娆"的冬景交相辉映。总之，衣着入时，即要求服装的质地与时令一致，色彩与景色相辅相成，造型与节律共鸣，从而达到一种浑然一体、和谐统一的美的境界。

（三）穿着从俗

从俗就是追求服饰与社会生活环境、民情风俗的协调和谐。比如，世界上大多数民族的男性都穿长裤，而苏格兰的男子，还有希腊皇家卫队队员则有穿裙子的习俗。苏格兰男子穿着的是一种长度从腰部到膝盖，沿腰部折褶而成的短裙。希腊皇家卫队队员穿着的是富斯塔内拉百褶短裙。再如西方国家的新娘在婚礼上多着白色礼服，以此象征她们的纯洁；而印度新娘却喜爱穿着红色金边婚服，以此象征着驱赶魔鬼的力量。服饰行为的约定俗成，反映了群体对个体的制约，以及个体对群体的认同。若置民情风俗于不顾，一味追求标新立异，就会适得其反，甚至"伤风败俗"。

不同的人有着不同的着装风格，同一个人也会根据所处环境的不同，选择适宜的个性化服装。比如西装是现代人，尤其是男性喜爱的服装款式，出席正式会议、礼宾活动、典礼仪式的时候穿着一套做工考究、剪裁得体的西装，能够提升个人气质，与环境氛围相适应。而在休闲的郊游、朋友聚会、日常玩乐中穿着过于正式的西装款式，则会使人显得拘谨、呆板，缺乏活力。当然，穿着从俗也不是一成不变的，随着时代的发展，在某些因素的刺激下，如明星效应、服装潮流的全球化趋势等，不同地区人们的服饰也会发生一定的变化。

（四）适性实惠

适性就是追求服饰与人的个性、情趣的协调和谐。服饰可以在一定程度上传达出穿戴者的社会地位、角色、职业、文化修养和人格气质。服饰与人格存在某种一致性，个体的着装不仅要充分展现自身的形体之美，更重要的是体现出个性之美、情趣之美。每个人的气质个性、文化修养、身份地位等方面的不同，与之相应的服饰选择也不同。选择那些能够突出个人特质的服装造型，使之与自己的个性和谐统一，才能使服装更好地衬托你的内在美，从而形成整体美的人物形象。

实惠就是不盲目攀比、追求高价的服饰。高档的服饰有着华丽的外表、昂贵的面料、精细的做工，如果经济条件允许，进行正当的消费是无可厚非的，但如果不顾自身的经济条件，一味地追求奢侈品，过分讲究名牌，就背离了服饰美的真正内涵。

第三节
饮食美

一、饮食美的含义

饮食美是指饮食食品和饮食活动的审美属性，是食品、食器及饮食活动中各种美学因素或相辅相成，或相反相成所呈现出来的美。饮食美是既包含食品、食器之美，又包含饮食活动中的技巧、环境、礼仪之美。饮食首先要满足人们的生理需要，即人体对水、糖、脂肪、蛋白质等营养物质的需要，再进一步追求食品的色、香、味、形俱佳。我国是美食大国，有诸多风味各异、色彩纷呈的佳肴。这些佳肴营养丰富，且具有很高的审美价值，其制作过程融合了绘画、雕塑等艺术表现手法，并通过精湛的烹调技术，成为兼具审美与食用双重属性的艺术作品。饮食美要求饮食器具与食品的美相协调，饮食器具的造型、色彩、线条（图2-31），都应具有审美价值，成为可以观赏的艺术品，令人感受到美。饮食美也包括饮食环境之美，饮食环境包括餐厅的布置，餐桌的摆排，桌布、餐巾的搭配，灯光的使用，以及乐曲的选择等。精心设计饮食环境，营造出舒适、优雅的氛围，可以使饮食者感受到生活乐趣和饮食之美。饮食美也包括人们在饮食过程中展现出的美，如饮食过程中所表现出的礼仪、风度之美，爱惜食物的心灵之美，以及共同进餐的人相处融洽、欢愉之美等。

图 2-31　餐桌美学

（图片来源：网络）

二、饮食的美学特征

（一）食品美

食品之美，表现为色、香、味、形、质等俱佳。这意味着，美的食品，色要悦目，香要醇和，味要适口，形要和谐，质要上乘。色彩在食品造型中具有重要意义。人们接触食品，首先看到的就是色彩。如北京全聚德制作的烤鸭，色泽枣红，鲜润光亮，能立即激起人们的食欲（图 2-32）。香与味也能在某种程度上给人以审美享受。从烹饪本身的性质来说，香与味似乎比色与形具有更重要的地位，因为食品的最终目的是食用，即使形色稍差，但美味可口，也可称得上是一道好菜；但若食品外观非常诱人，却使人无法下咽，也就失去了饮食的本质。

图 2-32　美味的食品

（图片来源：网络）

我国的烹调技艺历来十分重视食物的香气。香气是食品中带有的一种挥发性物质，能够刺激食欲，闻之使人心情愉快。

我国饮食文化中十分讲究五味调和，恰到好处。五味是指酸、甜、苦、辣、咸，是自古以来的基本味。当代饮食理论界提出应增加"鲜"味，这样就有六味了。

中国菜以口味多样化而取胜，例如，酸甜味、咸鲜味、酸辣味、麻辣味、咸辣味、香辣味等复合味型，素为群众所喜爱。五味中，酸味可去腥除腻，增添菜肴的鲜味。甜味可以解腻提鲜、调和食品的味道。苦味具有开胃的作用，还可与其他味型搭配形成复合味型。辣味可以刺激味觉，促进食欲。最基本的是咸味，咸味能够丰富食物味道的层次感，使食物变得更加美味。

食品造型的基本原则是多样统一，符合形式美的规律。无论是冷菜、热菜、拼盘，还是各式糕点，经过烹饪大师巧手"点化"，便塑造出千姿百态、新颖美观的图案和造型，成为具有审美价值的食品，从而增加饮食者的精神乐趣。例如，给老人祝寿时，寿筵上多采用麻姑献寿、松鹤延年等图案和文字，而举办婚礼喜筵时多讲究成双成对，一般会准备四喜拼盘、双合蜜果等食品并饰以鸳鸯戏水、花好月圆等图案。

（二）食器美

食器是用来盛茶酒、装饭菜的器皿及配套的餐具，主要包括碗、碟、盘、杯、勺、盆以及筷子等。我国的食器经过长时期的发展演化，从古老的陶钵、瓷盘，到近代细瓷烫金的杯盘碗碟，从素陶到彩陶，从青花瓷到彩釉，从夜光杯到琉璃壶，不仅具有盛用饭菜的实用价值，而且具有相对独立的观赏价值。这些食器往往以优美的造型、柔和的色调成为可供观赏的艺术品，给人以独特的艺术感染力（图2-33）。我国饮食文化的一个重要特色，是追求食器和食物的和谐统一。色、香、味、形俱佳的食物搭配精美的食器，二者相映成趣、彼此呼应，犹如牡丹绿叶，相得益彰，共同构成完美的饮食艺术形象，从而给人以美的享受。例如，"葡萄美酒夜光杯"这句

图2-33 宋代白色琉璃杯
（图片来源：新华网）

诗，便营造了美酒与精美的酒器相得益彰的美好意境。中国古代对食器的质地、造型、图案、色彩都极为讲究，常以金银、玉石、象牙、玛瑙等珍贵材料制作，造型精美，色泽华美，纹饰精巧，工艺考究。在较为大众化的食器中，中国的陶瓷制品所展现的美最具代表性，如景德镇的瓷器、宜兴的陶器等。精致的食器不仅能衬托食品之美，还能渲染宴席氛围，彰显器物主人的社会地位和文化品位。

（三）烹饪美

中国烹饪技艺以其种类之繁多、工序之细致、要求之严格、技法之精湛，在世界烹饪艺术中独树一帜。从宏观分析，中国烹制技法体系完备，包括火候掌控、原料加工、复合调味、雕刻拼摆，以及红案、白案等专业分工。从微观考究，仅烹制方法就多达50余种，包括烹、炸、炒、滑、爆、炖、焖、煨、烧、扒、煮、汆、煎、贴、蒸、烤、涮、熬、拔丝、蜜汁、瓤、焗、炮、拌、腌、卤、冻、酥、熏、腊、酱、挂霜、过油、走红、焯水、勾芡、制汤、挂糊、上浆等。以"烧"法为例，又可细分为红烧、白烧、葱烧、酱烧、生烧、熟烧、干烧等。由此可见，烹饪技艺之美，实质上是人的智慧、才能、技巧的集中体现。当烹饪技法达到高度熟练的境界时，便如《庄子·庖丁解牛》中所言"进乎技矣"，能"合于《桑林》之舞，乃中《经首》之会"，此时的烹饪已然升华为一种艺术之美。

（四）食境美

食境美即饮食环境所呈现的美学价值。一个舒适、整洁、美观、雅致的饮食环境，不仅能与美食相得益彰，更能提升人们的饮食体验。饮食环境的空间格局、装饰格调、档次定位等，往往能够体现出用餐者的社会地位与文化修养，亦折射出鲜明的时代特色。

食境美包括人际环境和物质环境两个维度。每逢佳节，亲人团聚、朋友来访、众人围坐畅谈、共享美食，其间流淌的温馨的亲情、真挚的友爱，不仅能净化心灵，更能丰富人们的审美体验，这便是理想状态中的人际环境。而精心设计的物质环境，则通过空间布局、装饰陈设等元素，给人以直观的审美享受

（图2-34）。以长沙某宾馆为例：其背倚千古名胜之岳麓山，面临奔流不息之湘江。餐厅的设计巧妙地融合了自然与人文景观，从餐厅左右两侧窗户望去，可以见到重峦叠嶂、古木苍翠、花草繁茵，可以听到泉水流淌、鸟鸣啁啾。从餐厅正面的窗户望去，目之所及高楼耸立，湘江悠悠北去。馆内精心设计了假山池沼，水池里的睡莲和池边的丛丛斑竹相映成趣。这种将自然景观、人工造景有机融合的空间设计，营造出一种舒适宜人的物质环境，并与饮食活动相得益彰，共同构筑出独特的审美意境。

图 2-34　优雅的用餐环境

（图片来源：网络）

（五）食仪美

食仪美是指饮食活动中体现的仪态风度与礼仪规范之美。其核心要素主要包含以下方面：首先是食态要端庄，即人们通常所说的"吃相"要好，应保持文明优雅的进食习惯；其次要遵循尊老敬贤、主客相宜的饮食规范，做到进退有度、谦让有序；最后，要惜食缓食，注重饮食健康，杜绝浪费行为。

随着人们生活水平的提高，对饮食的追求也从"吃饱"逐渐转向"吃好"。由于营养知识的缺乏，不少人对"吃好"的认知出现了偏差，误以为不加控制地尽情享用肥甘厚味、香甜美味的食品，就是"吃好"，过量摄入油脂、糖类，导致肥胖病、糖尿病、高血脂病等疾病的发病率显著上升。营养的真正核心在于"合理"二字，涉及"吃什么""吃多少""怎么吃"。合理营养是一个系统工程，既要满足人体对能量和营养素的需求，又要通过科学的膳食安排和烹调工艺，确保各种营养物质的充分吸收和利用。这既是对传统饮食智慧的传承，更是现代健康生活的必然要求（图2-35）。

图 2-35　营养搭配

（图片来源：网络）

第四节
劳动美

一、劳动美的基本含义

　　劳动主要指生产劳动，即社会性的人运用自身的本质力量对自然进行加工改造。自然是物质食粮和精神食粮的来源，是人进行生产劳动的基础。通过社会性的人对自然的加工创造，自然日益呈现出丰富多样的面貌，形成了"人化的自然"，地球上就出现了房屋、道路、桥梁、乡村和城市。这些事物体现了人活动的痕迹，人的本质力量在改造自然的过程中实现了"对象化"（图2-36）。需要强调的是，人类的生产劳动与动物的活动有着本质区别。

图 2-36　劳动之美

（图片来源：网络）

二、劳动的美学特征

（一）劳动过程美

　　劳动过程是指劳动者通过个体或群体的组织形式，影响劳动对象而使之成为符合人需要的产品的过程。劳动过程的美与劳动者的行为动机、行为方式、场景形态及劳动对象的变化等因素密切相关。可见，人类的生产劳动是一个动态的过程，美正是在这一动态过程中展现的。劳动过程之所以具有审美性，因为劳动作为一种自由的形式，是一种合乎规律性的本质力量。劳动遵循美的规律，能够激发劳动者的积极性和创造性，并逐渐使劳动者将劳动过程本身当作人生的需要和乐趣。然而在私有制条件下，对劳动者来说，劳动成了一种"外在的东西"，劳动者不仅躯体受到损伤，精神也受到摧残，所以私有制下的"异化劳动"，其社会本质是不美的。只有劳动者以主人翁的姿态进行创造性劳动时，生产劳动的美才能得到充分体现。

另外，劳动过程美的外在形式表现为劳动场面的美，而劳动场面的美源于其内部组织的协调和节奏的科学性，是协调和韵律之美。作为管理者，要使劳动过程中的众多因素协调一致，呈现出和谐之美、韵律之美，需要通过科学的协调机制，妥善处理劳动过程中的多种关系，这样不仅能增强劳动者之间的协作与亲和感，更能有效推动生产发展。

（二）劳动环境美

劳动环境是构成劳动美的重要因素，主要包括生产场地、空间布局、室内装饰、服务设施、环境卫生、工作节奏等。根据舒适程度，通常把劳动环境划分为不能忍受的、不舒适的、舒适的和最舒适的四种类型。一个舒适、高效、美观的劳动环境，是按照美的规律组织生产劳动的一个不可缺少的条件，它不仅直接影响劳动者的专注力、创造热情和身心健康，还能显著提升生产效率和产品质量。舒适的劳动环境应当包括科学设计的照明系统、和谐的色彩搭配、良好的通风、适宜的温度和湿度、井然有序的生产设施设备，以及干净整洁、无噪声干扰和绿化宜人的工作场所。这些要素共同为劳动者创造了自由而有序的工作条件。其中，色彩对劳动者的情绪和情感影响极大。实验表明，明快的色彩能使人精神活跃，激发工作活力，而阴暗的色彩则使人反应迟钝；高温作业场所适宜采用冷色调，为工作环境营造"凉爽感"，而寒冷潮湿的环境适合使用暖色调，使劳动者感觉到"温暖"。因此，当色彩设计符合劳动者的情感需要时，就能转化为一种积极的动力，使劳动过程呈现为轻松自由的形式（图2-37）。

图2-37 劳动环境美

（图片来源：网络）

此外，音乐、照明、环境卫生、噪声等因素对劳动生产的影响同样不容忽视。研究表明，良好的工作环境可使劳动生产率提高10％～20％。以工厂车间为例：工厂车间的门窗明净美观，可提升效率5％～15％；协调的色彩运用，可以提升效率2％～4％；科学设计的照明系统，可提升效率10％～30％；把噪声控制在最低限度，或工作时播放悦耳的音乐，可提升效率6％～14％。这些数据充分说明，以劳动者需求为核心，通过优化劳动环境和改善工作条件来营造和谐有序的生产氛围，是实现劳动美的重要途径。

（三）劳动产品美

劳动产品美指人类通过劳动所创造的物化产品所呈现的审美价值，这种美主要体现在两个方面：一是产品所展现的人类创造智慧，二是产品自身功能与形式的和谐统一（图2-38）。劳动产品具有双重属性，由实用价值和审美价值构成，劳动产品美首先体现在实用价值层面。一般来说，一件结构合理、功能完善、造型优美、设计考究、使用方便的产品，基本能够符合人的身心活动节奏和韵律，在外观上也可表现出与人的生活方式相协调的韵律和形式。实际上，劳动产品的审美价值，常常蕴含于实用功能之中。

图 2-38 劳动产品美

（图片来源：网络）

功能美的核心应是"物为人服务"，体现出物质产品与人的精神需求的协调和统一。如一套裁剪合体、款式大方的服装，不仅能够完美贴合人体曲线，还能与穿着者的活动韵律相协调，从而展现出劳动产品的功能与美感的统一。因此，劳动产品美是实用价值与审美价值的统一。现代设计领域的各大流派中，功能主义者设计的一些产品，过于追求产品的功能性而忽视外观的美感，致使产品大多显得呆板和缺乏情感。唯美主义者设计的一些产品，片面追求外表美观，却忽视实用功能，同样不受消费者欢迎。美国著名设计师罗维曾设计出顶部为圆弧状的电冰箱，虽具视觉冲击力，却因顶部无法放置物品而遭消费者诟病；后来改为板箱体造型，才真正实现了功能与美学的平衡。这一设计演变过程充分证明，优秀的产品设计必须实现实用价值与审美价值的有机统一。

当然，形式美在产品中也是很重要的元素，它以最合理、最优化的外形形态来诠释产品的功能特性，从而赋予产品独特的审美价值。在现代工业设计中，流线型的广泛应用就是形式美与功能性完美结合的典范，无论是飞机、轮船、汽车等交通工具，还是玻璃器皿等日常用品，在造型上都采用流线型，这种设计不仅符合这些物品的特性和用途，而且造型简洁、大方、美观，给人以敏捷、轻快、雅致、舒适之感，实现了实用效能与审美感受的高度统一。

第一节
社会美的特征

一、社会美具有强烈的社会性

社会美的社会性，是指社会事物植根于社会实践，具有显著的社会属性，这可以从以下两个方面来理解。

一方面，社会事物被感受为美，渗透着人的主观评价。美的主观性在社会认知中体现得尤为明显。以流泪为例，这本是人类情绪波动的自然生理反应，但其审美价值却因社会语境而异。诗人白居易曾用"梨花一枝春带雨"来描述美人垂泪的场景，而男性流泪，则多被套上"男儿有泪不轻弹"的约束，大众极少带着赞赏的眼光去看待男人流泪的画面，因为社会价值体系通过群体意识和文化规约对不同性别的情绪表达制定了差异化的评判标准，人们会用群体意识、社会约定俗成的规则对男人流泪做出符合时代的审美评价。

另一方面，社会美具有浓厚的时代、民族、阶级色彩。社会美总与一定的时代精神、民族价值、阶级理想、道德观念、生活习俗、文化背景存在关联，成为时代精神、民族价值和阶级理想的强化形象与基本象征。"还似旧时游上苑，车如流水马如龙"的宫廷盛景，这是封建时代统治阶级骄奢淫逸生活的真实写照，因其剥削本质而毫无美感可言。相比之下，江姐在狱中绣红旗的革命壮举，以其崇高的精神内涵，至今仍闪耀着震撼人心的美学光辉，成为激励人们勇往直前的精神力量。

服饰美作为依附于人体美的审美形态，其演变过程深刻反映着社会发展的轨迹。我国战国时期百家争鸣，思想活跃，宽袍、大袖、束腰的服装成为时尚；魏晋南北朝时期战事不息，礼制解体，冠履衣服"日月改易，无复一定"；盛唐时期经济昌盛，中外交流密切，崇尚圆领低领、袒胸露臂、材质飘逸、色彩缤纷的服装；宋元以后，盛行理学，服饰趋于保守，对襟外衣、衬袄长裙，服装线条直挺简洁；至辛亥革命，适体简便的现代服饰始兴。我国是个多民族国家，在中华民族大家庭中，各民族由于地域和历史的原因在服饰上也各有特色。需要特别说明的是，虽然社会美具有时代性、民族性、阶级性的特征，但这是就一般情况而言的，仍存在某些超越性的审美共性，如母子亲情、思乡之情、夫妻爱情、朋友情谊，以及人们互助合作等人性情感之美，虽然在具体表现形式上难免带有时代、民族、阶级的烙印，但其本质却能够跨越时空界限，引起全人类的情感共鸣。

二、社会美具有明显的功利性

社会美侧重于内容。所谓内容，主要是指它的社会功利性，即对社会有益、有利、有用，也就是通常说的"善"。亚里士多德认为："美是一种善，其所以引起快感，正因为它是善。"新柏拉图主义奠基人普洛丁也说过："善在美后面，是美的本原。"这些哲学论说深刻揭示了社会美与善的内在关联。社会美的本质和基础就是善，虽然善并不等于美，但善确确实实是社会美的决定性因素。人们感受和评价社会事物、社会现象是否美，会综合考量其内容是否富有生命力，是否符合善，是否对社会有益、有利、有用，是否体现了历史的发展规律。如果一个社会事物或者一个人，徒有漂亮、诱人的外表，却阻碍人类的发展和社会进步，即便形式再精巧，也不能认为其是美的。

社会美虽然以内容价值为核心，但也离不开一定的感性形式。社会美是通过感性形式展现出来的有利于社会进步的"善"。以共产主义战士雷锋为例：他的美，并不取决于其外在的相貌身材，而是来自其内在的崇高精神和优秀品格，并通过其种种助人为乐、无私奉献的言行举止等感性形式表现出来，使人们得以真切感知。由此可见，社会美既是内容主导的美，又是内容和形式辩证统一的美。

三、社会美具有实在性、确定性和稳定性

社会美是实在的、确定的美。一般来说，体现了社会发展规律的社会事物、社会现象便是美的，违背了社会发展规律的社会事物、社会现象则是丑的。社会美产生于具体的社会实践，由社会事物、社会现象的本质属性所决定，而不是个人联想或想象的结果。例如，林则徐"虎门销烟"这壮美的一幕，开启了中国近代历史的新篇章。这一事件之所以壮美，根本在于其展现了中国的志士仁人不畏强暴、反抗外侮、捍卫民族利益的凛然正气。正因如此，近两个世纪以来，"虎门销烟"作为民族精神的丰碑，始终保持着其崇高的审美价值，持续激励着后人。

社会美具有相对确定性。大凡符合生命主体本性、契合人类自由发展目标以及有利于历史进步的社会现象，便被感知为美；反之，则会被感知为不美或者丑恶。如李白"桃花潭水深千尺，不及汪伦送我情"中所描述的友谊，因其真挚纯粹而超越时空，千百年后，人们在读到此诗句时仍能够对人间温情产生深深的感动。可见，社会现象并非源于主观臆想，它以相对实在、相对确定的形象存在于社会之中。评价社会现象的价值尺度是相对确定的。社会美的意蕴是在漫长的人类实践活动中积淀形成的审美价值，因此，社会现象的审美价值是一个文明共同体在历史演进中逐渐形成并代代相传的价值共识。沧海桑田，年华流转，岁月变迁，一个文明共同体创造并延续着与其生存发展息息相关的核心价值体系，对于这一文明共同体中的每一位成员而言，与共同体价值体系相契合的社会现象，便会被感知为美。

第二节
心灵美

一、心灵美的基本含义

陆机在《文赋》中写道："石韫玉而山晖，水怀珠而川媚。"人类作为万物之灵，"灵"之本质就在于美

丽的心灵，人的价值就在于人的心灵美。心灵美是一种内在的美，外表的美是与生俱来的，虽然可以修饰，但终究只是表象，能够体现个人价值的还是心灵的美。因为，外在美会随着岁月流逝而发生变化，而心灵美则能够恒久常新，因此，心灵美是一种高贵的美德。大哲学家弗朗西斯·培根曾做过这样一个比喻："美德好比宝石，它在朴素背景的衬托下反而更华丽。"每一种美德都源自善良的本心，令人肃然起敬。无论外表如何，当一个人拥有心灵美时，都会赢得人们由衷的赞叹（图3-1）。

图3-1 "义务理发师"贾潮江（左）

（图片来源：新华社）

心灵美是人类一切美的精神根基，是人的思想、情感、意志和行为之美的综合表现。心灵美是一切美的核心，而心灵美的核心是善。西方美学家对美与善的关系说法颇多，如古希腊美学家柏拉图宣称："美，节奏好，和谐，都由于心灵的聪慧和善良。"亚里士多德曾说过："美是一种善，其所以引起快感，正是因为它是善。"孔子也提倡美与善并举："尽美矣，又尽善也。"善是社会生活中人与人、人与社会的行为道德规范。当个体的思想行为符合道德规范时，就实现了善与美的统一，反之则流于恶与丑。具体来说，要爱国、正直、诚实、真诚、热情，不做有辱国格、人格之事，真正做到"富贵不能淫，威武不能屈，贫贱不能移"。

二、心灵的美学特征

（一）恒久性

作为人类一切美的精神根基，心灵美是和人的生活、理想、信仰、情操紧密相连的。外表的美，只能带给人瞬间的惊艳，如转瞬即逝的流星，如短暂一现的昙花，经不住时间的考验。内心的美，才是恒久的，只有美好的心灵，才能引起深刻的情感共鸣，在人们的精神世界留下永恒印记。内在美是最重要的，是人的本质，是一种时代性、创新性和崇高性相统一的精神品质。人格美是一种崇高的道德力量，是其他东西所无法取代的，因为美的生活、美的社会、美的环境、美的事物等都是人创造出来的，没有人格美就没有对美的鉴赏、追求和创造。生活实践充分证明，那些达到较高审美境界的人，往往展现出对美的执着追求和非凡的创造力。正是人格美的力量，推动着人类不断追求更高层次的精神文明。

奥斯特洛夫斯基说过："人的美并不在于外貌、衣服和发式，而在于他的本身，在于他的心。"这句话点出了美的本质。外在美易逝，而心灵美则恒久存在。正如莎士比亚所说："没有德性的美貌是转瞬即逝的。"再娇艳的鲜花，也有凋谢的时候，再美丽的容颜，也难逃岁月的痕迹，这是不可抗拒的自然规律，只有心灵美能超越时间的桎梏，焕发永恒的光彩。我们要不断提升精神境界，使自己的心灵得到净化，培养高尚的情操，只有不懈地自我完善，才能创造经久不衰的永恒美。

（二）过程性

外在美往往一目了然，而心灵美的发掘则需要时间的沉淀。在历史长河中，以貌取人，不察其内在品质，以致铸成大错的教训不胜枚举。在现实生活中，有的人追求感官刺激，盲目跟风，深陷浮华虚荣的泥淖，只获得转瞬即逝的快感，最终陷入渺无边际的空虚。真正的自我完善是一个渐进的过程。脂粉可以修饰面庞的瑕疵，却掩盖不了内心的丑陋。花生，将它的果实深埋在地里，以质朴的姿态默默奉献其丰硕成果；捕虫能手青蛙，没有迷人的外表，却在田间勤勉劳作（图3-2）。这些都是内在的、动人的美。当代作家科尔顿说过：美丽的身材可以吸引真正的倾慕者，但是要持久地吸引他们，需要美丽的灵魂。因此，只有将美丽的心灵落实在行动上才是通往永恒之美的正道。

图3-2　捕虫的青蛙

（图片来源：网络）

（三）塑造性

外在美是天生的，而心灵美则可以通过后天的努力实现。一个人若天生缺乏出众的容貌，大可不必悲观，通过主观的努力来完善内心世界，塑造自己的心灵美，同样能获得人们的尊敬和爱戴。世间常见这样的对比：有人金玉其外却败絮其中，有人其貌不扬而德馨内秀。决定这种转化的关键，正在于每个人对心灵之美的塑造。人们常说"以美引真，以美导善"，其实"真"也可以引美，善也可以导美，通过内在的修炼，能使真、善、美相互促进，形成美育与德育、智育的良性循环。古希腊哲学家柏拉图所推崇的至高境界，正是身体美与心灵美的和谐统一。

（四）弥补性

中国古代思想家荀子在《非相》中曾经说过："术正而心顺之，则形相虽恶而心术善，无害为君子也；形相虽善而心术恶，无害为小人也。"可见，外在美不能掩盖和抵消心灵的丑恶，而心灵美则足以弥补外表的不足。在评价一个人时，容貌的美丽固然让人赏心悦目，但品格的崇高却更让人心生敬佩。某种程度上，内在的精神品质往往能够超越形体之不足，成为决定性的审美标准。

雨果笔下的卡西莫多就是最好的例证。看过《巴黎圣母院》的人，都知道卡西莫多生得丑陋不堪，人们常捉弄他、讥讽他，甚至连收养他的副主教也只是把他当奴隶一样驱使。但当卡西莫多毅然决然地从刑场救下了吉卜赛女郎爱斯梅拉达，并把她护送至圣母院，他高声叫着"避难，避难"，每一个人都会被这个场景所震撼，世上竟有如此可敬的形象。卡西莫多外表的丑陋，反而凸显了他内心的高尚，命运的残酷捉弄，更彰显出他灵魂的伟大。他身上有一颗无法被掩盖的美的心灵，这颗金子般的心透过独眼迸发出震撼人心的光芒。正如妖艳的罂粟花，其美丽的外表下却埋藏着罪恶的果实。由此可见，心灵的善恶是衡量美丑的最终标准。

（五）和谐性

高尚的情操体现了真善美的统一，这是因为三者在本质上是完全一致的：离开了真就无所谓善，离开了真和善就无所谓美。人生至美只存在于真、善之中，无数先烈如张思德、董存瑞、黄继光等，都达到了这种人格的崇高壮丽的境界。

心灵美决定行为美，因为人的行为始终受到思想的支配。自私自利、贪婪嫉妒、粗言秽语等行为，正是缺乏文化修养的丑陋写照。"以美育人"的教育理念，不仅能为个体的审美发展提供一定的知识基础和价值引导，还能促进个体社会心理的健康发展；既通过丰富的审美体验培育仁爱之心，又激发审美想象力与创造潜能，从而深化对生命体验的感性认知。而感性和理性的和谐与平衡，是实现人性完整发展的重要前提。心灵美的终极价值在于塑造完美人格、促进身心和谐，最终使人的精神达到一个更高的境界。美育作为实现这一目标的重要途径，不仅能提高人的审美能力和创造美的能力，更重要的是能教育大学生树立高尚的审美理想、构建正确的审美观念、陶冶健康的审美情趣，从而实现心灵的净化和精神境界的提升。正如德国古典美学家席勒在《美育书简》中所阐明的，要使感性的人（也就是"自然的人"），成为"理性的人""审美的人"。美育的内涵极为丰富，功能极为广泛，富有形象性，并以陶冶情感为特征，最终实现真善美的和谐统一。美育在全面发展教育中具有特殊的地位和作用，是其他教育所无法替代的。

第三节
行为美

一、行为美的基本含义

行为美，就是人的行动和举止的美。从伦理学角度来看，人类的行为可分为道德的行为和不道德的行为两大类。道德的行为是有利于他人和社会的行为，凡有利于人民、有利于民族、有利于国家的行为就是道德的行为，它是一种自觉、自愿而有目的的行为。反之，就是不道德的行为。道德的行为是美的行为，不道德的行为是不美或丑的行为。在社会生活中，行为美主要是指道德行为的美。美的道德行为是以追求社会整体利益为基础，把社会利益放在行为选择的首位，把社会利益看作个人利益得以存在和发展的必要条件，是个人行为的出发点和归宿，它遵循从一定的社会利益引申出来的道德原则和道德规范。

在现实生活中，不同的行为会产生不同的影响。美的行为对于协调人与人、人与社会之间的关系，促进社会精神文明发展具有重要的意义。比如一个人谈吐文明，不讲粗话、脏话，不强词夺理，不恶语伤人时，不仅能让对话双方感受到彼此的尊重，更能营造出和谐美好的社交氛围和生活环境。相反，出言不逊、谈吐不雅则很容易造成不和谐的人际关系。不仅如此，美的行为还能提高人类自身的精神境界，使人们在行为美中获得精神的愉悦。比如，人民的勤务员雷锋，他在乘坐火车出差时，当看到列车员十分忙碌，就主动帮忙擦地板、擦玻璃、收拾小桌子，给旅客倒水，帮助妇女抱孩子，给老年人找座位，热心为旅客服务。雷锋的行为是美的道德行为，是建立在对共同幸福和个人幸福之间辩证关系的深刻认识基础之上的，反映了其自身崇高的精神境界。他的行为不仅具有强大的精神力量和无与伦比的审美价值，而且激励着全社会的人共同走向精神文明。

二、行为的美学特征

（一）激励性

美的行为是心灵美的外部体现，包含着巨大的道德价值和审美价值，是一种可直观感受的精神力量。在人类历史上，那些对民族、对国家、对人类做出巨大贡献的行为，无不具有强大的感染力。例如，我国伟大的历史学家和文学家司马迁，由于为李陵仗义执言，结果被捕入狱，遭受了腐刑。但他忍辱负重，坚持发愤著书，以顽强的毅力完成了"通古今之变，成一家之言"的伟大著作《史记》。司马迁发愤著书的行为，给千千万万后人以奋发进取的力量。

（二）利他性

美的行为作为道德的行为，不是孤立的个人意志的表现，而是与他人意志有着密切联系的行为。在社会生活中，只有涉及他人和社会利益的行为，才具有道德意义。因此，是否同他人和社会利益发生了有利关系，是区分美的行为与不美的行为或丑的行为的主要依据。有利于他人或有利于社会的行为，通常是美的行为。例如，在公共场合吃东西，能够把瓜皮果壳用袋子装起来再丢到垃圾箱里去，做到不乱丢果皮纸屑，这种行为有利于公共环境卫生，有利于公众的健康，因具有利他性而是美的行为或道德的行为。有些人在公共场所随地吐痰、乱扔垃圾、不讲究卫生，这些行为损害了公共环境卫生，危害公众的健康，是不道德的、丑陋的行为。

（三）广泛性

广泛性是指行为美更多地展现在平凡日常的生活中。人类最普遍的行为往往体现在平凡的日常生活中，但并非所有日常行为都具有美的特质，只有那些体现善意、惠及他人的行为，才能真正彰显行为之美。比如在图书馆里看书时，有的人旁若无人地大声喧哗，有的人随心所欲地饮食，有的人乱扔果皮纸屑，这些行为影响了他人的学习，破坏了环境卫生，就是不美的行为。日常生活中的行为美是多种多样的，如尊敬师长、信守诺言、见义勇为、乐于助人、文明礼貌、爱护公物、讲究公共卫生、忠于职守和同情弱者等，都是行为美的表现。

第四节
风尚美

风尚美是指在特定的社会环境中形成并发展的行为风尚、风俗习惯和交际礼仪之美，是社会生活美的重要表现形式。

一、风气美

社会风尚美的首要表现是社会风气之美。特定时代和地域的社会风气，会通过人们的兴趣爱好、交往方式等各个层面自然流露。当这种风气体现在人际互动中时，就会形成特定的人际环境。而人际关系美，则是社会风气美中极为重要的内容。当人际关系建立在互相尊重、互相帮助的基础上，和谐的人际环境能使每个个体感受到人格尊严，并创造出良好的社会风气；反之，如果尔虞我诈、钩心斗角，或者狼狈为奸、互相利用，则会玷污个体的人格尊严，败坏社会风气。我国古代的哲人们一直在追求以人际关系美为核心内容的社会风气美。孔子就曾提出"里仁为美"，并倡导"己所不欲，勿施于人"。孟子亦曾主张："老吾老，以及人之老；幼吾幼，以及人之幼。"《礼记·礼运》写道："大道之行也，天下为公。选贤与能，讲信修睦。故人不独亲其亲，不独子其子，使老有所终，壮有所用，幼有所长，矜寡孤独废疾者，皆有所养；男有分，女有归；货恶其弃于地也，不必藏于己；力恶其不出于身也，不必为己。是故谋闭而不兴，盗窃乱贼而不作，故外户而不闭。"其所阐述的儒家思想中"大同"社会，以及古人追求的"天下为公"理想社会模式，最基础的层面就是要求整个社会能够相亲相爱、和睦相处。

二、习俗美

社会风尚美也大量地表现在社会习俗之美。习俗是一个民族、一个地区在长期生活中逐渐形成的风俗与习惯。俄国文学批评家别林斯基指出，每一个民族都"非常珍视习俗……习俗是一种神圣的、不可侵犯的、除环境和文化进步之外不屈服于任何权力的东西"。歌德也说："凡是从一种共同生活的一定关系产生出来的习俗，是摧毁不了的。"在长期的共同生活中积累、形成的社会习俗之美，蕴含着该地区人民的深厚而传统的情感。因此一个地区的外来者需要主动了解当地的习俗，尊重这些风俗与习惯，做到入乡随俗，才能赢得当地人的尊重和友谊，才能融入当地的生活。

当然由于历史的局限性，各地区的习俗中也存在一些落后迷信的东西，比如迷信鬼神、婚闹陋俗等就十分不可取。但习俗更多的是和人们对理想生活的渴望联系在一起，并留给人们美好的回忆。例如，中国人欢度春节时讲究阖家团圆，家家户户贴春联，大街小巷表演舞狮子、踩高跷等游艺活动……处处洋溢着欢乐祥和的气氛，表达了人们对辞旧迎新的美好期许、对来年生活的憧憬。其他习俗如端午时的包粽子、划龙舟，中秋时的赏月、吃月饼，重阳时的登高、敬老等，都积淀了千百年来中华民族的美好情感，具有积极的意义。

三、礼仪美

社会风尚美还表现在作为公共关系活动中必须十分重视的行为规范——礼仪之中。英国著名哲学家约翰·洛克指出，"美德是精神上的一种宝藏，但是使它们生出光彩的则是良好的礼仪""礼仪是在他的一切别种美德之上加上的一层藻饰，使它们对他具有效用，去为他获得一切和他接近的人的尊重与好感"。礼仪美表现了人与人之间的尊重和友好，它不是虚应故事、敷衍作假，而是人类文明的重要标志。礼仪美能使人际关系更加融洽，增进彼此间的信任，让人真切体会到社会生活的和谐之美。我国一向号称"礼仪之邦"，有着注重礼仪的悠久历史。在《论语》中，记录了很多孔子对其学生关于"礼"的教诲，如"不学礼，无以立""礼之用，和为贵""非礼勿视，非礼勿听，非礼勿言，非礼勿动""君子敬而无失，与人恭而有礼"，等等。在当下，我们应该辩证地继承和发扬尊老爱幼、合乎人道、讲究文明的传统礼仪和习俗，摒弃部分体现等级差异的礼仪规范，同时要尊重世界上其他民族和地区的良好礼仪规范，以加强和各国人民的友好交往。

第五节
交际美

一、交际美的基本含义

交际关系是指人群中因交往而构成的相互联系的社会关系，包括亲属关系、朋友关系、学友（同学）关系、师生关系、雇佣关系、战友关系、同事及领导与被领导关系等。在当代社会，人际交往中存在着深刻的矛盾性，一方面是对相互理解的强烈渴求，另一方面则是文化差异带来的潜在冲突，特别是在冲突与融合双重趋向同时存在的全球化时代，异趣沟通已经成为一种审美精神。这种审美精神的要义在于既承认差异的存在，又谋求融通，既显示个性，又致力于群体认同，从而构建出一种和谐的交际关系。古往今来，人们对这种美的交际关系憧憬至极。

中国儒家思想对人际关系的构想始终贯穿着天下一家的伦理情怀，从孔子对《周礼》的想象性追忆，到20世纪新儒学对人类前景的展望，都在描述一个充满温情与和谐的理想社会图景。儒家思想为社会人际交往设定的基本准则是"诚"，这一思想体系中，"诚"是人与人相处的最低限度的伦理准则。由此，交际美产生于人与人之间的社会交往实践活动中，主要表现为良好的交际关系，这种美是在人际的深度交流与相互影响中自然生成的。交际美体现为诚挚守信、不欺诈、不爽约，互助友爱、不吝啬、不狭隘，礼仪周到、不粗鲁、不媚俗，随和自主、不盲从、不倨傲。总之，在日常生活中，凡是促进人类文明和社会发展的行为，凡是体现人类健康向上的本质力量的行为，凡是能给社会、集体、他人带来利益、温暖和幸福的交际行为，都是美的体现（图3-3）。

图 3-3　交际舞步

（图片来源：网络）

二、交际的美学特征

（一）鲜明的时代性

交际美受客观社会关系的制约，不同时代有着不同的内容。在原始社会，由于生产力水平低下，人们过着群体生活，彼此间形成了平等互助的关系。到了奴隶社会，奴隶主占有一切生产资料乃至奴隶本身，奴隶主和奴隶之间形成了占有与被占有的关系，毫无平等可言。在封建社会，由于土地归地主所有，农民和地主之间形成了一种人身依附关系，等级划分森严。例如在欧洲封建社会中，国王是世俗权力的最高代表，以下有五爵，为公、侯、伯、子、男。在中国传统社会，"君臣、父子"的等级秩序构成了基本的社会关系框架，并通过特定的封建行为规范来维持这种交际关系。进入资本主义社会，交际关系则呈现出以金钱为主导的特征。正如马克思、恩格斯所揭露的那样："它使人和人之间除了赤裸裸的利害关系，除了冷酷无情的'现金交易'，就再也没有任何别的联系了。"

（二）复杂的层次性

人类和动物的根本区别之一在于，为了生存和发展，人类在认识自然、改造自然的过程中必然要建立起一定的社会关系，而在生产活动中，人们会建立起一定的生产关系。生产关系以及由其所产生的阶级关系、政治关系等，是较高层次的社会关系。这些较高层次的社会关系在现实生活中的直接对照，就形成了较低层次的社会关系。较低层次的社会关系细分种类很多，如果从不同维度去划分，可以分成几十种类型。可以说，每个人都处在"交际关系"的网络之中。

（三）较强的稳定性

交际关系一旦确立，就具有较强的稳定性，有的关系甚至能够延续千百年。如中国封建社会中形成的人身依附关系，包括家长制传统、等级观念及家庭内部的夫权思想等，延续数千年之久，至今仍在社会生活中有所体现。交际美的内容一旦确定，也十分稳定而持久，例如助人为乐、团结互助、尊老爱幼、扶助弱小等美德，已经有几千年的历史，至今仍得到人们的赞赏和支持。交际美的稳定性产生于社会关系的稳定性中。此外，随着社会关系的演进，特别是生产关系的变革，交际美的评判标准也必然随之改变，如旧社会严格奉行的"男女授受不亲"的礼教规范，当代青年已基本摆脱了这一传统束缚。

第六节
环境美

环境是人们进行社会生活的空间场所。环境归根结底是人所创造的，但它又给人以多方面的巨大影响。环境美是社会生活美的极为重要的组成部分，对于人的生活质量的提高，对于人的精神面貌的改观，对于社会的进步和美化，都具有不可替换的意义。

一、生态环境美

地球作为人类赖以生存的宏观生态系统，不仅生活着人类，还存在着其他生物和非生物。

生态环境美，是地球这一宏观生态系统的本来面貌。生态平衡，是维系万物繁衍、生生不息的基础条件。但随着近现代工业文明的快速发展，人类曾经一度背离了平等对待世界万物的初心，没有把自己看作自然之子，而是试图以主宰者姿态凌驾于生态系统之上。这种认知偏差导致人类在享受现代科技发展带来的诸多物质享受的同时，使生态环境遭到了残酷的破坏：处处都有工业污染的痕迹，连南极冰川也未能幸免；每年都有成千上万的物种灭绝或濒临灭绝；水资源危机遍及世界，土地荒漠化日益严重；近地轨道漂浮着太空废弃物，臭氧层空洞持续扩大……生态环境的恶化是人类自己造成的恶果，并且危及人类自身，人类也因此受到惩罚，为此付出了沉重的代价。

于是生态环境美的问题引起了人们的广泛关注。1972年6月，首届联合国人类环境会议发表了《人类环境宣言》，其中指出，保护和改善人类环境，是关系到世界各国人民福利和全世界经济发展的一个重要问题，是世界各国人民的迫切愿望，是各国政府应尽的责任。20世纪80年代，联合国发起成立了关心地球问题的世界环境与发展委员会，出版了关于环境与发展问题的报告，即《我们共同的未来》，并首次提出了"可持续发展"的概念。人们开始以生态平衡为核心，将生命系统与环境系统进行有机的结合，努力创造生态环境美。我国古代"天人合一"的哲学思想也在当下重新受到了人们的重视，并根据新的时代要求予以新的诠释，焕发出新的生机。美学家们也提出并强化生态美的概念，认为生态美是美的本质属性，其凸显在环境美之中，是环境美的灵魂（图3-4）。

图 3-4　生态环境美

（图片来源：网络）

漠视和破坏生态环境美，是愚昧和无能的表现；而维护和创造生态环境美，则是人在环境问题上智慧和才能的反映，体现了人的自由、自觉的本质力量。营造生态环境美，要经过各方面的共同努力。例如，治理"三废"（废气、废水、废渣）、退耕还林、保护野生动物、增加绿地面积等，需要各国政府的通力合作。此外，在家具设计、建筑设计、环境设计领域兴起的"绿色革命"，以生态平衡为核心理念，对营造生态环境美有着直接的现实意义。我们现在所处的阶段是以信息时代开始的，但如今，它正在向生态时代转变。生态环境美的营造，正在改善着人们的生活空间，并必将使著名哲学家海德格尔所希望的"人应该诗意地栖居于这片大地"逐渐成为现实。

二、人文环境美

环境作为人们生存、活动的场所，是自然环境和人文环境的统一。人文环境是一种体现人文关怀、以人为本，并承载历史文化积淀的人工环境体系，人文环境美是构成社会环境美的另一个重要因素。

城乡社区和建筑组群的空间序列环境是十分普遍且常见的人文环境。它的美既包含形式美，又包含功能美。形式要服从功能的需要，应满足人们开展各项社会活动、生活活动的需要，还应具备人性化。优美城镇环境的建设，不仅要治理大气污染、噪声污染以及视觉污染（如杂乱无章的建筑群、粗俗不堪的街头雕塑等）等，还要在文明、整洁的基础上，营造风格和谐的建筑布局、方便快捷的服务网点、惠民的文化娱乐设施、覆盖广泛的通信系统、四通八达的交通工具等，使这一地区的人们感到生活舒适、精神愉悦（图3-5）。

图3-5　人文环境美

（图片来源：网络）

学习环境、工作环境、购物环境、居住环境等是与人们关系十分密切的人文环境。良好的人文环境，其最基本的要求就是整洁。俗话说："整洁先有三分美。"环境整齐、清洁，即使陈设布置很简单，也能让人感到神清气爽；相反，如果环境杂乱、肮脏，即使陈设布置豪华、高档，也会让人心烦意乱。在人文环境中除了应保持清爽干净，还可以通过陈设有品位的家具、种植花草树木、安置艺术性的建筑小品等来满足人们更高层次的审美需求。

人文景观往往蕴含着悠久的文化内涵，承载着特定时代、特定民族、特定地域的精神风貌，因其历史文化价值和观赏价值很高，而在人文环境中十分醒目，具有恒久的美的魅力。此外，不同城市中富含鲜明个性的标志性建筑，也展现出一个城市特定的人文风采，丰富了人文环境美的内涵。

第一节
自然美的特征

一、自然美的本质

自然美是人类重要的审美对象，以其巨大的魅力吸引着古往今来的人们。热爱大自然是人类普遍的本性，文学家、艺术家尤其如此，他们酷爱自然，醉心于自然，并从大自然的美中吸取创作的灵感。明末画家董其昌曾说作画"当以天地为师""以造物为师"。音乐家贝多芬在谈到《田园交响曲》的创作时，说树上的金翅鸟、夜莺、鹑鸟、杜鹃是和他一起作曲的。这些都说明，自然美无论对于人类的一般审美活动，还是对于艺术家特殊的审美创造活动，都具有十分重要的意义（图4-1）。

图4-1　田园之美

（图片来源：网络）

在现实生活中，人们可以在不同的程度上感受到、体验到和欣赏到美，但是，自然美究竟美在哪里？自然美的本质是什么？这些问题，在历代美学家中存在着不同的看法。

有人认为，自然物本身无所谓美，是上帝、神明赋予了它的美。有人提出"审美移情说"，认为自然物之所以美，是人把自身情感外射到或融入自然事物的结果。明代思想家王阳明认为"天下无心外之物""你未看此花时，此花与汝心同归于寂；你来看此花时，则此花颜色一时明白起来，便知此花不在你的心外"。以上是客观唯心主义和主观唯心主义的观点，无法正确地揭示出自然美的根源与本质。

与唯心主义相反，唯物主义者以"自然美是客观存在的"这一事实为依据来寻找自然美的根源，但不同唯物主义者在对具体事物的认知上也存在着差异。有一种观点认为，自然美是一种不依存于人类的美，自然美根源于自然事物本身，除此之外，没有别的根源，在人类社会产生以前，自然美就已经客观存在了。有些美学家认为，自然物的美在于其本身的某些形式因素（如声音、色彩、线条、形体等）及其合乎规律（如对称、均衡、比例、和谐、多样统一等）的组合。这种看法坚持了美的客观性原则，对自然美的形式法则做了有益的探索，但它脱离了人这个实践主体，忽视了自然美的社会性，因此也无法揭示自然美的真正根源与本质。

美作为人类社会的一种特有现象，是人的本质力量在对象世界的感性显现，自然美也不例外。这里所说的"对象世界"是指自然界，确切地说，是指与人处于对象性关系中的自然界。这样的自然界，是"人化的自然界"。客观自然界的事物，只有当它和人处于一定的关系之中，并体现了人的本质力量时，才是美的。

二、自然美的特征

在大自然中，形形色色、绚丽多姿的美的事物层出不穷。如果把自然美与其他形态的美相比，其有着显著的特征。

（一）变易性

自然美在于自然同人类的关系，在于自然的社会化与人化，这就决定了自然美具有不同于其他形态的美的变易性。自然美的变易性，从自然原因来说，是由自然物本身的内部运动或自然物之间的相对运动所造成的。例如同一处瀑布，其枯水期与丰水期的美是不一样的。同一朵花，其含苞欲放时与凋谢枯萎时的美也是不相同的。自然美具备变易性的原因，还有人为因素。由于人与自然处于一定的关系中，人的活动一定会影响到自然美的变化。至于在国家危亡或在盛世太平之时，同一片山水所引发的不同审美感受，则更鲜明地展现了社会属性对自然美变易性的深刻影响。

（二）多面性

自然物的属性是多方面的，自然物与人类的社会活动的联系也是广泛而复杂的，因此，在一定条件下，自然物的美会在与人类社会生活的特定联系中得到不同侧面的展示。同一自然物，有时表现为这种美，有时又表现为那种美，就如月亮：从其形状而言，时而皎洁如玉盘，时而弯曲如吴钩，这种阴晴圆缺的变化，蕴含着意味深长的形式之美；就其光晕来说，有时朦胧，有时明亮，有时温柔，给人们带来宁静祥和、充满诗意的审美感受。正因为月亮本身存在着美的多面性，欣赏者或从不同的角度观赏，或以不同的心情凝望，都会获得不同的审美感受。

（三）形式性

形式性是自然美所具有的一个相当突出的特点。在社会美中，内容要比形式所占的分量更重；在艺术美中，要求内容与形式的高度统一；而在自然美中，则更偏重于形式。就自然美的内容而言，其特质在多数情况下都显得比较模糊。试问谁能确切诠释紫金山的灵韵或长江的意蕴？只有在特定情境下，人们方能领悟其中的深意。我们在欣赏自然美时，也容易过于注重形式，以致忽视其内容。有些自然物，虽然对人类有益,但因其外貌丑陋,有些人觉得它们不美。以蟾蜍为例,不仅能捕食害虫,其分泌物蟾酥还具有一定的药用价值,可是它因其貌不扬而受到一部分人的偏见。反观有些自然物,尽管对人类的生存无益甚至有害,但因其外形美丽,却得到人们的喜爱。正如蝴蝶,其幼虫以农作物的茎叶为食,对农作物的生长危害很大,但它外形美丽,反而有无数文人墨客为其留下美丽的诗句。"留连戏蝶时时舞,自在娇莺恰恰啼",杜甫的这句诗不是给人带来无限美好的情思吗?由此可见,形式对于自然美来说是何等重要。

自然美还有一种特殊的审美特性,即自然物的美丑两重性。这种美丑两重性与自然美的多面性有着紧密的内在联系。同样一个事物,既可作为美的对象来观赏称道,又可以作为丑的对象来看待鞭挞。自然物的美丑两重性,并非决定于任何个人的主观意识,而是由其自然属性的多样化及其在人生中的不同作用决定的。

三、自然美的功能

(一)愉悦身心,丰富生活

一般说来,人的神经系统在优美的自然景色中会处于一种柔和平衡的状态,使人产生轻松愉快的心境。面对自然界中那些动人心魄的审美对象,人们也会产生强烈、深刻的精神感受。如攀登泰山到达极顶时,那种胸襟为之一阔的极度愉悦是难以言表的。而人在身处逆境时,大自然则会成为人们排遣忧思、消除烦恼的世外桃源。当你心烦意乱或失意郁悒之时,扑进大自然的怀抱,让大海的辽阔去敞开你的胸怀,让高山的雄奇去振奋你的精神,让蓝天白云勾起你无限的遐思,让深邃的星空唤起你温馨的回忆,让火红的朝霞带给你奋发的激情,你顿时会感到神清气爽,个人的荣辱、毁誉和得失,生活中的疲乏懈怠,顷刻便烟消云散。现如今,全球旅游业的蓬勃发展,正是在发掘自然美所具有的独特精神价值——它能够丰富人们精神生活,提升生命体验的层次与质量。

(二)陶冶性情,提高境界

在日常观察中,我们常常能发现一个有趣的现象:平原居民与草原居民、山区居民与水乡居民等在性格、气质方面往往呈现出一定的差异,有的粗犷,有的细腻,有的憨厚,有的机灵。这是因为特定的自然环境对于人的性格、气质、意志等方面的塑造有着潜移默化的影响。自然美以其清静、质朴的特质,使人洗心涤虑、返璞归真,引导人们摆脱尘世社会中名利枷锁的羁绊,培育淡泊真淳、随缘自适的人生修养;其雄浑崇高的景象又可以激发出奋发进取的勇气,并树立高尚远大的抱负。大自然蕴含的深邃的人生哲理,足以启人心智、发人深省,它是人类最好的启蒙老师。人们在欣赏自然景物时,会在不知不觉间受到自然美的浸染,使心灵得到净化和升华、扩展和超越,乃至达到俯仰宇宙、天地与我并生、万物与我为一、上下与天地同流的精神高度。郭沫若先生曾多次忆及故乡秀丽的山水风光给予他的重要影响。他的家乡坐落于峨眉山下滔滔的大渡河畔,这里山清水秀、风景优美,他从小就在充满着诗情画意的自然环境里受到熏陶和浸染。自然美不仅陶冶了他独特的艺术气质,更塑造了其超凡的文学禀赋,为其后来成为一位蜚声世界文坛的学者、诗人奠定了坚实的精神基础。

(三)启迪智慧,激发创造

自然界蕴藏着自然的法则、宇宙的奥秘,游览名山大川、探访风景名胜可以开阔眼界,增长见识,启迪智慧，激发创造。极具美学、文学价值的《徐霞客游记》就是明代地理学家徐霞客历时30多年考察了大半个中国以毕生心血写就的，其中既有对名山大川自然美特征的描述，又有对相关科学成因的探讨。清末学者魏源"足迹几遍域中"，其提出了"游山学"的思想观点，并得出"一游胜读十年书"的结论。我国当代杰出的地质学家李四光更是大自然的骄子，他所提出的"山字形构造""第四纪冰川""莲花状构造"等学说，无不来自大自然美的启迪。达尔文如果没有随贝格尔号进行长达5年的环球科学考察，也不会有《物种起源》的问世。哥白尼如果没有长期观察斗转星移的星空，并记录星体的位置和运动，也无法创建"日心说"的理论体系。

古往今来的许多文学家、艺术家更是深爱着大自然，以造化为师，在大自然中汲取灵感，创作出千古传诵的优秀作品。被誉为"草圣"的唐代书法家怀素尝观夏云随风变化，顿有所悟，遂至妙绝，如壮士拔剑，神采动力。与怀素齐名的张旭更是"观于物，见山水崖谷，鸟兽虫鱼，草木之花实，日月列星，风雨水火，雷霆霹雳，歌舞战斗，天地事物之变，可喜可愕，一寓于书。故旭之书，变动犹鬼神，不可端倪，以此终其身而名后世"（韩愈《送高闲上人序》）。清代画家石涛自称"黄山是我师，我是黄山友"，并提出了"搜尽奇峰打草稿"的画论，在感受崇山峻岭的神采和灵气中创作出了大量富有个性的山水名画。京剧大师梅兰芳喜爱牵牛花，他曾从牵牛花美丽和谐的色彩搭配中获得启示，解决了京剧服装创新的难题。这种向自然学习的智慧，中国艺术家如此，外国艺术家亦然。意大利文艺复兴巨人达·芬奇强调画家应该是"自然的儿子"，他从被微风吹皱的湖水涟漪中得到灵感，创造出《蒙娜丽莎》那神秘莫测的微笑。据德国音乐大师贝多芬的学生车尔尼记述，贝多芬的《c小调第五交响曲》（又叫《命运交响曲》）的创作灵感来源于树林中名叫黄道眉的小鸟的啼鸣，而《F大调第六交响曲》（又叫《田园交响曲》）则诞生在维也纳郊区一条幽静的林荫小道上（后人称之为"贝多芬小道"）。列夫·托尔斯泰有一次看见路边一朵被车轮碾过的牛蒡花顽强地活着，不禁联想到高加索英雄哈吉穆拉特，由此产生了创作小说《哈吉穆拉特》的冲动。青年时期的罗曼·罗兰在罗马的霞尼古勒山上被壮丽的晚霞深深感动，萌生了《约翰·克利斯朵夫》的创作构思。被称为"现代舞之母"的美国舞蹈家邓肯，从海浪的起伏、棕榈树的摇曳和鸟儿的飞翔中吸取舞蹈创作灵感，她常看到什么就模仿什么，边走边舞，将自然万象融入艺术创作，创造出举世瞩目的自由、奔放的舞蹈风范，划时代地揭开了西方舞蹈的新篇章，从这个意义上可以说，真正的"现代舞之母"应是大自然。

（四）和合天人，通融群己

所谓"和合天人"，是指自然美能够促进人与自然更高层次的和谐，即中国传统文化中"天人合一"思想的生动诠释。人在欣赏自然时获得的审美愉悦，能够增强主体与自然的亲和感。在唐代诗人杜牧的《山行》里，人与自然美景没有任何矛盾、对立、冲突，人们眼前的寒山、石径、白云，尤其是"红于二月花"的枫林霜叶，无不展示着大自然迷人的魅力，唤起人们强烈的亲近、眷恋之情，以至于诗人流连忘返，沉浸陶醉在大自然美景的怀抱中，实现了物我合一、物我两忘、物我交融。

正是这种对大自然的亲和之情，对自然美的倾慕与眷恋，使印度诗人泰戈尔发出了"生如夏花之绚烂，死如秋叶之静美"的赞叹。这种情感并非随着审美活动的结束而结束，而是不断地凝聚并转化为人对自然的稳定持久的情感联系。人与自然原本是一体同源的，人类从来都是自然的一部分，人对自然不能只讲征服、改造，还应该善待自然、保护自然，因为热爱自然，就是热爱人类的生命。

所谓"通融群己"，是指人们通过自然美实现个体与群体、个人与社会的沟通与交融。这种审美体验不仅能促进人际和谐，还能推动社会融合。人类的社会实践活动赋予了自然美以丰富的社会审美属性，古往今来，无数抒情诗篇、散文佳作在表达对亲人、友人、爱人的情感时，或借景抒怀，或托物言志，或寓情于景，都选择以自然物为中介，使种种情感得到抒发、理解和升华，最终达成心灵的共鸣与交融。例如，李白在《峨眉山月歌》中通过"峨眉山月半轮秋，影入平羌江水流"的细腻描写，寄寓和抒发了"思君不见下渝州"这种对友人的无限情思。柳永在《雨霖铃·寒蝉凄切》中，以"杨柳岸，晓风残月"等意象的精妙刻画，将恋人间的离别之情渲染得格外深婉动人。而苏东坡在《水调歌头·明月几时有》中，将中秋明月这一自然意象与人间至情完美交融，使明月成为寄托亲友相思的最佳载体。再如大自然馈赠给人类的精灵——花，现如今已成为一种超越国界的"世界语言"，形成了独特的"花语体系"，这种温馨而浪漫的自然语言，是日常语言所难以企及的。

第二节
风景美

风景美是指客观存在于自然界的各种事物和现象的美，譬如宇宙星空之美、朝霞落日之美、花草树木之美、珍禽异兽之美、风景名胜之美等（图4-2至图4-4）。风景美是多种具有自然美的自然物象的有机组合，是一种综合的整体美。

图4-2 三清山自然风景图

（图片来源：网络）

图4-3 庐山自然风景图

（图片来源：网络）

图4-4 婺源红枫图

（图片来源：婺源县人民政府官网）

一、风景美的特征

风景美的主要特征包括形象美、色彩美、朦胧美、动态美等。

（一）形象美

自然景观最显著的特征是形象美。千姿百态的自然景观，以其雄伟、秀丽、奇特、险峻、空旷等形态吸引着游人，使游人获得美的享受。雄伟的自然景观往往拥有气势磅礴、粗犷壮美的形象美，能使人获得震撼、兴奋、崇敬等审美感受。如泰山以雄伟著称，其崛起于华北平原之东，以磅礴之势耸立于齐鲁大地之上。俗话说"泰山天下雄"，正是因高峰与平原的强烈对比，使人产生"登泰山而小天下"及"一览众山小"之感，厚重雄浑的山体又亦有"稳如泰山"之感（图4-5）。

秀丽的自然景观能给人以赏心悦目、心旷神怡的审美享受。我国自然风光的特点之一是"北雄南秀"。有"峨眉天下秀"美誉的峨眉山以秀丽著称：一是因为其山形柔美，曲折如眉；二是因为丰茂的植被把峨眉山装扮得葱绿雅丽，云鬟凝翠；三是因为在烟云的掩映下，山体显得秀媚多姿（图4-6）。

图4-5　泰山

（图片来源：网络）

图4-6　峨眉山

（图片来源：网络）

奇特的自然景观以其稀缺性和独特性著称，往往使人流连忘返，并收获异于寻常的审美体验。作为此类景观的典型代表，黄山既有北方山峰的高峻雄伟，又有南方山峰的俊秀飘逸，既有遒劲挺拔的奇松，又有嶙峋奇绝的怪石，景致奇特瑰丽，令人叹为观止，因此素有"黄山天下奇"的美誉（图4-7）。

险峻的自然景观以其陡峭挺拔的地貌特征著称，置身其间会让人产生惊心动魄的独特体验。这类自然景观不仅给人带来壮丽绝伦的视觉盛宴，更能满足探险者追求极限挑战的渴望。俗话说"华山天下险"，"自古华山一条路"就是对华山险峻形象的生动写照。华山犹如一方天柱拔起于群山之中，峰顶与谷底高差逾千米，四壁陡立，几乎与地面形成直角，堪称险峻美的典范（图4-8）。

空旷的自然景观以视野开阔、一望无际的地貌特征著称，身处其中能使人感到心胸开阔、豪迈旷达。正如呼伦贝尔大草原，其地势平坦，草高而密，"天苍苍，野茫茫，风吹草低见牛羊"，纵横交错的河流蜿蜒曲折地分布在草原上，给广袤无垠的草原增添了温柔婉转的气韵（图4-9）。

图 4-7 黄山迎客松

(图片来源:黄山风景区管理委员会官网)

图 4-8 华山

(图片来源:网络)

图 4-9 呼伦贝尔大草原

(图片来源:呼伦贝尔市人民政府官网)

(二)色彩美

自然景观不仅多姿,而且多彩,如蓝天、白云、青山、绿水、碧海、金沙、霜林、雪原、朝霞、彩虹等,千变万化的色彩美是自然景观美的重要内容。

九寨沟中分布有多处湖泊,每处湖泊都如一幅美不胜收的图卷。如五花海(图4-10),在同一水域中,湖面呈现出鹅黄、墨绿、深蓝、藏青诸色,五彩缤纷,犹如仙境。又如五彩池,虽然面积不大,但湖面聚蓝、紫、绿、白诸色于一湖,呈现出五彩斑斓的色调。五彩池(图4-11)透明度高,透过池水,可见到池底岩面的石纹,由于池底沉淀物的色差以及池畔植物色彩的不同,使湖水色彩绚丽、美不可言。

(三)朦胧美

当迷蒙的云雾笼罩海面时,水天一色,浑然一体,那些在海上漂荡的游船,仿佛游走于虚实之间。当群山笼罩在缥缈的云雾之中,层层烟云掩其真面目,云雾与山峦连成一片,近山显得格外高峻神奇,远山则显得尤为深远莫测。云雾中的景物若隐若现、时有时无、飘忽不定,这种朦胧变幻的独特韵味,恰是清晰的视野所无法企及的审美境界。

图 4-10 五花海

（图片来源：人民网）

图 4-11 五彩池

（图片来源：人民网）

庐山又称匡庐，是一座千古文化名山，地处江西省北部，为全国首批国家级风景名胜区之一。深厚的文化底蕴，奇特的地质地貌，多变的自然气候，丰富的生态资源，造就了庐山"春如梦、夏如滴、秋如醉、冬如玉"的美景，苏轼更是发出了"不识庐山真面目，只缘身在此山中"的哲思感慨（图 4-12）。

图 4-12 庐山望江亭

（图片来源：网络）

（四）动态美

自然景观中的动态美，既来源于流水、波涛、飞瀑、云雾的律动，又来源于树木、花朵的轻颤和摇曳。杜甫笔下的"无边落木萧萧下，不尽长江滚滚来"用抒情的语调描写了落叶和江河萧瑟肃杀的动态美，李白则用"飞流直下三千尺，疑是银河落九天"勾勒出瀑布雄伟壮观的动态美。

二、风景美的欣赏

（一）善于发现

在我们生活的美丽大自然中，风景美无处不在、无时不有。早晨漫步，有清风拂面，朝霞满天；傍晚徜徉于公园，有花香扑鼻，杨柳轻扬；夜晚静卧，有皎洁的月光洒落窗前。我们只有善于调动各种感官，敏锐地去捕捉自然界丰富多彩的美，才能获得更多的审美感受，才能深深体味到风景美的真谛。

（二）善于运用想象与联想

人类天生就对美的事物有欣赏能力，若能在此基础上调动自身积累的科学文化知识和审美经验，再运用想象和联想，就能使审美体验进入更高的层次。例如，黄山七十二峰的每座山峰都被赋予了形象化的名称，如莲花峰（图4-13）、石笋峰（图4-14）、笔架峰、猴子观海等，这正是历代观赏者运用想象和联想创造的成果。

图 4-13　莲花峰

（图片来源：网络）

图 4-14　石笋峰

（图片来源：网络）

（三）加强基础知识的学习

许多著名的自然风景区都是自然景观与人文景观的和谐统一，是集地理、历史、宗教、文艺、民族精神等于一体的文化知识宝库。观赏者只有具备了一定的文化知识、艺术修养和美学知识，才能真正理解、欣赏、享受自然景观的美。

（四）多点观察

自然景观多处于开放空间中，观赏者不仅可以身临其境，还可以选择从不同的位置、以不同的视角对其进行欣赏，从不同的角度品味不同的美，这样便可以对某一景观的局部和全貌，以及不同景观间的相互关系有一个全面而深刻的认识。例如，在欣赏水景时，当你或漫步于岸边，或泛舟于湖面，或伫立于岛上，得到的视觉效果各不相同，内心感受当然也不同。因此在欣赏自然景观时，我们应当有意识地变换观赏位置和角度，以充分领略大自然的多元之美。

（五）动静结合

在游览自然景观时，采用动静结合的观赏方式可以获得更加丰富多变的审美感受。静赏是息，动观是游。当遇到视野开阔、风景秀美之处，可驻足静赏，细览深思。而在动观的过程中，观赏者眼前呈现出连续变化的画面，一步一景，可充分感受大自然多姿多彩、变化无穷的景观美。

第三节
园林美

园林虽然为人工所造，但饱含真山真水之妙，是大自然之美的精致缩影，特别是被誉为"世界园林之母"的中国古典园林艺术更显现出诗画一般的意境和情调，即使身居闹市，仍能求得一方平静之所，让人自在地徜徉在山水风景之美中。

一、我国园林之美

（一）景观美

我国自古便有着"崇尚自然"的传统，这一审美理念深刻影响着我国的园林艺术。正如明代造园家计成在《园冶》中所言，中国的园林艺术追求"虽由人作，宛自天开"的艺术境界，在园林建造上非常注重对自然美的追求，无论是石的堆叠、水的分聚、树的排列、花的分布，都师法自然，使园林的写意性和浪漫色彩与自然本身的特征水乳交融地统一在一起。我国江南的园林最先将山水引入自家庭院中，从而满足了人们足不出户便可观赏自然美景的愿望。以苏州留园为例，全园用建筑来划分空间，中部以山水见长，池水明洁清幽，峰峦环抱，古木参天。留园东部以建筑为主，厅堂华丽，庭院精美，奇峰秀石，引人入胜，西、北部环境僻静，山溪曲流，树木葱茏，颇有山林野趣。通过艺术化的营造手法，将自然之美与人工之美巧妙融合，用艺术的手法去营造实质的空间，这种可游可赏的立体画境，体现了我国风景园林建造技术的高超与精湛以及设计理念的匠心独运（图4-15）。

图4-15　苏州留园闻木樨香轩

（图片来源：苏州市园林和绿化管理局官网）

（二）文化美

我国的园林最早可追溯至殷周时代，历史非常悠久。不同历史时期的社会经济发展水平、技术工艺水平与人文环境均有所不同，由此造就了不同的园林文化。每一座园林都有自己独特的主体风格，而不同历史时期或不同地域的园林，更融汇了鲜明的时代特征、地域特征、民族风情以及人文色彩等多重文化维度。可以说，一座座园林就是一部部有关文化记录的"空间著作"，它浸染着中国博大精深的文化底蕴，是中国五千多年灿烂文化造就的艺术珍品。

明清时期是中国园林建造的高峰期，其中北方的皇家园林多建于康熙至乾隆年间，如圆明园、颐和园、畅春园等。皇家园林多选址于京郊风景优美、环境幽静的地方，这类园林通常与皇城相毗连，兼具政务处理与游憩赏玩的双重功能，相当于帝王专属的私家宅园。皇家园林的特点是尊贵、大气，名字多选取福、颐、宝、德、庆等字，其内部布局和景观也充分体现出皇权至尊的观念。例如，观看圆明园最早的复原平面图，可以看出其整体布局实际上是我国版图的缩影，从而表达了"普天之下，莫非王土"的皇权寓意。皇家园林在设计构思、建筑布局、景观寓意等方面，深深浸润着中国传统文学艺术的精髓，成为我国重要的文化瑰宝。其以独特的艺术风格和深厚的文化内涵，使中国皇家园林在世界园林艺术史上独树一帜。

我国私家园林以明代建造的江南园林为主要成就，其融合了古代造园艺术的精华。明清时期的江南私家园林与文人有很深的渊源，许多园林都是文人、士大夫的处所，反映了当时文人雅士的审美情趣和生活哲学，所以又被称为"文人园"。例如，扬州的"个园"以"竹"字一半及竹叶的形状作为园名，旨在表现园林主人高尚的品格和谦虚的习性（图4-16）。江南园林蕴含着灵秀的书卷气息，尤以苏州园林为代表，如沧浪亭（图4-17）、拙政园、网师园等。

图 4-16　扬州个园

（图片来源：扬州市人民政府官网）

图 4-17　苏州沧浪亭

（图片来源：苏州市园林和绿化管理局官网）

（三）意境美

我国园林艺术的精髓是意境美。在设计上，追求将自然风光与思想情感相结合，并运用虚实相生的造景手法，构建出以无形意境为魂、有形景观为体的艺术整体。在空间布局上，巧妙地设置了层隐层现、既隔且接的景观序列，让观赏者漫步在曲径通幽的小道上，在每一次驻足时都能感受到景观中所蕴含的无尽的情致。我国的园林设计者往往从高度发达的抒情诗和内容丰富的山水画中寻求再现自然美的灵感，把园林当作立体的诗、流动的画来创造。无论是形象构造、总体布局，还是山石、林木、花卉的搭配处理，都力求诗情画意之韵味。

园林的命名也非常讲究，寥寥数字便能概括出景致的意蕴和风骨。以北京颐和园为例，其名取"颐养冲和"之意，意思是下辈对上辈的孝养，所以园中殿堂多以"寿"字来命名，如万寿山（图4-18）、仁寿殿等。再如杭州西湖的"十景",命名极有韵味:苏堤春晓、断桥残雪、雷峰夕照、曲院风荷、平湖秋月、柳浪闻莺、花港观鱼、南屏晚钟、双峰插云、三潭印月。每一景点的名字都仿佛是一句诗,又似一幅画。

图4-18　万寿山

(图片来源:网络)

二、中西古典园林艺术比较

在造园艺术风格上,中国古典园林以山水画、山水诗的美学原则为指导,设计者多为画家、诗人,注重体现诗情画意,追求生境、画境与意境的和谐统一。其艺术特点表现为自然美、含蓄美与静美(如水景以溪池、滴泉为主),整体上属于自然山水园的范畴。中国古典园林在布局上多采用生态型自由式,追求自由灵活的空间形态,讲究迂回曲折的路径设计,通过曲径通幽、移步换景的手法营造丰富的景观层次,故中国古典园林有"步行者的园林"之说(图4-19)。

西方古典园林以几何、建筑的美学原则为指导,设计者多为建筑师,其艺术特点表现为人工美、图案美与动美(如水景以喷泉、瀑布为主),强调主从关系、理性与秩序,整体上属于几何型园林的范畴,如法国的凡尔赛宫及其园林(图4-20)。西方古典园林的构景要素多按照一定的几何规则加以组织,保持中轴对称布局并突出中心建筑物(因西方园林多作为皇家贵族的社交活动场所,其强调中轴线的布局方式,便于规范礼仪秩序并凸显统治者的尊贵地位),中心建筑物前方多建有一个面积较大的广场,广场内种植草坪,再配以笔直的林荫路,修剪美观的树木、花圃,几何形状的水池与人工喷泉,以及典雅的大理石雕塑。西方古典园林的布局讲究规整、直观、一览无遗,以俯视观赏的审美效果最佳,故西方古典园林有"骑马者的园林"之说。

在园林规模上,由于功能有别,中国古典园林的规模相对较小(如具有代表性的江南私家园林),西方古典园林的规模相对较大。在园林与建筑的关系上,中国古典园林的设计形式是园林统率建筑,西方古典园林则是建筑统率园林。在植物的造型搭配上,中国古典园林中的树木以自然式的孤植、散植为主,花卉造型重姿态,以盆栽花坛为主。西方古典园林中的树木以整形对植、列植为主,花卉造型重色彩,以图案花坛为主。在景观形态上,中国古典园林崇尚奥景之美,追求幽深含蓄的意境。西方古典园林则偏好旷景,呈现出开阔明朗的空间格局。在园林艺术表现手法上,中国古典园林借助叠石理水、书法题刻、绘画意境、文学典故等艺术形式营造综合美感;西方古典园林则主要借助雕塑艺术、工艺装

图 4-19　江南私家园林

（图片来源：网络）

图 4-20　凡尔赛宫及其园林

（图片来源：网络）

饰等手法构建整体美学效果。在艺术渊源上，中国古典园林艺术深受我国传统文化中的儒、释、道思想，人文典故、神话传说（如皇家园林中象征神仙世界的"一池三山"）等美学理念，以及"天人合一"的哲学思想的影响。西方古典园林艺术则深受理性主义传统的影响，其造园理念强调建筑比例、几何构图等原则。如果把西方园林艺术比作一部明朗欢快的交响曲，中国古典园林艺术则是一首委婉细腻的抒情诗，两者各有千秋。中国古典园林的艺术特色在于宁静、含蓄、隽永，因此，游园时应静观慢游、静心品评，若性急心躁、来去匆匆，这样的观赏是体会不到其中的美和意境的。

第四节
生态美

生态环境是指由生物群落及其赖以生存的各种外界条件共同构成的有机整体，包括非生物因素（光、温度、水分、大气、土壤和无机盐类等）和生物因素（植物、动物、微生物等）。生态环境美体现了人与自然和谐共生的美。当我们以尊重自然的态度与之相处时，必将获得自然给予的慷慨馈赠，反之，若人与自然的关系失衡，必将付出沉重的代价。

一、生态环境美的特点

（一）生机活力美

对生机活力的追求是人类与生俱来的内在需要，而对充满生机的自然景观的欣赏，是人类内心深处对蓬勃生命力最原始的憧憬。生态对象所蕴含的勃勃生机、生生不息、循环无穷的生命力，总能唤起人们积极向上的生命态度，以及对自然的无限希望和崇拜之情。

（二）整体交融美

在生态系统中，各类生物通过复杂的食物链和生态网络相互依存，任何一种物质或物种的缺失都可能引发连锁反应，甚至影响到整个生态系统的平衡。科学调查显示，地球上每消失两种植物，就会导致约 8 种依赖其生存的动物无法继续生存。生态之美就在于其经历了长久的发展、调整，从而形成一个十分完整、高效、有机的系统（人与自然的和谐生存），这一系统美妙绝伦，其结构之完美、功能之完善、运转之高效，令人叹为观止（图 4-21）。

图 4-21　鄱阳湖候鸟图

（图片来源：网络）

（三）平衡和谐美

生态系统的持续发展源于其内在的平衡机制。这种精妙的生态平衡孕育出新的"生机"，而生机盎然的环境也造就了独特的"美感"。而生态平衡一旦被打破，生态系统将会面临崩溃，生态之美也就无从谈起。只有保持生态平衡，阳光雨露充足、空气清新、水源洁净，森林绿地覆盖率高，没有各种污染，各类动植物呈现出自然的生长状态，自然界才能展现出自然、和谐、美好的状态。近代工业革命以来，随着科学技术的进步，人类改造自然的能力得到增强，物质欲求逐渐膨胀，也因此给自然带来了巨大的损伤，破坏了自然的生态平衡，损害了自然内部以及人与自然的和谐相处，人类的生存开始面临前所未有的危机，如物种灭绝、山崩地裂、冰川融化、狂风暴雨、水旱灾害等。严酷的现实已证明，生态美的衰退带来的将是生命处境的恶化，生态美的消逝则会导致生命的终结。

（四）多样创造美

旺盛、充盈的生命力和生生不息的生机活力是生态美的重要体现，构成了生态美的核心特质，而这种生命力和活力正是通过生态的多样性显现出来的。当人们置身自然，目睹纷繁多样、绚丽多彩的生命世界时，无不为其所展现的无限的生机之美而深深震撼。正是生态中丰富多样的生命形态，共同构建了这个神秘莫测、奥妙无穷、美不胜收的世界。

（五）持续永恒美

生态之美不是瞬时的单一过程之美，而是永恒的美。没有生命的延续，就不会有生态的持续发展，也就不会有生态美。生态的持续永恒性最直观的表现就是生生不息、繁衍无尽。动物代代繁衍、血脉相承，植物岁岁枯荣、新陈交替。人类对生态美的欣赏，正是要透过这种永恒的生命循环，去感受和体验生命循环往复、生生不息的无限生机与持久活力。

二、人类追求的理想境界

工业革命和科技进步虽然创造了前所未有的物质财富，却也诱发了人类难填的欲壑。只顾眼前利益、片面追求短期利益，使人类付出了沉重的代价，水资源枯竭，空气污染，疾病谱系不断增加。更为深层的是，这种发展模式导致了人际关系的异化与精神世界的困顿，以致人心涣散、精神异化。人类慢慢才意识到，物质财富的增长并没有带来内心深处的幸福和安宁，反而让心灵陷入了更深的焦虑与不安。对于生活在高度工业化的现代都市中的人来说，那些本该属于每个人的优美的生态环境和简单快乐的生活情趣，如今似乎成了遥不可及的奢侈享受。遥想"空山新雨后，天气晚来秋。明月松间照，清泉石上流。竹喧归浣女，莲动下渔舟。随意春芳歇，王孙自可留"的超然境界，"明月别枝惊鹊，清风半夜鸣蝉。稻花香里说丰年，听取蛙声一片。七八个星天外，两三点雨山前。旧时茅店社林边，路转溪桥忽见"的诗意栖息，如今只能从书本和画卷中去回忆和追寻。人类的心灵始终与自然保持着深刻的精神联结，即使人类已经远离自然很久，依然在心灵深处存续着对自然的本真向往与精神依归。人类从未放弃与大自然做朋友，并期许从中获得某种慰藉和解脱。自然界是人类永久的精神家园和心灵驿站，人的内心渴望这种"诗意的栖息"，没有诗意的生活如同没有鸟鸣的春天，让人心如槁木。"诗意的栖息"追求的是精神的快感、生活的诗意化，它超越了物质主义，不把物质需要看作生存的唯一意义，因为"诗意"并非靠物质的满足而得到，"诗意"是一种境界，是内心的悠然和闲适，充满了生活的意趣，彰显着人的自由本质。"诗意的栖息"超越了"人类中心主义"，视自然为有生命的、平等的存在。人与自然平等相处，和谐共生，自然成了人的朋友，而不是改造的对象。自然或成为人类生命的一部分，当人沉浸在自然之中，大有"表里俱澄澈。悠然心会，妙处难与君说"之感。人类只有生活在满目苍翠的大自然当中，"青山清我目，流水静我耳"，才能达到悠哉天地间，竟不知老之将至的人生境界。魅力无穷的自然才是人类真正的家园，人类回到了内心的家，精神才能真正放松，才会获得真正的愉悦。"诗意的栖息"是对生态环境的审美观照，是审美的高级境界，是人类生存的高级理想，也是生态环境美育要倡导的生活目标。只有在审美过程中体会到良好生态环境的美妙滋味，才能够唤起人类保护生态环境的理性思考。

三、生态环境的维护

人类长期秉持的"人类中心主义"价值观，将自身生存需求凌驾于自然规律之上。在这种思维主导下，人类一直试图从自然界索取更多资源，甚至不惜以破坏生态系统为代价去换取更好的发展，却忽视了自然界同样拥有其生存权利与发展需求。"人类中心主义"的价值观虽然使人类在短期内获得了丰厚的物质回报，却在长久的发展中使人类付出了惨重的代价：第一，人类通过滥伐森林、滥垦草场和过度开发土地的方式发展农业和畜牧业，使森林和植被遭受破坏，导致水土流失和土地沙漠化（图4-22、图4-23），大量土地丧失农业生产力。生物栖息地的破坏会对动植物的生存造成严重的威胁，甚至造成生物多样性的急剧衰减。第二，工业化进程加速了人类对自然资源的攫取，但其高消耗、低产出的发展方式，已引发能源危机、水资源短缺等多重资源困境，从而威胁到人类的生存和发展，乃至整个生态系统的稳定与平衡。第三，社会物质生产和社会生活向自然环境排放了过多的废弃物，已超出环境自然净化能力，导致环境质量持续恶化。从生态学的角度看，当环境负载超过了生态系统所能承受的极限，可能导致生态系统的衰竭或崩溃。若地球上没有了植物，或者没有昆虫和微生物，人类只能存活几个月。在地球上一切超越生态承载极限的行为，都将给实施者及所有共存者埋下深重的生存隐患，最终导向不可逆转的生态灾难。

图 4-22　干旱的土地
（图片来源：网络）

图 4-23　洪涝灾害
（图片来源：网络）

作为世界四大文明古国之一的古巴比伦王国，曾经以植被茂密、气候宜人、人民富庶著称于世，由于忽视对生态环境的保护，以至于在数千年前就被漫漫黄沙所淹没。恩格斯曾指出：美索不达米亚、希腊、小亚细亚以及其他各地的居民，为了得到耕地，毁灭了森林，但是他们做梦也想不到，这些地方今天竟因此而成为不毛之地，因为他们使这些地方失去了森林，也失去了水分的积聚中心和贮藏库。阿尔卑斯山的意大利人，当他们在山南坡把那些在山北坡得到精心保护的枞树林砍光用尽时，没有预料到，这样一来，他们就把本地区的高山畜牧业的根基毁掉了；他们更没有预料到，他们这样做，竟使山泉在一年中的大部分时间内枯竭了，同时在雨季又使更加凶猛的洪水倾泻到平原上。此外，美洲玛雅文明的陨落、中国楼兰古城的消失等都与人类对生态环境的破坏密切相关。

作为世界文明摇篮之一的我国黄河流域，数千年前曾拥有良好的森林和草原生态系统，当时这里林木茂密、土地肥沃、气候宜人，生态环境优越，农牧业也相当发达，是名副其实的富庶繁荣之地，然而如今已今非昔比。由于长期大规模的毁林开荒、过度垦殖和肆意放牧，西北、华北一带的草原和森林资源几乎损失殆尽，地面植被遭到破坏，黄土失去涵养水分的能力，导致严重的水土流失。与此同时，降雨量减少，湿度下降，气候恶化，干旱问题日益严重，生态系统功能出现严重失调。昔日养育中华民族的这条"母亲河"，现在竟成为世界上泥沙含量最多的河流，而且出现了断流，河床日益抬高，蓄洪排涝能力减弱，加剧了水旱灾害的发生。我国另一条"母亲河"长江也经常发生洪涝灾害。20世纪末长江流域发生的特大洪水，正是因为上游地区植被破坏、水土流失加剧，导致中下游河流含沙量增加、开阔水面锐减，最终使整个流域的排洪、蓄洪能力大幅下降。

20世纪中叶以来，全球范围内爆发的多起严重公害事件更是令人触目惊心。1981～1990年全球平均气温比100年前上升了0.48℃。全球变暖的主要原因是人类在近一个世纪以来大量使用矿物燃料（如煤、石油等），排放出大量的二氧化碳等多种温室气体。现在每年向大气层排放的二氧化碳，其中一半被植物和海洋吸收，另一半则在大气层不断累积，像一层厚厚的"毛毯"包裹着地球，导致全球气温持续上升，南、北极的冰雪加速融化，海平面不断升高，部分岛屿和沿海城市正面临被淹没的威胁。与此同时，制冷剂、洗涤剂、发泡剂等产品中的氟利昂与臭氧层发生化学反应，致使臭氧层变薄甚至出现空洞，使地球失去这层天然保护屏障，过量的紫外线直射地表，不仅灼伤大量动植物，还使人类皮肤癌的发病率显著上升。化石能源的大量使用，一方面造成温室气体的排放，另一方面工业废气与大气中的物质产生化学反应，形成具有腐蚀性的酸雨，大量酸雨污染了湖泊、江河、森林生态系统，使得植被减少，双重作用使气候异常加剧，这些环境问题正在使人类的生存空间日益缩小。由此可见，保护生态环境就是保护人类自身，善待生存环境就是善待人类自己。为了我们自己，为了子孙后代，为了全人类，我们应携起手来，齐心协力地共同保护和建设我们唯一的家园——地球。

第五节
矿产美

在广袤的地层深处，历经亿万年的沉积与挤压，岩层深处悄然孕育出形态各异的矿产资源。这些矿产不仅是推动人类文明发展的物质基础，更以其独特的质地、绚丽的色彩、精妙的结构与多变的形态，展现出自然造化与艺术审美交融的深邃之美。这种跨越地质年代的矿产之美，以静默的方式书写着地球演化的历史篇章，既为艺术创作提供了无穷的灵感，又为人类审美开拓了想象空间。

一、矿石的视觉魅力

当我们静静凝视一块矿石，它或许外形并不起眼，质地也十分粗糙、坚硬，似乎只是一段沉睡在大地深处的记忆。然而，随着光线的移动、角度的变换，它突然苏醒，在不经意的瞬间便绽放出无与伦比的光华。这种美，来自亿万年地心的孕育，不加雕饰，却自然天成。

（一）色彩之美

矿石的色彩，是大地赐予人类最原始的艺术语言。不同的化学成分在地质变迁中交融碰撞，最终凝结成一幅幅静谧而灿烂的色彩杰作。

孔雀石（图4-24）那抹独特的绿，既带有远古矿脉沉淀的厚重质感，又蕴含着盎然生机，宛如森林深处透入的一束晨光。

青金石（图4-25）那抹沉静深邃的蓝，其色相如天，仿佛夜空中最遥远的星空。青金石以色泽均匀无裂纹、质地细腻无金星为佳，无白洒金次之。点缀其间的金色黄铁矿斑点，恰似星河碎片，诉说着来自远古时期的神秘往事。

图4-24 孔雀石

（图片来源：网络）

图4-25 青金石

（图片来源：网络）

赭石（图4-26），是土地的本色。那温暖而略带灰意的红褐色中，仿佛藏着千年农耕的厚重记忆。而黄铁矿的金属光泽则带来另一种张力，它并非贵金属，却比黄金更锋利地映照出地质之力。黄铁矿（图4-27）是自然界常见的金属矿物，因其表面具有黄褐色锈色和明亮的金属光泽，常被误认为是黄金，故又称为"愚人金"。

图4-26 赭石

（图片来源:北中医博物馆微信公众号）

图4-27 黄铁矿

（图片来源:网络）

矿石的色彩，绝非浮于表面的明艳，而是一种深层的、沉淀着岁月质感的存在。它们不是对自然的摹写，而是自然最直接的呈现，是地壳运动与火山活动在亿万年里共同缔造的色觉奇迹。

（二）光泽之美

如果说色彩是矿物的语言，那么光泽，便是其独特的语调。矿物的光泽，是其与光的温柔邂逅，也是它面对世界的一种精彩回应。

水晶最为人熟知的特征便是其散发出的玻璃光泽，清透澄澈的质感，仿佛一滴凝固的清泉。它在光照下会呈现出近乎纯净的折射，宛如时间被冻结在其中。

猫眼石拥有奇异的丝绢光泽，缓缓转动石体，一条银色光带便在石面上游移，恰似暗夜中猫眼闪过的那抹幽光，神秘而灵动。

金属光泽如镜，强烈反射出周围的环境。辉银矿（图4-28）、方铅矿，即使在昏暗的环境中依然散发光辉，仿佛一把把被打磨千遍的利刃，在沉寂中守护着大地的奥秘。相比之下，玉石的油脂光泽则更加温润，如同烛火在指尖微微摇曳，不夺目，却令人沉醉。

太阳石（图4-29），因晶体中含有赤铁矿、针铁矿和云母等矿物包裹体，对光反射而出现金黄色耀眼的光芒，呈现出"日光效应"，故也称日光石、金星长石。

图4-28 辉银矿

（图片来源:网络）

图4-29 太阳石

（图片来源:网络）

每一道光泽都不是浮于表面的装饰，而是矿石内在结构与物质本身的真实呈现。正是这些千变万化的光学特性，赋予了矿物以独一无二的视觉魅力，使它们成为大自然中真正的"光之雕塑"。

（三）晶体之美

自然界中的秩序，往往隐藏在我们难以察觉的细节之中。而矿物晶体，正是这种秩序的具象化表达。

每一颗晶体，都是数学与美学交融的奇迹。它们以最精密的原子排列方式，在三维空间中构筑出完美的几何形态。六方柱状的烟水晶（图4-30），就像一座座由分子搭建的透明宫殿。烟水晶又称烟晶、茶晶，是一类颜色为烟灰色、烟黄色、黄褐色、褐色的水晶品种，以色均、无绵、明净者为佳品。

立方体形态的黄铁矿，每一面都闪耀着黄金般的金属光泽，棱角分明，更胜人工切割之技艺。

方解石（图4-31）的菱面体结构，在强光照射下会产生"双折射"的现象，这一物理现象不仅让人惊叹于自然的鬼斧神工，也启迪了无数艺术创作。

图4-30　烟水晶

（图片来源：网络）

图4-31　方解石

（图片来源：网络）

晶体之美，在于它将自然的混沌凝结成精妙的秩序之形。这种由物质内在结构外化而成的美感，是大自然中极富有逻辑的美感，也是"结构"本身所展现出的视觉魅力。在艺术家眼中，它们是几何韵律的完美呈现；在科学家眼中，它们是原子世界的图谱；而在普罗大众眼中，那棱角分明的晶体形态，正是一种来自宇宙深处的稳定感与对自然深深的敬畏。

二、矿产与艺术的联结

矿产并非仅仅被提取、加工、利用的物质资源，它更是一种被"看见"并被赋予更深层次意义的物质存在。从史前的岩画，到博物馆中陈列的玉器、壁画与金属器皿，矿产始终以一种独特的方式，参与着人类的审美体系与精神世界的构建。它的缄默不语，恰恰成为艺术家与文明对话的开端。

（一）原始信仰中的矿物图腾

远古时代的人类，以自然为神，以矿石为媒。赭石，这种古老的铁氧化物矿物粉末，自旧石器时代便已被人类用于洞穴岩画创作与丧葬仪式，它那抹沉淀着铁锈色泽的红，被原始先民视作血液的象征、生命的延续。在法国的拉斯科洞窟中，那用赭石绘制出的野兽与人形史前壁画，记录下的不只是狩猎的记忆，更是人类先祖对生命的礼赞。在中国良渚文化中，玉不仅是简单的工艺品，更是承载着某种意义的神圣之物。玉璧、玉琮中那未经刻意修饰的矿纹与人工雕刻的纹饰相互交织，在质朴中显现出深邃的精神意蕴。

古人常以"玉德"喻人，将矿石升华为道德修养的象征，这种将物质属性转化为精神价值的独特审美范式，至今仍具有启示意义。

（二）文艺复兴与矿物颜料的色彩革命

文艺复兴时期，欧洲艺术家重新发掘矿物颜料的审美潜力。群青蓝的原材料取自青金石，昂贵程度堪比黄金，其常被用于绘制圣母玛利亚的披风，象征着神圣与纯洁。而铅锡黄、赤铁红、孔雀绿等矿石颜料，则以其沉稳、持久、富有厚度的色彩，使绘画展现出前所未有的表现力与审美张力。

文艺复兴时期，矿物颜料在湿壁画中得到大量运用，欧洲文艺复兴时期意大利画家米开朗琪罗在梵蒂冈西斯廷教堂顶部创作的基督教壁画《创世纪》便采用了这种绘画技艺。《创世纪》不仅是世界美术史上规模宏大的壁画之一，更是一幅价值连城、影响深远的艺术瑰宝。

（三）东方艺术中的矿石精神

在中国传统艺术中，矿物材料超越了单纯的物质属性，其本身便是艺术对象。文人赏石文化以"瘦、皱、漏、透"为美，寄情于石，托志于物。太湖石、灵璧石，这些天然形态奇崛突兀的岩体便被视作"山水之缩影"，成为室内造景、书房雅趣的观赏对象。

中国画有用矿石制色的传统，有"石色"一说。由青金石制成的石青、石绿，以其稳定的蓝绿色调，成为山水画中绘制远山近树的首选颜料。不同于易褪色的植物染料，这些源自大地的矿物色彩，历经时代更迭依然鲜艳如初，内在蕴含着"天人合一"的审美哲学。

而诗词中的矿物意向，则完成了从自然物到文化符号的审美升华。贺知章"碧玉妆成一树高，万条垂下绿丝绦"的咏柳名句，以玉之温润喻春柳之柔美，便是将自然之"石"转化为人文之"象"。这种"以石载道"的艺术传统，使矿产之美突破了物质层面的局限，实现了审美意象的精神升华。

第一节
艺术美的内涵

一、艺术美的基本含义

艺术美是指艺术作品所体现出的美，是艺术家按照一定的审美目标、审美实践要求和美学理想的指引，根据美的规律所创造的一种综合美。艺术美作为美的一种形态，是艺术家创造性劳动的产物。

艺术美源于生活，而又高于生活。现实生活是生动鲜活、多姿多彩的，能够激发艺术家的创作灵感，是艺术创作取之不尽、用之不竭的源泉。没有生活和实践的艺术，就成为无源之水、无本之木，丧失了生命力。艺术美是客观现实生活与艺术家主观心灵相互碰撞的结晶，是艺术家对现实生活的提炼、概括和总结。艺术美是现实美的升华，是对现实美的反映，是美的集中表现，也是美的高级形态。艺术作品的审美特征比现实生活中的美更集中、更强烈、更理想、更普遍。艺术美作为美的高级形态，有着不同于自然美、社会美和其他类型美的特征。

艺术美是内容美和形式美的完美融合。艺术作品和任何美的事物一样，都是内容和形式的统一。艺术美就其内容而言，是艺术家对现实生活中的美的自觉的能动的反映；艺术美的形式是艺术作品的存在方式，是指艺术家运用一定媒介创造出来的，体现一定生活内容的艺术形式（图5-1）。艺术作品的内容和形式相互依存，一些失败的作品，就在于其无法做到内容与形式的完美融合。

图 5-1　材料艺术美
（图片来源：网络）

艺术美是艺术家通过艺术形象对现实的创造性再现，既包含着对客观世界的审美观照，又融入了艺术家的情感体验、价值判断和理想追求，是客观与主观、再现与表现的有机统一。艺术美闪耀着艺术家的智慧之光，燃烧着艺术家的炽热情感，充分发挥了艺术家的审美创造能力，是艺术家辛勤劳动创造的成果。艺术美具体表现为音乐美、器物美、舞蹈美、戏曲美、绘画美、雕塑美、建筑美、茶艺美等。

二、艺术的基本分类

根据不同的分类标准，可将艺术分为不同的类型。

（一）根据艺术形态的存在方式划分

根据艺术形态的存在方式，可将艺术大致分为时间艺术、空间艺术和时空艺术。时间艺术是指有时间变化的艺术，包括音乐艺术、文学艺术、曲艺等。空间艺术是指以空间为存在方式的艺术（图5-2），包括建筑艺术、雕塑艺术、绘画艺术、工艺美术、建筑艺术、园林艺术、书法艺术、篆刻艺术等。时空艺术是一种综合性的艺术表现形式，既依靠时间的连续性，又依靠空间的造型语言构建视觉形象，是空间形象随时间发生变化的艺术表现形式，兼具时间艺术和空间艺术的特点，包括戏剧、电影、电视剧、舞蹈、杂技等艺术形式。

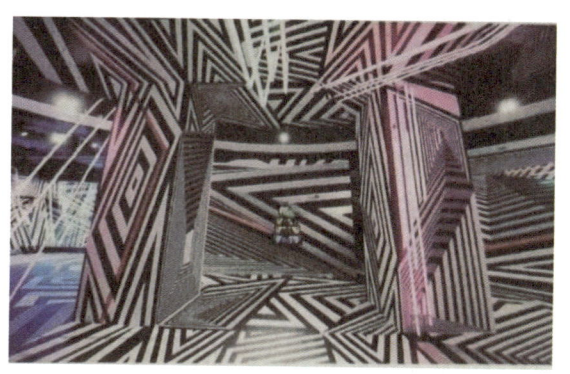

图5-2 空间艺术
（图片来源：网络）

（二）根据艺术形象的审美方式划分

根据艺术形象的审美方式，可将艺术大致分为视觉艺术、听觉艺术和视听艺术。视觉艺术是指运用一定的物质、材料、技术手法，塑造直观形象的艺术作品（图5-3）。从广义上说，绘画、雕塑、摄影等艺术门类都属于视觉艺术范畴。听觉艺术是以声音为核心媒介，通过听觉感官传递情感、观念或叙事内容的艺术形式，主要包括音乐等艺术形式。视听艺术是以视觉与听觉综合感知为核心的艺术形式，通过画面、声音、色彩等多维度表现手段传递信息与情感，主要包括戏剧等艺术形式（图5-4）。

图5-3 视觉艺术
（图片来源：网络）

图5-4 视听艺术
（图片来源：网络）

（三）根据艺术的物化形式划分

根据艺术的物化形式，可将艺术分为动态艺术和静态艺术。静态艺术的核心特征在于造型的静止性和瞬间的凝固性，通过稳定的视觉形态传达审美体验（图5-5），包括绘画、雕塑、书法、建筑、摄影等艺术形式。动态艺术的核心特征是通过时间延伸呈现流动变化的形态（图5-6），包括音乐、舞蹈等艺术形式。

图 5-5　静态艺术

（图片来源：网络）

图 5-6　动态艺术

（图片来源：网络）

（四）根据美学原则划分

　　根据美学原则，可将艺术分为实用艺术、造型艺术、表情艺术、语言艺术和综合艺术。实用艺术是指实用性与审美性紧密地结合在一起的艺术，包括建筑、园林、工艺美术和现代设计等艺术表现形式。造型艺术是指运用一定的物质材料（如颜料、水、墨、绢、布、纸、木、石、泥、玻璃、金属等）通过塑造视觉形象来反映社会生活与艺术家思想或情感的艺术，包括绘画、雕塑、摄影和书法等艺术形式。表情艺术是指通过音响、节奏、旋律或人体动作，结合表演环节塑造艺术形象，反映社会生活和思想或情感的艺术门类，主要包括音乐和舞蹈等艺术形式（图 5-7）。语言艺术是指运用语言的手段创造审美形象的一种艺术，包括诗歌、散文和小说等艺术形式。综合艺术泛指几种艺术形式综合而成的艺术，如歌曲综合诗歌与音乐、建筑综合绘画与雕塑等。

图 5-7　造型艺术《球操》

（图片来源：人民美术网）

（五）根据艺术作品的内容特征划分

　　根据艺术作品的内容特征，可将艺术分为表现艺术和再现艺术。表现艺术是指直接传达艺术家或者演绎者个体思想、情感的艺术手段与方法，审美重心在于主体精神的直接披露，包括音乐、舞蹈、建筑、抒情诗等艺术形式（图 5-8）。再现艺术是指以客观再现社会生活为核心的艺术形式，审美重心在于对客观生活的模仿，包括绘画、雕塑、戏剧、小说等艺术形式（图 5-9）。

图 5-8　表现艺术

（图片来源：网络）

图 5-9　再现艺术

（图片来源：印客美学）

三、艺术的美学特征

艺术的美学特征体现为艺术本体独特的审美属性，这些属性既构成了艺术区别于其他人类活动的本质标识，又通过艺术自身的表现形式得以具体呈现。一切艺术形式，包括音乐、绘画、雕塑、文学、戏剧、电影、舞蹈、建筑等，都离不开美。李白笔下的"飞流直下三千尺，疑是银河落九天"，读之使人有身临其境之感。达·芬奇绘就的蒙娜丽莎，那一抹神秘的微笑，眼神深邃如海，韵味无穷，使人心魄为之震荡。罗丹的雕塑，将人物内心的情感世界、精神生命活灵活现地展现在观众的面前，栩栩如生，象征"人类的最初觉醒"和"摆脱蒙昧"的深刻含义。艺术作品所蕴含的美学价值，能够陶冶情操、启迪心智、唤起审美愉悦并激发创造热情。离开了美，艺术将黯然失色。18世纪英国杰出的艺术家雷诺兹认为，我们所从事的艺术以美为目标，我们的任务就在于发现并且表现这种美。

艺术美的特征主要表现在以下几个方面。

（一）形象性

艺术美最显著、最重要的特征就是鲜明的形象性。所谓形象性，是指任何艺术作品的艺术形象都必须生动、具体，并具有一定的观赏价值。普列汉诺夫曾这样说过：艺术既表现人们的感情，也表现人们的思想，但是并非抽象地表现，而是用生动的形象来表现，这就是艺术最主要的特点。尽管各种具体的艺术门类所塑造的艺术形象具有不同的特点，但形象性是任何艺术门类都不可缺少的重要因素，是艺术美的基本特征。离开了形象性，艺术美的其他特征便失去了依托。周恩来总理曾指出："无论是音乐语言，还是绘画语言，都要通过形象、典型来表现，没有了形象，文艺本身就不存在。"好的艺术作品往往通过形象鲜明的艺术形象表现出深刻的思想内涵，以达到内容与形式的完美统一，从而产生令人惊叹的艺术魅力。罗丹的《巴尔扎克》通过独特的艺术处理，塑造了这位文豪在深夜披着睡袍写作的经典形象。雕塑家大胆摒弃了对细枝末节的刻画，将大文豪的手足都隐于睡袍褶皱之中，通过形式简化引导观众的注意力聚集于雕像的头部，尤其是巴尔扎克那双充满智慧的双眼，显示出这位伟大的现实主义作家与众不同的气质。这种高度凝练的表现手法，实现了从"形似"到"神似"的艺术升华（图5-10）。

图5-10 罗丹《巴尔扎克》

（图片来源：中央美术学院美术馆官网）

（二）情感性

情感性是艺术活动中的艺术主体和现实世界客体、艺术家和艺术受众交融统一的重要枢纽。托尔斯泰曾说过，艺术是一种人类活动，其目的就是将人类获得的最高尚的感情传递给他人。艺术以情感人，优秀的艺术作品能使人百感交集、如醉如痴，在人的心灵中掀起层层感情波澜。艺术有了感情，便能使静止的事物"动"起来，使无生命的事物"活"过来。比如，枯藤、老树、昏鸦、古道、西风、瘦马，这些看似毫无生机的事物，在漂泊异乡的游子或旅人的心目中，却有着特殊的含义，能唤起人们对故乡和亲人的无限眷恋之情。元代戏曲作家马致远在这种无法排解的心情的驱使下，在《天净沙·秋思》中将这些景物意象有机地排列在一起，并用"断肠人在天涯"这一哀婉凄切的尾句，渲染出情景交融的意境，营造出言有尽而意无穷的艺术境界（图5-11）。

图5-11　马致远《天净沙·秋思》

（图片来源：网络）

艺术美的情感特征及其所富有的巨大感染力，主要来自艺术家的情感体验。艺术家既要真切体会到客观现实世界中的丰富感情，又要做到真正的动情、移情、入情，才能创作出充满人情味的艺术作品。艺术审美体验的本质在于，欣赏者必须投入真挚的感情，方能真正沉浸于艺术作品营造的情感世界，从而获得亲身体验和深度共鸣。古罗马诗人贺拉斯说过：你要自己先笑，才能引起别人脸上的笑容；同样，你自己得先哭，才能在别人脸上引起哭的反应。

徐志摩的《再别康桥》就是一首抒发作者感情的优秀作品。1928年秋，徐志摩再次到英国访问，旧地重游，往昔记忆交织，由此诗兴勃发，于是便将自己的生活感悟化作缕缕情思，融会在康桥美丽的景色和诗人的艺术想象之中。全诗以"轻轻的""走""来""招手""作别"起笔，运用虚实交融的艺术手法，通过一系列流动的画面建构起丰富的诗意空间。诗人以细致入微的笔触将自己对康桥的眷恋、对往昔生活的留恋、对难以排遣的离愁别绪，描绘得真挚、浓郁、隽永。艺术作品中的情感应该是艺术家对客观现实世界的亲身体验，是其发自内心的真情实感，这样才能引起欣赏者真正的共鸣。

（三）典型性

艺术的典型性体现为艺术作品都是艺术家概括现实生活、创造典型形象的产物。巴尔扎克说过，艺术家的使命是创造伟大的典型。艺术形象所表现、塑造的，都是通过个别的、有限的、偶然的生活形象，来表达一般的、无限的、必然的艺术形象，是现实生活的典型概括，因此艺术美比现实生活中的美更集中、更典型。艺术作品的个性特征越鲜明生动，其典型性就越突出。但需注意的是，个性鲜明、独特的艺术形象并不一定就是典型形象。只有当艺术形象通过其鲜明、独特的个性特征深刻揭示了一定的社会生活规律时，才有普遍的社会意义，这样的艺术形象才能称为典型形象。

艺术创作中，物象的个体性必须与艺术家独特的情感体验达到内在统一。同样是咏梅，陆游词中的梅花是"寂寞开无主""独自愁""一任群芳妒"，塑造出孤芳自赏、落寞伤感的意象，折射出词人消沉哀伤、无可奈何的心境。而毛泽东词中的梅花则是在"飞雪迎春到"之时，傲立于"悬崖百丈冰"之上，报春而不争春，"待到山花烂漫时，她在丛中笑"，展现出勇于斗争、无惧无畏的形象特征，给人以昂扬向上的审美感受。两首词中的梅花形象虽各具个性特征，但均因其完美契合作者的精神世界而成为艺术典型，生动诠释了"物我交融"的创作真谛。

（四）创造性

黑格尔认为，艺术作品既然是由心灵产生出来的，它就需要一种主体的创造活动，它就是这种创造活动的产品。艺术是审美主体创造性活动的结果，艺术美是人的自由创造在精神生产领域中的一种特殊表现形式。艺术作品中所表现出的创造性、智慧和力量，能唤起人们的各种情感，可以说，创造性是艺术美的生命。艺术家要在熟练掌握艺术媒介的自然属性及其规律的基础上，从自己的情感倾向、审美理想、审美情趣出发，对客观现实生活进行改造加工，并通过艺术形象表现出来。艺术家呈现给观赏者的，是用他们的心血培育出来的艺术作品（图5-12）。因此，艺术美是主观与客观的统一，是再现与表现的统一，更是艺术家通过创造性的劳动灌注心灵智慧而结出的美丽果实。

图 5-12　凡·高《星空》

（图片来源：网络）

第二节
音乐美

一、中国音乐发展概述

中国音乐作为中华文明瑰宝的重要组成部分，历经数千年的发展演变，以其丰富多样的艺术形态和深邃独特的审美体系，在世界音乐文化中大放异彩。

中国古代音乐经历了远古、中古、近古三个发展阶段。1840年以后，随着中国社会的历史转型和中西文化的深度交融，音乐艺术在创作理念、体裁形式、表现技法等方面均实现了突破性发展。为了与古代音乐相区分，人们通常将1840年以后的中国音乐称为近现代音乐。

《吕氏春秋·仲夏季·大乐》写道："音乐之所由来者远矣。"根据大量历史文献和考古发现，中国古代音乐的可考历史最早可追溯至新石器时代。远古时期，我们的祖先在劳动中不仅创造了语言和文字，还创造了音乐和舞蹈。

先秦时期音乐的总特征是诗、舞、乐"三位一体"，统称为"乐"。《尚书·益稷》中"击石拊石，百兽率舞"的记载，就描述了先民们一边敲击石磬，一边模仿各种兽类动作的载歌载舞的场景。

这一时期还出现了最早的乐器骨哨、骨笛（图5-13），它们源自先民的狩猎生活，是用禽类动物的肢骨中段加工制成，其历史可追溯距今约8000年前。先民们利用它们诱捕禽鸟，亦可吹奏简单的曲调。

图 5-13　骨哨、骨笛

（图片来源：网络）

当时最具代表性的音乐体裁是"六代乐舞"。六代乐舞是保留在周代宫廷中的歌颂帝王功德的六个代表性的大型乐舞，大多是从先代传下来的古乐舞，分别是《云门大卷》《咸池》《大韶》《大夏》《大濩》《大武》。这六部原始乐舞，场面宏大，用于祭祀天地、山川、祖先，歌颂统治者的文德武功，具有史诗性质。如《大夏》颂扬的是大禹治水，《大武》描述的是武王伐纣。这些作品代表了远古时期中国音乐的发展成就。

周秦时期为中国古代音乐史做出了两个值得称道的贡献，即雅乐体系的建立和编钟艺术的发展。其中，宫廷雅乐是统治者为了巩固王权，以"礼"为中心，礼、乐、刑、政并举而制定的一套完整的礼仪音乐体系，一般应用于祭祀、宴饮、祝捷和狩猎等重大场合。这一时期不仅诞生了《诗经》等传世经典，更涌现出师旷、伯牙、高渐离、瓠巴、韩娥一批技艺精湛的音乐大家，奠定了中国礼乐文化的基石。1978年出土于湖北随州的曾侯乙编钟距今约有2400年历史，作为20世纪中国音乐考古史上的一次伟大发现，全套编钟由制式不同的编钟组成，共计65件，不仅数量多、制作精美，而且钟体上记录的乐律铭文涉及长江、黄河流域的诸侯国曾、周、楚、晋、齐、申等国的律名，编钟上刻写的3755字铭文与编钟之声共存一体，相互验证，成为迄今所知公元前5世纪世界范围内唯一的"有声文献"，证实了中国编钟"一钟双音"的声学创造和"十二律"体系，刷新了人们对先秦音乐的认知，改写了世界音乐史，是人类珍贵的音乐记忆。

西汉初期统治者实行休养生息的政策，社会经济逐渐得以恢复，至汉武帝时期，社会安定，经济繁荣，国力强盛，专门从事音乐活动的机构"乐府"的规模在这一时期进一步扩大，并正式被确立为官署机构。乐府机构里集中了千余名从各地调集的民间音乐家在此进行采风和创作。《汉书·礼乐志》记载："至武帝定郊祀之礼……乃立乐府，采诗夜诵，有赵、代、秦、楚之讴。以李延年为协律都尉，多举司马相如等数十人造为诗赋，略论律吕，以合八音之调，作十九章之歌。"汉代音乐中最具代表性的是"相和歌"，其是在"街陌谣讴"基础上继承先秦秦声、赵声、齐声、郑声、楚声等传统声调而形成的，是汉代汉民族各种民间歌曲的总称。其中汉代民歌《江南》"江南可采莲，莲叶何田田。鱼戏莲叶间。鱼戏莲叶东，鱼戏莲叶西，鱼戏莲叶南，鱼戏莲叶北"被认为是相和歌的正声，也是传世最古的一首五言体乐府。

到了东晋时期，以相和歌为代表的汉族音乐逐渐与南方少数民族的吴歌、西曲等融合，形成了一种新的音乐，就是著名的"清商乐"。清商乐是以抒情题材为主的音乐体系，风格婉约细腻、柔美绮丽。随着西域交通的开通，琵琶、箜篌、羯鼓等西域乐器传入中原，促进了鼓吹乐这一新型音乐形式的发展。与此同时，古琴形制有了重要改进，演奏技法也得到显著提升，并催生了早期的文字记谱法。

隋唐时期音乐文化繁盛的标志是燕乐。燕乐又称宴乐，是隋唐时期宫廷俗乐体系的总称，其形成与发展得益于与周边民族及域外的音乐文化交流。燕乐体系包含声乐、器乐、舞蹈及散乐百戏等多种艺术形式，以结构宏大的歌舞大曲为其艺术核心。隋唐时期不仅设立了大乐署、教坊、梨园等音乐机构，更发展出多种重要的记谱体系，代表性的有文字谱、减字谱、唐燕乐半字谱、俗字谱、工尺谱和二四谱等，这些乐谱共同构成了中国古代音乐记谱法的重要遗产。如现藏于日本的《碣石调·幽兰》就是用汉字记录的一份古琴谱（图5-14）。

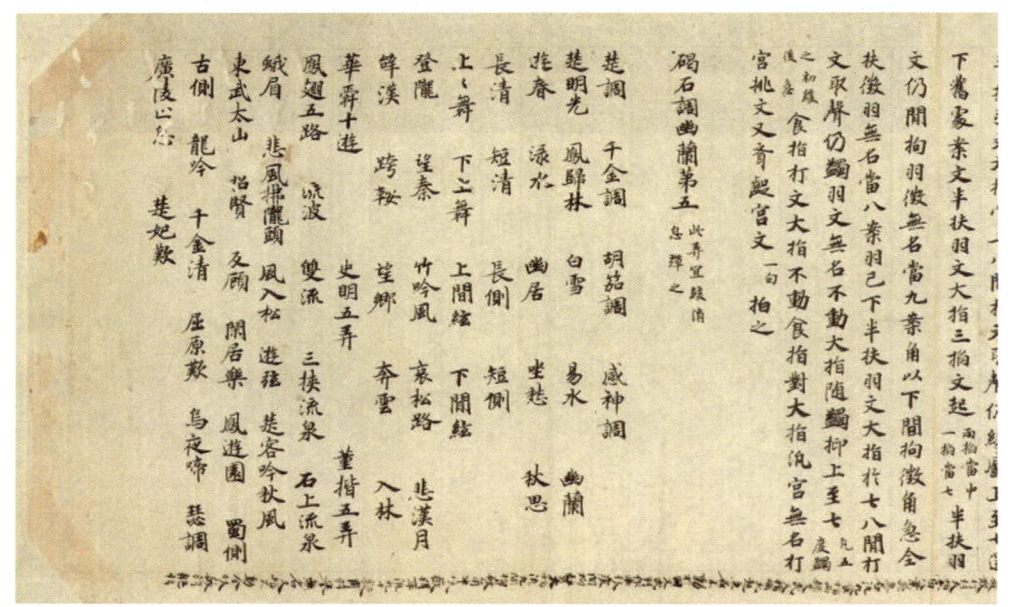

图 5-14 《碣石调·幽兰》

（东京国立博物馆藏品）

自宋以后，中国古代音乐的主要发展趋势是走向民间，以曲子词、说唱、戏曲为代表的音乐体裁强化了这种趋势，并在世俗化的进程中，将中国古代音乐的艺术水准提到了一个崭新的高度。两宋时期最流行的音乐体裁是曲子词，这一音乐形式的兴盛直接推动了宋词创作的全面繁荣。而戏曲艺术在宋元时期的蓬勃发展及其艺术体系的成熟，则标志着中国古代音乐文化的一次重大突破。这一时期，关汉卿、王实甫、马致远、白朴等戏曲大家相继创作出《窦娥冤》《西厢记》《汉宫秋》《墙头马上》等传世名作，这些作品以其深刻的思想内涵和卓越的艺术成就，在中国戏曲史上留下了不朽的篇章。

明清时期是中国古代音乐艺术的集大成时期，以南方的弹词和北方的鼓词为代表的曲艺音乐在这一时期空前繁盛，海盐腔、余姚腔、弋阳腔、昆山腔四大声腔争奇斗艳，汤显祖的《牡丹亭》、洪昇的《长生殿》、孔尚任的《桃花扇》等杰作相继问世，成就了中国古典戏曲的巅峰。在表演艺术方面，京剧艺术逐渐成熟并形成完整体系。民间器乐艺术百花齐放，陕西锣鼓、十番锣鼓、江南丝竹乐、广东音乐、弦索十三套等各具特色。在理论建设方面，明代朱权编纂的《神奇秘谱》和朱载堉创立的"新法密率"等理论研究成果，从多个维度共同谱写了这一时期音乐艺术发展的辉煌篇章。

到了20世纪初，在中国社会的剧烈变革与中西方文化广泛交流的历史背景下，中国音乐也随之发生了嬗变与转型，新旧乐之间的相互碰撞和交融，在某种程度上改变了中国音乐的面貌。《义勇军进行曲》《黄河大合唱》等歌曲的创作，《白毛女》《江姐》《洪湖赤卫队》《伤逝》等歌剧的创作，《宝莲灯》《红色娘子军》《白毛女》《丝路花雨》等舞剧音乐的创作，《梁祝》《民族解放交响乐》《春节序曲》《春江花月夜》《喜洋洋》《长城随想》等器乐作品的创作，都标志着现代音乐发展的巨大成就。

二、西洋音乐发展概述

西洋音乐，特指发源于欧洲的音乐体系。早在公元前3000年，欧洲尚处于原始社会阶段时，古希腊便因其先进的政治制度、繁荣的经济发展水平和独特的地理位置，成为欧洲文明的发祥地，同时也成为欧洲音乐文化的中心。

古希腊时期，斯巴达城邦不仅有专业的音乐家、音乐学校、最初的弹拨乐器，还有威武雄壮的行军歌曲和歌颂酒神的歌曲。古希腊哲学家毕达哥拉斯创立了以纯五度为基础的音律生成方法——"五度相生律"，奠定了西方音乐美学的数理基础。这些音乐实践及理论成就，对欧洲音乐文化的发展有着深远的影响。进入中世纪，随着基督教在欧洲占统治地位，宗教音乐获得空前发展，格里高利圣咏和多声部复调音乐成为这一时期的核心音乐形式，其艺术表现手法和音乐结构原则，为文艺复兴时期音乐艺术的发展提供了重要的创作基础。

西方音乐史的重要转折始于16世纪末。这一时期，世俗音乐逐渐占据主导地位，主调音乐逐渐取代了复调音乐成为主流，器乐摆脱声乐附属地位，得到了相当大的独立发展空间。这一时期最具里程碑意义的艺术突破是诞生了歌剧这一融合了音乐、戏剧、美术、舞蹈的综合性艺术形式，开创了西方音乐戏剧化的新纪元。也正是从这个时期开始，西方涌现出许多著名的音乐家，如巴赫、亨德尔等。他们的创作不仅丰富了协奏曲、组曲等音乐体裁，更通过精湛的复调技法与主调织体的创新融合，将巴洛克音乐推向巅峰。各种音乐形式的风格化发展，共同构成了西方音乐史上繁荣发达的黄金时代。

近现代西方音乐史上重要的音乐流派主要有以下几种。

① 维也纳古典乐派。这一流派是18世纪下半叶至19世纪初以维也纳为中心形成的以古典风格为创作标志的音乐流派，以海顿、莫扎特和贝多芬三人为主要代表。这一流派推崇理性和情感的统一，追求艺术形式的严谨和完美，创作手法上注重戏剧的对比、冲突和发展，成为当时西方音乐的典范。

② 浪漫乐派。浪漫乐派是19世纪在欧洲兴起的音乐流派，其最大的特点是强调激情，强调抒发主观情感，强调表现个性。前期浪漫乐派的代表人物主要有奥地利的舒伯特和德国的舒曼、匈牙利的李斯特、波兰的肖邦、法国的柏辽兹等；后期浪漫乐派的代表人物主要有德国的瓦格纳和勃拉姆斯、俄国的柴可夫斯基等。

③ 民族乐派。19世纪中叶以后，在欧洲各国兴起和发展了民族乐派。民族乐派具有鲜明的民族风格和民族特色，注重采用本国的民间音乐作为创作素材，将传统音乐成果与本民族音乐密切结合起来。民族乐派的主要代表人物有挪威的格里格、捷克的德沃夏克，以及俄国"强力集团"的一批著名音乐家，如穆索尔斯基、里姆斯基-科萨科夫和鲍罗丁等。

20世纪西方音乐呈现出前所未有的多元化发展格局，主要流派包括以法国音乐家德彪西为代表的印象派音乐、以奥地利音乐家勋伯格为代表的表现主义音乐、以意大利音乐家布梭尼为代表的新古典主义音乐等，并且相继出现了爵士乐、摇滚乐、电子音乐等新兴音乐类型，尤其是20世纪中期兴起的偶然音乐与观念艺术，从根本上拓展了音乐艺术的边界。这些风格迥异的音乐实践，共同构成了20世纪西方音乐的创新图谱。

总之，20世纪的西方音乐经历了极具变革性的发展历程，各种音乐流派纷纷出现，在各自的道路上不断探索和演变，不仅重塑了西方音乐的传统架构，更推动了世界音乐文化向现代性转型的进程。

三、音乐语言的基本要素

音乐作为一门以声音为媒介的艺术形式，通过有组织的乐音体系及节奏、速度、音区、音色、调式等的变换、对比与组合，在音响结构中构建独特的艺术形象，既能抒发作者的内心情感，又能反映一定的社会现实。

音乐作品在题材选择上具有极大的包容性，有的叙述具有重大社会意义的历史事件，有的反映民俗生活，有的描绘自然风光，还有的抒发作者内在的思想感情。但无论音乐作品选择何种题材或主题，其艺术形象的塑造始终依赖于音乐语言的创造性运用。音乐语言的基本要素包括旋律、节奏、节拍、速度、力度、音区、音色、和声、复调、调式、调性等。如果旋律是音乐的灵魂，那么节奏就是音乐的骨骼，而调式、和声等元素就好比音乐的器官、血液、皮肤，它们共同构成了鲜活生动的音乐作品。

（一）音乐之美源自旋律之美

旋律又称"曲调"，它不仅是塑造音乐形象最主要的手段，还是音乐的基础和灵魂，更是一首歌曲或乐曲流传的生命之源。旋律分声乐旋律和器乐旋律两种，声乐旋律为人声演唱创作，器乐旋律为乐器演奏创作。旋律将音乐的基本要素有机地整合，最终呈现出不同的音乐风格与特征（图5-15）。

图 5-15　旋律之美

（图片来源：网络）

音乐的主要魅力来自旋律。许多音乐作品把旋律之美体现为音调的婉转流畅、起伏张力的平衡控制及主题结构的完整对称，以此来表现人们内心情感世界的丰富性和复杂性。正因如此，我们可以在欣赏音乐时感受到贝多芬作品旋律的激情奔放、莫扎特作品旋律的优美细腻和柴可夫斯基作品旋律的忧郁深沉。

（二）音乐之美源自节奏之美

节奏常被喻为音乐的骨骼。许多音乐作品把音乐节奏的美体现为时值组织的结构化处理与动态张力的审美平衡。音乐中独特的节奏，艺术化地再现了表现对象的本质属性与情感动态。正因如此，我们从柴可夫斯基创作的《悲怆交响曲》沉重、缓慢的节奏中能感受到作者对理想的追求、对生活的赞美以及对光明和幸福的向往；从贝多芬《命运交响曲》的节奏声中能感受到强烈的英雄主义精神；从冼星海《黄河船夫曲》铿锵有力的节奏中能感受到无形的力量和团结一心的精神。

（三）音乐之美源自和声之美

和声是丰富旋律的手段之一。许多音乐作品把音乐和声的美体现为多声部音响丰满的美、和弦从不稳定到稳定的协调的美，以及色彩的美。正因如此，德彪西的交响素描《大海》通过革新性的和声手法及极具想象力的配器手法，在音响空间中构建出多维度的大海意象，变幻莫测的和声色彩暗示着波光粼粼的海面，流动的管弦乐织体则再现了潮汐的呼吸韵律，使听众仿佛置身于充满光影变幻的海洋诗篇之中。贝多芬创作的《第九交响曲》，将《欢乐颂》的人声合唱以复调技法有机融入交响和声结构，使人感受到无与伦比的和声音响之美。

四、音乐作品的类别

音乐作品大致可以分为声乐作品和器乐作品两大类。声乐作品可根据形式、风格的不同，分成歌曲、说唱音乐、戏曲音乐、歌剧等不同种类。器乐作品从演奏形式上可分成独奏、齐奏、重奏和合奏等，从体裁上可分为交响曲、协奏曲、奏鸣曲、进行曲、圆舞曲、幻想曲、随想曲等。

从声乐作品的演唱看，人声一般分为女声、男声、童声三大类，演唱则分为独唱、重唱、对唱、合唱等。从器乐作品的演奏方式看，器乐主要分为民族乐器和西洋乐器。民族乐器主要分为以二胡、板胡为代表的拉弦乐器，以琵琶、古筝、古琴、扬琴为代表的弹拨乐器，以笛、箫、笙、唢呐为代表的吹奏乐器，以及以鼓、锣为代表的打击乐器等。西洋乐器则主要分为以小提琴、中提琴、大提琴为代表的弓弦乐器，以长笛、双簧管、单簧管为代表的木管乐器，以圆号、小号、长号为代表的铜管乐器，以及以定音鼓为代表的打击乐器等。乐器的演奏一般分为独奏、重奏、合奏等。

五、音乐艺术的欣赏方法

想要欣赏一件音乐作品，可以从以下三个方面入手。

首先，要熟悉音乐语言。音乐是通过有组织的乐音而形成的听觉艺术形象。一件音乐作品的思想内容和艺术之美，总是通过诸如旋律、节奏、和声、调式等音乐语言要素来表现的。所以，欣赏音乐作品，首先必须熟悉丰富多彩的音乐语言，进而借助这些音乐语言领会作品中蕴含的思想感情，理解作品中表现的音乐形象。

其次，要了解作者生活和作品创作的时代。一件音乐作品，本质上是作者对现实生活的艺术化呈现，凝聚着其独特的人生体验、时代思考和精神追求。想要深刻领会音乐作品的内涵，必须了解作者生活和作品创作的时代，将其置于作者的历史语境中进行考察。以聂耳的《义勇军进行曲》为例，这首歌曲是在中华民族遭遇日寇侵略，全国上下救亡图存的历史背景下创作的。歌曲反映了在民族危亡时，中华民族万众一心、团结御侮、奋勇抗争、一往无前的伟大的爱国主义精神。该作品面世之后，迅速风靡全国，吹响了全民抗战的精神号角，并最终被确立为中华人民共和国国歌。

最后，要在音乐实践活动中培养自己的欣赏能力。一般来说，欣赏一件音乐作品，大致会经历音响感知、情感体验、想象联想和理解认识四个阶段的心理认知过程。当我们听到一首好听的歌曲时，首先会觉得旋律动听，然后会逐渐理解作品中蕴含的情感，最后才能够领悟作品深层次的意境。因此，想要更好地了解一件音乐作品，我们一方面要多参加艺术实践活动，培养自己对音乐艺术的广泛兴趣，另一方面要多阅读、多涉猎各种门类的艺术经典，提高自己的艺术素养和音乐审美能力。

第三节
器物美

器物，原指尊彝之类的物品，后来其内涵不断扩展，逐渐成为各种用具的统称。本节所说的器物，是指具有文物性质的器物，即人类社会活动中遗留下来的具有历史、艺术、科学价值的物品，是人类重要的文化遗产。

本节主要介绍中国古代器物。

一、器物的价值

此处所说的器物价值，并不是指某件器物在市场交易中的价格，而是指其本身所具有的历史、艺术、科学价值，也包括审美价值。

器物是人类为满足生产生活的需要而创造的，其设计与制作始终以实用功能为核心。作为世界主要文明发祥地之一，中华民族在五千年的历史长河中创造了辉煌灿烂的物质与精神文化成果，其中凝聚着我国先民智慧的大量历代器物，彰显着中华民族的卓越才能和独特的创造力。一方面，器物的价值表现为以证史、正史、补史等方式还原历史，并在历史研究、文化传承与社会教育中发挥功能，通过对其进行研究，可以达到鉴古知今的目的。另一方面，自从人类产生了审美意识，制作的各种器物几乎都是兼具实用性与美观性的艺术品，具有高度的审美价值，可以说一部器物史就是一部浩瀚的艺术史。

此外，器物作为物质文明的载体，具有独特的教育功能与文化传播价值。不同历史时期的器物形制、纹饰与工艺特征反映了特定时代的政治制度、思想观念、经济观念和文化审美取向等，成为解读古代社会多维度的实物史料。

二、器物的分类

我国古代器物门类复杂，包罗万象，可以从不同角度对其进行系统划分。例如：从日常生活的宏观层面分类，器物可分为衣、食、住、行、文、武、礼俗等种类；从日常生活的具体用途分类，器物可分为乐器、兵器、文具、牌符、灯镜、礼仪、博戏、器皿、珍宝、钱币等种类；从器物本身的材质分类，器物可分为石器、骨角牙蚌器、陶器（图5-16）、玉器、青铜器（图5-17）、铁器、钢器、漆器、木竹器、瓷器、玻璃器、金银器等种类。

图5-16　古代陶器叶形纹罐

（兰州市博物馆藏品）

图5-17　古代青铜器簋

（北京大学赛克勒考古与艺术博物馆藏品）

三、器物的审美取向

审美文化有鲜明的时代特色。中国主流审美文化随着朝代更迭和社会观念的革新不断发生历史演变。

每个历史时期所呈现出来的文化思潮，都深刻折射出当时蓬勃的、极具生命力的主流文化精神及其所塑造的民族性格特质。

四、器物的鉴赏

器物的鉴赏要从"鉴"和"赏"两方面进行探讨。

（一）器物的"鉴"

器物的"鉴"是针对器物所具有的文物价值来说的。文物价值评估工作的核心是文物鉴定。文物鉴定是以专业理论体系为依据，对于特定文物的年代特征、材质构成、功能属性、历史价值及真伪辨识等进行科学分析与专业评估的过程。

传世文物则是文物鉴定的重点，这是因为传世文物本身既没有科学的发掘资料作为依据，又没有记载翔实的传世档案作为辅证，却有着相当复杂的传世过程。在这个复杂的过程中，传世文物的历史价值、艺术价值、科学价值都在发生变化。尤其在文物市场，一些人出于营利等目的，采取种种非法手段制造假文物，俗称"作伪"。如欲去伪存真，就得靠文物鉴定来辨伪。

与此同时，传世文物由于缺乏系统的流传过程记录，加之受自然侵蚀和人为干预等多重因素影响，其时代判定往往面临诸多困难，而专业的文物鉴定工作，正是通过科学分析方法为这类文物提供准确的年代学判断。

文物是历史发展的产物，是众多历史信息的物质载体，只有经过深入而细致的研究，才能够揭示文物所具有的独特价值。而对文物价值的真实判断，必须在辨明真伪和断定时代的基础上进行。对于文物价值的研究，也是文物鉴定的一个重要方面。

（二）器物的"赏"

文物具有重要的历史价值，而创造性地发掘蕴含在文物内部的史料价值，就要对文物进行更深层次的研究。

"鉴"指的是鉴定工作，而"赏"则是对文物本身历史价值的再挖掘，是对以文物为载体的历史文化信息的诠释过程，也是通过对文物进行研究和考订，以达到"证经补史"目的的做法。可以说，"鉴"是"赏"的必需经过，而"赏"是"鉴"的高级阶段。

随着研究方法的持续革新、认知视角的多元拓展以及学术积累的日益深化，文物鉴赏的理论体系和水平必将获得持续性的提升与发展。

（三）考古与器物鉴赏

"考"字在汉语中有"推求、研究"之意，而考古即考究古物，旨在根据古代人类各种活动留下来的物质资料，研究古代人类社会的历史。

在我国东汉时已有"古学"的说法，尽管当时主要指研究古文经学，但已涉及古文字学的内容。到了北宋时期，金石学的形成标志着古代文化研究进入系统化阶段。历经宋元明清直至近现代的持续发展，其研究范畴不断拓宽，方法论日益完善，最终演进为现代考古学体系。

中国考古学是在中国古代金石学的基础上发展起来的，所以对古代器物的研究便成为考古学的重要内容。通过对器物原料成分、产源特征的系统分析，结合考察器物的制造工艺、加工技术、成型方法等，不仅能够揭示古代社会的生产技术发展水平，更能深入了解当时的社会生活形态，这也正是器物鉴赏研究的核心价值所在。

（四）器物鉴赏应具备的文化修养

文物的门类十分庞杂，一个人穷尽毕生精力，通常也只能精通其中的一门或几门。若要精通器物鉴赏，必须具有多方面的文化修养，至少应该具备以下几方面的知识：广博的历史学知识；深厚的考古学知识；扎实的古汉语知识。

第四节
舞蹈美

一、舞蹈的起源

关于舞蹈的起源，学术界存在不同的观点，集中体现在以下几个方面。

（一）神授说

"神授说"是人类关于舞蹈起源的最早的学术观点，其核心观点为舞蹈的出现与神明有关。在人类文明初期，先民的科学知识水平很低，尚未形成明确的人神分野观念，从而产生了认知偏差，常将具有特殊才能或做出突出贡献的人视为神。在古希腊和中国的神话传说中，存在大量关于神明的记录，其中就有人类的舞蹈是受到神明启发而产生的说法，这实质上是早期人类对艺术起源的一种神秘化解释。

（二）宗教巫术说

"宗教巫术说"认为，"巫"和"舞"在本质上是一致的。该理论认为，人类初期尚未形成主客二分的认知框架，普遍持有万物有灵观念，这种思维特质催生了巫术祭祀、图腾崇拜等原始宗教活动。这类宗教活动往往以舞蹈作为表现形式，如巫术祭祀舞、图腾崇拜舞等。基于这种密切的共生关系，不少学者认为原始舞蹈起源于早期的宗教巫术活动。

（三）繁衍说

"繁衍说"认为，原始社会中的人们出于对生存的重视，把繁衍后代当作头等大事，而人们在择偶、求爱时，多采用舞蹈这一表现形式。由此观之，人们对繁衍的重视促进了舞蹈的出现。

（四）模仿说

"模仿说"认为，舞蹈的出现与人类观察、模仿动物的行为活动紧密相关。除此之外，人们对自然景观的观察与再现，如火山喷发的磅礴气势、江河流淌的律动节奏、树木摆动的摇曳姿态等，逐渐发展出具有审美意义的肢体语言，这也在一定程度上促进了舞蹈这一艺术形式的诞生。

（五）游戏说

"游戏说"认为，舞蹈的产生，是因为原始人类在过剩精力的驱动下，通过游戏性活动实现情感宣泄与审美表达。这里所说的游戏，指的是人类特有的假想性审美实践，人类对动物行为进行模仿性再现，是通过此种游戏方式来表达自身情感。这种创造性的游戏不仅充分满足了原始人类的心理需求，还成为区别人与动物的重要文化标志。

（六）劳动说

"劳动说"认为，人类的生产实践活动促进了舞蹈的诞生，原因在于劳动具有健美形体的功能，为舞蹈艺术的出现奠定了基础，尤其是劳动过程中所展现的力量与美感，直接转化为舞蹈动作技巧的审美要素。人们在进行劳动时，不可避免涉及四肢动作，劳动中产生的规律性动作组合，再配合敲打、呼喊等声音元素，自然演变为最初的舞蹈表现形式。正是劳动活动中蕴含的节奏感与形式美，构成了舞蹈艺术本源的发生条件（图5-18）。

图5-18 哈萨克民间传统舞蹈《劳动舞》
（局部）

（图片来源：澎湃新闻）

二、舞蹈的发展

虽然舞蹈的表现形式在世界各国有所不同，但有一点是共通的：它们随着人类的共同需求和时代的社会风尚不断发展变化，并以满足人们的审美理想、娱乐愿望或思想教化需求为主要目的。

我国舞蹈的发展历史十分悠久。早期的原始舞蹈大多与生产劳动相关，展现了我国先民的生产生活方式和与自然相处的生存智慧。考古发现的史前岩画中，就保存有大量狩猎舞蹈图案，这些珍贵的史料表明原始舞蹈与先民们的狩猎经济生活密切相关（图5-19）。

图5-19 云南沧源岩画原始舞蹈

（图片来源：网络）

随着社会经济发展和民间诗歌的兴起，逐渐形成了诗、舞、乐"三位一体"的综合艺术形式，"乐"必有"舞"，"舞"必奏"乐"，如周代的巫术舞蹈、傩舞蹈和汉代的百戏舞蹈等。

到了汉代，随着国家综合实力的强大，舞蹈艺术呈现出空前繁荣的发展态势，并频繁出现于社会生活的各种场合，为宴会助兴所用。这一时期，不仅出现了专门的乐舞机构，还诞生了我国传世最早的舞蹈表演艺术专论《舞赋》。

中国古代舞蹈艺术在唐代达到了巅峰，其以其宏大的演出规模、丰富的表演形式及雅俗共赏的审美姿态赢得了世人喜爱。至唐末五代时期，顾闳中所作的《韩熙载夜宴图》生动形象地记录了当时流行的"六幺舞"的表演场景（图5-20），为研究这一时期的舞蹈艺术提供了珍贵的视觉文献。

图5-20 《韩熙载夜宴图》"六幺舞"场景（局部）

（故宫博物院藏品）

到了宋代，舞蹈艺术发展独辟蹊径，出现了一种高度程式化、能表现宋人的哲思理趣、满足宋人审美需求的舞蹈——队舞。宋元时期，部分舞蹈与戏剧艺术相融合，诞生了戏曲这一全新的艺术形式。明清时期，舞蹈作为戏曲艺术的表现手段之一，形成了高度程式化和综合性的美学特点。

中国近现代舞蹈发展生机勃勃，先后出现了裕容龄、黎锦晖、吴晓邦、戴爱莲、贾作光等著名舞蹈家，一系列舞蹈精品相继问世。20世纪50年代，我国系统地引进了西方芭蕾舞。1950年9月，我国创作了新中国成立后首部原创芭蕾舞剧《和平鸽》。20世纪50年代初期，北京舞蹈学校开办了中专芭蕾舞表演专业。20世纪60年代至70年代，又相继创作演出了反映中国革命斗争的芭蕾舞剧《红色娘子军》《白毛女》《草原女民兵》。改革开放以来，中国芭蕾艺术呈现出蓬勃发展的态势，题材选择范围不断扩大，并在芭蕾民族化方面做了大胆尝试，创作了《祝福》《雷雨》《林黛玉》《梁祝》《魂》《黄河》等一系列深受中国观众喜爱的芭蕾舞剧作品。

三、舞蹈美的基本特征

（一）舞蹈艺术的动作性

舞蹈是人体动作的艺术。律动是舞蹈之魂，也是舞蹈语言的核心元素，其最能直接而显著地表现出舞者的气质、情感和韵致。舞者的身躯、四肢、眼神、动作、姿态等都是舞蹈艺术的表现手段。舞蹈艺术通过人的形体和姿态得以呈现，以创造特定的审美意象和审美意蕴，并伴随音乐与节奏传达人的思想、情感，塑造艺术形象。舞蹈艺术以人体动作为核心表现媒介，通过精心设计的形体语言与姿态造型，建构独特的审美意象系统。这种艺术表达融合了音乐韵律与节奏变化，在动态呈现中既传递深刻的思想情感，又完成艺术形象的立体塑造，最终实现审美意境的整体营造。

（二）舞蹈艺术的抒情性

舞蹈艺术的本质在于对人类深层情感的诗性表达。舞蹈的审美价值不仅体现于外在动作的造型美，更根植于情感抒发的真挚性。缺乏情感内核的舞蹈作品就没有艺术生命力。婀娜多姿的《孔雀》、秀美纯净的《水》、典雅高洁的《敦煌》、炽热深情的《再见吧，妈妈》等舞剧，正如一首首浪漫的抒情诗，其超越了单纯的形体展示，升华为充满诗意的舞台艺术，成为人类审美情感最富表现力的方式之一。

（三）舞蹈艺术的节奏性

节奏是舞蹈艺术的基本要素，没有一种舞蹈能离开节奏。节奏是自然界的各种现象和生物机体的各项功能的交替均匀性变化与表现。最简单的舞蹈伴奏是打击乐，某种程度上，人们的呼喊也是一种节奏形式。节奏的千变万化为舞蹈艺术提供了丰富的表现维度。相同的舞蹈动作，由于节奏的变化，可以表现出不同的情绪和情感。这种由节奏变化呈现出的表现力差异，正是舞蹈艺术独特的魅力所在。

（四）舞蹈艺术的虚拟性

虚拟性是舞蹈的艺术特性之一，是以客观现实生活为创作基础，通过典型化的舞蹈动作，形象、概括地反映生活现象，实现对生活本质的艺术提炼与象征性再现，如舞蹈中的骑马、划船、坐轿、扬鞭等动作都是虚拟性的。

（五）舞蹈艺术的造型性

舞蹈艺术的造型性就是在连贯流动的舞蹈动作中给人以明晰的美的感受，并于片刻的停顿和静止时显现出舞蹈内在的含义和韵味。舞者通过头、眼、颈、手、腕、肘、臂、肩、腰、胯、膝、足等部位的协调活动，构建出富有韵律感的舞蹈动作、姿态和造型，既能够表达人物的内心情感，又可以折射出特定社会文化的审美理想。

四、舞蹈美的欣赏方法

（一）把握舞蹈作品的思想内涵

舞蹈作品是对客观现实生活的形象化展示，其渗透着舞者的生活体验、美学追求和价值取向。只有深刻把握作品的思想内涵，才能收获更多美的享受和启迪，从而唤起心灵深处的共鸣。

（二）了解舞蹈的表现形式

舞蹈的表现形式主要有舞蹈动作、舞蹈造型、舞蹈手势、舞蹈表情和舞蹈构图等。

1. 舞蹈动作

舞蹈动作是舞蹈艺术创作的基本单元，包括上肢的舞姿造型和下肢的舞步运动。舞蹈动作的形态、韵律和技巧具有很强的形式美和审美价值，从某种意义上说，欣赏舞蹈就是欣赏舞者的动作。

2. 舞蹈造型

舞蹈造型是通过动态流动与静态定格的有机融合，呈现舞蹈艺术的形态美和神韵美。以经典舞剧《丝路花雨》为例，英娘反弹琵琶的舞蹈造型设计，展现出敦煌舞特有的"S"形曲线特点，生动刻画了英娘这个角色天真淳朴的性格特质。

3. 舞蹈手势

舞蹈手势包括手指、掌、腕和手臂各部位的运动与配合。这些源自生活但经过美化的舞蹈手势有其内在的审美意蕴，对传达舞者的内心情感具有很重要的作用。

4. 舞蹈表情

舞蹈表情是舞者通过面部神态的细腻变化、手臂姿态的情感暗示、躯体动态的情感暗示以及足部动作的移动变换来表达内在的情感。在中国传统舞蹈美学中，特别强调眼神的运用，通过眼神的收放聚散，精准传达角色在特定情境下的心理状态。

5. 舞蹈构图

舞蹈构图包括舞蹈画面和舞蹈队形，其是舞蹈艺术实现叙事传达与情感外化的重要表现手段。如舞剧《丝路花雨》第四场神笔张"梦幻"一段，通过众伎乐天神的队形变化，构建出飘缈灵动的仙境意象和典雅的氛围，表现出神笔张对艺术至境的追求和对美好生活的憧憬。

第五节
戏曲美

一、戏曲艺术发展概述

中国戏曲之史是民俗之史，也是民众之史，它反映了特定时代人民的社会生活，并通过多种艺术形式来表达人们的喜、怒、哀、乐。中国戏曲在民间广为流传，是底层民众实现道德教化、获取历史知识以及培育民族情感的重要途径。戏曲不仅起到了讽喻现实、劝善惩恶之效，还担负了"厚人伦，美风化"之职。中国传统戏曲也与其他艺术形式一样，经历了萌芽时期、草创阶段，最后走向繁荣和成熟。

（一）戏曲的缘起

中国传统戏曲的源头众说纷纭，有学者认为其起源于原始歌舞，有学者认为起源于"巫"与"优"，还有学者认为起源于乡傩等。戏曲是一门综合性的艺术形式，无论是原始歌舞，还是祭祀礼仪、巫觋扮演，都是形成戏曲的文化元素，这些文化元素通过长期的交融演化，为戏曲的形成起到了催化作用。当历史的车轮驶入巍巍盛唐，高度发达的社会经济和空前开明的政治制度，唤起了蛰伏在人们内心的激情与冲动，才华横溢的唐代文人不仅把诗歌的创作水平发挥到极致，而且进一步推动音乐、舞蹈和绘画的发展，从而为戏曲的最终形成创造了有利的条件。

唐代的歌舞小戏是中国戏曲的初步形态。《踏摇娘》是当时著名的歌舞小戏（图5-21），其内容大致是这样的：北齐时有一个姓苏的丑汉子，他很爱面子，虽没有做官，却自称"郎中"。他嗜酒成瘾，每次喝醉了就殴打妻子。他的妻子挨打之后内心感到十分悲哀，只能向邻里哭诉，乡亲们都非常同情她。演出时，妻子的角色由男人扮演，扮演妻子的演员徐步入场，唱述心中的哀怨，边行边歌，每一叠，旁边的人齐声应和："踏摇，和来！踏摇娘苦，和来！"演员边唱边踏步，踏步时还摇顿其身，所以称"踏摇娘"。待其醉醺醺的丈夫到来之时，则作殴斗之状。丈夫丑态百出，引起观众笑乐。《踏摇娘》是一出讽刺戏曲，有人物、有故事、有歌舞、有对白，又是代言体的表演，是中国戏曲初步形成的标志之一。

图5-21　皮影戏《踏摇娘》

（图片来源：网络）

唐代另一种戏曲形式是"参军戏"，一般由两个演员共同出演：一个装痴卖傻，自称"参军"，是被戏弄嘲讽的对象；一个机灵活泼，是戏弄他人的角色，叫作"苍鹘"。戏曲形式为两人一问一答。参军戏开创了一方调笑另一方的套路，是中国戏曲的源头之一，也有学者认为其是相声的滥觞。后赵时有一个叫周延的"参军"担任馆陶县令，他因贪污官绢数百匹而获罪，被贬入俳优之列，统治者为了警诫其他官员，在宴会上经常令俳优表演此事。一个演员穿绢衣出场，另一个演员问他："你是什么官？为何做了俳优？"该演员回答"我本是馆陶令"，随后扯动身上的绢衣，"因为这个做了俳优"，引得参加宴会的官员们一阵哄笑。参军戏延续了以滑稽调笑的手段进行讽谏的传统，针砭时弊，其代言体的特点非常突出。

（二）杂剧的繁荣和南戏的兴盛

北宋建立后，随着商品经济的发展、城市人口的增加和市民文化生活的繁荣，戏曲演出活动空前活跃，城市里出现了规模巨大的"瓦舍"和"勾栏"。一些怀抱着"朝为田舍郎，暮登天子堂"理想的寒门学子，在求官无门的窘境下，为了生计只能"屈尊"为瓦舍的戏曲表演创作脚本，这样，就出现了一批职业脚本作家，他们不仅写剧本，还写曲词和话本，时人称"书会先生"或"京师老郎"。以上这些因素，使得宋代戏曲艺术走向繁荣。至此，中国戏曲终于撩开了神秘的面纱，展示出美丽的芳容。

宋代戏曲的代表样式有杂剧和南戏。宋杂剧的表演结构一般分为艳段、正杂剧和杂扮（或称杂班，即杂剧的后散段）三部分，角色行当一般有末泥、引戏、副净、副末、装孤等。宋杂剧由唐参军戏发展而来，以讥讽嘲笑为要旨，是瓦舍里主要的表演类型，北宋孟元老在《东京梦华录》里就记述了瓦舍、勾栏因表演杂剧而"观者倍增"的情况。南宋周密在《齐东野语》中记载了这样一个故事：北宋宣和年间，上将军童贯用兵燕蓟，败而窜。在一次内廷宴会上，教坊的演员们表演，上场的三四个婢女发式各不相同。一个婢女当额为髻，说："我是蔡太师家的仆从，因我家太师经常觐见皇帝，所以我梳的发髻叫'朝天髻'。"另一个婢女髻偏坠，说："我是郑太宰家的仆从，我家太宰守孝奉祠，不能打扮，只能梳这种'懒梳髻'。"还有一个婢女满头为髻，像小孩一般，说："我是童大王家的仆从，我家大王正在用兵，我梳的是'三十六髻'。"

通过这则故事可以看到，宋杂剧在唐参军戏的基础上勇敢地向前迈进了一步。它不避锋芒，把矛头直指社会重大问题，巧妙地利用谐音等修辞手法进行劝谏和讽喻，如用"三十六髻"暗讽童贯"三十六计，走为上计"。这种戏剧技巧犹如拨云见日，最后揭开谜底，使观众恍然大悟，可以获得强烈的艺术效果。

南戏是宋元时期流行于南方地区的用南曲演唱的汉族传统戏曲艺术，因起源于浙江温州（永嘉）地区，又称"温州杂剧"或"永嘉杂剧"。从现存曲目来看，南戏的题材主要为爱情故事及家庭纠纷等类型，演唱历史故事和英雄故事的戏文较少，剧情较杂剧更加曲折、复杂。由于程朱理学禁欲思想的压制，南戏戏文流传下来的作品较少，其中以《张协状元》艺术成就最高。宋室南迁后，一部分杂剧家留在北方，他们创造了可与宋杂剧争辉的金院本。金院本和宋杂剧的渊源很深，两者的艺术体制上有很多相似之处，实为宋杂剧的进一步发展。南戏和金院本已经不再停留于歌舞表演阶段，而是以叙事为主、角色分工明确的综合性舞台艺术，标志着中国戏曲步入成熟形态。

（三）元杂剧的兴盛

当蒙古统治者的铁蹄踏进宋廷的富贵温柔乡，知识分子的地位一落千丈，甚至沦落至"九儒十丐"的境地。失去了仕途希望的文人们面临艰难抉择，要么彻底弃文，做一个"不识字的烟波钓叟"，要么寄身勾栏瓦舍，用曾经不屑的世俗文学来宣泄胸中块垒，最终，大多数落魄文人选择了后者。这些文人的加入为贫瘠的戏曲艺苑注入了知识的活水，显著提升了戏曲的艺术格调。他们改变了中国舞台艺术长期以插科打诨、嬉闹取乐为主的倾向，推动戏曲艺术向精神层面深化发展，最终使元曲成为可以与唐诗、宋词、汉赋媲美的一代文学典范。他们创作的元杂剧独步中国剧坛百余年，开创了中国戏曲史上的黄金时代。

元杂剧的艺术体制非常严格，其基本结构形式是四折一楔子。元杂剧的"折"相当于"幕"，是指音乐上一个完整的套曲。每一折对应一套曲子（同一宫调内多首曲牌连缀），并构成剧情的一个独立段落。一本四折是指一个剧本采用不同宫调的四套曲子和穿插其间的科白，构成剧情发展的四个段落。楔子是对剧情的补充，用来交代人物、情节等，一般放在第一折之前，作为剧情的开端，相当于序幕，也可放在折与折之间，起到衔接剧情的作用，相当于过场。

元杂剧的角色体系分为旦、末、净、杂四大类，只有正旦和正末，才可以扮演主角。表演时只能正末或正旦一人主唱，正旦主唱的剧作称为旦本，正末主唱的剧作称为末本。

元杂剧的鼎盛时期集中于元代初期至中期，杂剧作品已知名目的有六七百种之多。大都（今北京）作为元朝首都，是政治、文化中心，是元杂剧创作繁荣的核心区域。关汉卿的《窦娥冤》《救风尘》、白朴的《梧桐雨》、王实甫的《西厢记》、马致远的《汉宫秋》、纪君祥的《赵氏孤儿》等剧作是元杂剧中的杰出代表。元代后期，元杂剧进入衰微期。随着活动中心南移至杭州，杂剧逐渐脱离了原有的生存土壤而走向衰落，加上元朝统治者恢复了科举制度，文人创作重心转移，致力于杂剧创作的人数锐减。这一时期虽有姓名可考的杂剧作家有20多位，但真正有影响力的作家只有郑光祖、乔吉、宫天挺等人。郑光祖和关汉卿、白朴、马致远被称为"元曲四大家"，他的《倩女离魂》（图5-22）是元代后期杂剧中十分优秀的作品。《倩女离魂》的剧情大致如下：王文举与张倩女出生前就被指腹为婚，后来王文举父母双亡，家道中落，王文举到张家提亲时，遭张母拒绝。文举上京应试后，倩女相思成疾，魂魄离开身体随文举到了京城，并在京城与文举生活了三年，王文举状元及第后携倩女回到家中，倩女的魂魄与躯体合而为一。作者以浪漫主义的手法，表现了幽闭深闺的女性对自由美好爱情的向往，成功地刻画了倩女热情、大胆、执着的性格特征，该剧对汤显祖《牡丹亭》的创作产生了很大的影响。

（四）传奇的发展

元代后期，科举制度得以恢复，无数读书人又展开了对仕途的苦苦追寻，瓦舍、勾栏里的喧天锣鼓渐渐平息，元杂剧的创作日渐沉寂。在元杂剧衰微之际，流行于南方民间的南戏却积极吸收杂剧艺术的长处，逐步向传奇体制过渡。其中，《荆钗记》、《白兔记》、《拜月亭》（图5-23）、《杀狗记》这四部代表作，是南戏向传奇转型的典型代表，也标志着传奇戏曲的初步形成，因此被后世并称为"四大传奇"。元末明初戏曲家高明创作的《琵琶记》被称为"南戏中兴之祖"，也是过渡时期的重要作品。《琵琶记》的故事原型可追溯到早期南戏《赵贞女蔡二郎》，该剧讲述蔡伯喈弃妻再娶、最终遭雷劈的悲剧。高明在其基础上改编创作了《琵琶记》，将原本丈夫高中状元后抛弃糟糠之妻的悲剧改为"忠孝两全"的大团圆结局，这是为了在舞台上树立"子孝妻贤"的榜样，正如他自己所说："不关风化体，纵好也枉然。"至此，戏曲艺术成功接续了中

图5-22　《倩女离魂》插图（局部）

（图片来源：大同市图书馆馆藏中华再造善本《元曲选一百种》）

国"以文治国""文以载道"的文学传统，也承担起教化民众的社会功能。

到了明代，戏曲品种繁多，主要分为两大系统：一种是由元杂剧发展而来的明杂剧；另一种是由南戏发展而来的明传奇。明代中叶以后，传奇戏曲繁荣发展，成为中国戏曲史上继元杂剧之后的第二个黄金时代。明代建立之初，统治阶级的提倡，杂剧出现过短暂的中兴，这一时期主要作家有朱权和朱有燉两位藩王，他们的作品多脱离现实，鼓吹避世，艺术成就不高。明代中叶，杂剧处于转型时期，这一时期的作家、作品都不多，其中以康海的《中山狼》、徐渭的《四声猿》成就较高。明代后期是杂剧创作的巩固时期，作家辈出，作品数量大增，体制较元杂剧有较大的变化。

明代传奇的创作之路也不是一帆风顺的，虽然"四大传奇"的问世标志着这一戏曲形式的成熟，但明初严苛的思想禁锢导致舞台创作趋于保守，艺术家的创作空间受到极大限制，传奇创作几乎沦为道德教化的工具，只出现《五伦记》《香囊记》等宣扬忠孝伦理的作品。传奇创作的繁荣时期出现在明代中期，《宝剑记》《鸣凤记》《浣纱记》被称为"明代中叶三大传奇"。《鸣凤记》取材于社会现实，剧作揭露了严嵩父子的残暴罪行，是明代首部以当代重大政治事件为题材的戏曲作品，给观众以强烈的震撼，自此常演不衰。明初，由于南戏的流行，不同地方因方言曲调的差异出现了不同的声腔，余姚腔、海盐腔、弋阳腔、昆山腔是当时流行的四大声腔。嘉靖年间，戏曲音乐家魏良辅对昆山腔进行了改进，使其腔调更加婉转细腻，被称为"水磨调"，昆曲自此逐渐成为剧坛霸主。梁辰鱼的《浣纱记》就是第一部用改良后的昆山腔创作的

剧本，对昆曲的发展和传播起了很大的促进作用。明代后期，传奇的创作更加繁荣，剧作家辈出，更出现流派纷呈、竞争不断的局面，其中代表性的流派有以汤显祖为首、注重文采的临川派，和以沈璟为首、注重格律的吴江派。"临川四梦"是汤显祖的代表作，包括《牡丹亭》《紫钗记》《南柯记》《邯郸记》，其中以《牡丹亭》成就最大，当时就已家喻户晓（图5-24）。

图 5-23 《拜月亭》剧照

（图片来源：山川文社百家号）

图 5-24 梅兰芳演绎昆曲《牡丹亭》时的扮相

（图片来源：光明网）

（五）地方戏曲的兴起

清初剧坛延续了明代的繁荣景象，在杂剧领域创作成就较高，以吴伟业和尤侗为代表的作家，多借历史题材抒发深沉的家国之思。其作品曲词优美、用典精妙，但因过于文雅不宜搬演，成为专供文人品味的"案头之曲"。清代传奇的创作在明代的基础上进一步发展，不仅名家辈出，更涌现出一批影响深远的经典剧目。其中，苏州作家群的代表李玉，其早期创作的《一捧雪》《人兽关》《永团圆》《占花魁》广受赞誉，后期创作的《清忠谱》则开创性地将天启年间的市民抗争搬上了舞台。清初戏曲大家李渔，既是杰出的剧作家，又是著名的戏曲理论家。他十分重视戏曲的娱乐功能，是第一个意识到应根据观众的欣赏水平和审美需要来创作戏曲的剧作家，并在《闲情偶寄》中系统阐述了戏曲创作理论。李渔的戏曲创作以喜剧为主，其创作的《笠翁十种曲》，扭转了戏曲创作上重"曲"轻"剧"、重填词轻宾白的风气，对我国喜剧艺术的发展产生了深远影响。清代传奇的最高成就当属洪昇的《长生殿》和孔尚任的《桃花扇》。这两部传奇不但语言精美、音律和谐、结构穿插得当，更实现了历史性和现实性的深刻融合，将中国古典戏曲艺术推向了新的高峰，取得了空前的成就。

清乾隆年间，大兴文字狱，杂剧与传奇的创作受到压制，戏曲创作开始脱离舞台、远离现实，发展日渐式微。与此同时，一批植根民间，贴近百姓生活的地方戏曲却蓬勃发展，如江浙越剧、湖北楚剧、安徽黄梅戏、江西采茶戏、湖南花鼓戏等，受到了百姓的追捧。这一时期，各种声腔技艺取得显著进步，如京腔、秦腔、弋阳腔、梆子腔、罗罗腔、二黄调等竞相争艳。李斗在《扬州画舫录》中记载道，当时昆腔被称为雅部，其他声腔统称为花部。清中后期，随着地方戏曲的影响越来越大，在当时的戏曲中心北京，开始了著名的"花雅之争"，最终，花部因形式多样、贴近百姓而取得了胜利。清乾隆中期，四大徽班（三庆班、四喜班、春台班、和春班）相继进京，轰动京城，盛极一时，成为北京剧坛的霸主。此后徽剧不断吸收汉剧、昆曲、梆子等剧种的优点，并根据北京观众的审美趣味和欣赏习惯进行创新，最终形成了一个新的全国性的剧种——京剧。京剧的兴起不仅带动了地方戏的繁荣，更推动中国戏曲实现了重大转型：戏曲艺术的重心逐渐从以剧本创作为中心转向以表演艺术为中心，标志着中国戏曲进入了一个新的发展阶段。

二、戏曲美的特征

（一）综合性

戏曲是一种综合性舞台艺术形式，它的特点是将众多艺术形式聚合在一起，在共同具有的性质中体现各自的个性。王国维在《宋元戏曲史》中指出："后代之戏剧，必合言语、动作、歌唱以演一故事，而后戏剧之意义始全。"可见戏曲并非单纯的话剧、歌剧、舞剧，而是综合了这些艺术形式，并融合了文学、舞蹈、音乐、武术、服装、道具、布景等多种艺术元素，以歌舞演绎故事，具有高度的综合性。

（二）虚拟性

戏曲艺术的虚拟性首先表现为时空的虚拟性。戏曲舞台上的时间是虚拟的，是对现实时间的艺术化表现，有时通过夸张的表演时间拉长以强化情感，有时则用简略的台词一笔带过，实现时间的压缩。戏曲舞台是一个流动的艺术空间，场景转换自由灵活，演员走一个圆场就代表着"人行千里路"，来一个趟马就象征着"马过万重山"，三五步就表示走遍天下，通过程式化动作将无限时空浓缩于方寸舞台之上。

其次是动作的虚拟性。戏曲舞台上的动作对象，常常通过虚拟手法表现出来。人物骑马，无须牵上马匹，只要手挥马鞭即可；人物行船，则可以持桨当舟。如《拾玉镯》中孙玉姣穿针、引线、刺绣、数鸡、喂鸡等一连串的表演，都是通过演员微妙的、虚拟化的动作展现给观众的，是无实物表演。最后是周边环境的虚拟性。戏曲舞台的表现原则是用尽可能简单的布景和装置表现尽可能多的内容，所以周围的环境常被虚化。一些戏曲演员在没有任何布景、道具的情况下，仅凭身段唱腔便能表明人物所处的环境，造就了"无花木之春色、无波涛之江河"的艺术境界，这正是戏曲虚拟美学的精髓所在。

（三）程式性

所谓程式性，是根据现实生活的真实形态提炼出一套规范的、固定的、精美的动作形态，再用这些有限的程式去表现丰富多彩的生活。程式性不仅指动作的程式化，还包括表演情节和人物塑造等方面的程式化，如传统戏曲中的角色行当、人物脸谱等。

戏曲的程式性是中国古典戏曲观的反映。中国梅兰芳体系、苏联斯坦尼斯拉夫斯基体系、德国布莱希特体系是世界三大戏剧理论体系。斯坦尼斯拉夫斯基体系认为话剧是再现生活，演员与角色之间、舞台和生活之间存在"第四堵墙"，为了再现生活，必须遵循生活的本来面目，所以演员与角色、舞台与生活必须融为一体。布莱希特体系则认为应推翻所谓的"第四堵墙"，演员和角色之间、观众和演员之间、观众和角色之间必须保持一定的距离，引导观众从感性沉浸转向理性思考，最终形成兼具批判性与反思性的新型观演关系。以梅兰芳为代表的京剧表演体系，集中体现了中国古典戏曲观，该戏剧观认为戏曲是表现生活，根本不存在"第四堵墙"，舞台与生活之间、演员与剧中人物之间可以保持一定的距离。

三、戏曲的"四功"

戏剧艺术的核心特征在于通过演员的表演塑造人物，借助人物的唱词、对白和动作来表现故事情节。一台好戏的上演必须兼具动人的唱腔、不凡的身段和精彩的剧情，必须是音乐性的对话、舞蹈化的动作和文学化的剧情的和谐统一。唱、念、做、打是传统戏曲表演的四种艺术手段，被称为"四功"。手、眼、身、法、步是传统戏曲表演的基本技法，又叫"五法"。"四功"和"五法"不但是戏曲主要的表演形式，也是戏曲演员应具备的基本功。

（一）唱

唱是戏曲艺术主要的表现形式，位列唱、念、做、打"四功"之首。我国自古就有唱诗的传统，《史记·孔子世家》所载"三百五篇，孔子皆弦歌之"，曹操的《观沧海》《龟虽寿》等诗作后也有"幸甚至哉，歌以咏志"等句。到了宋代，唱词之风日盛，不但文人唱，老百姓也唱，"凡有井水处，皆能歌柳词"就是明证。在戏曲表演中，唱主要承担抒情功能，或抒发角色的内心情感，或阐明角色的思想观点。戏曲的演唱十分讲究唱功，从吐字发声到行腔转调都有严格的规范，不能信口开河、荒腔走板。演唱时不仅要做到字清、音纯、腔圆、板正，还讲究声情并茂。唱腔的急徐高低、长短转折都要能够传情达意，打动观众。演员们最渴望的就是拥有一副好嗓子，希望自己的演唱能达到"余音绕梁，三日不绝"的境界。许多戏曲流派的形成，往往以演员独特的嗓音条件和唱腔风格为标志，如京剧的梅派、程派、荀派等。

（二）念

念是戏曲演出中人物间的对白或独白的总称，是一种诗歌化、音乐化的戏剧语言。一般剧种所用念白与剧种所在省份的地方音大致相同。戏曲中的念白大致分为韵白和散白。韵白是韵律化了的念白，抑扬顿挫，对比鲜明，较接近于朗诵，有比较明显的旋律感和节奏感，常用于呈现诗词或是较文雅的语句。散白在京戏里称为京白，比较接近日常生活的口语，但其经过艺术加工，在节奏、音调等方面比口语表达有所夸张，而且也具有旋律感和节奏感。

中国戏曲艺术对念白特别重视，所谓"千斤话白四两唱"，此话道出了念白在戏曲艺术中的重要地位。戏曲中的念白除有少量锣鼓点加以调节、点缀外，全无其他帮衬，全靠演员的句清字准来刻画人物的情态和传达剧情。念白讲究吐字准确、清晰流利、活泼自然、音节铿锵，犹如炒蹦豆一般，字字清脆、利落、爽快，同时要富于旋律感、节奏感，体现出独特的音乐性。

（三）做

做是指舞蹈化的形体动作，表演时讲究细腻而不烦琐、洗练而不粗率，要求"走有走相，坐有坐相"，应做到"浑身有戏""身似轻燕脚如钉"。即使是反面人物，如品德恶劣的无赖等，其在舞台上的形态也都经过精雕细琢的处理，尽可能展现出动作的美感。

演员在塑造角色时，须娴熟运用手、眼、身、法、步各种基本技法，并巧妙驾驭髯口、翎子、甩发、水袖等。这些程式化的舞蹈语汇并非简单的技术堆砌，而是通过灵活组合来凸显人物性格、年龄、身份特征，从而使艺术形象更加鲜明生动。做讲究形神兼备，一举手、一投足，既要演员内心深刻体验角色，又能通过精准的外化动作加以呈现。唯有做到内外交融，得心应手，才能塑造出更加立体的戏曲艺术形象。

（四）打

打是戏曲形体动作的重要组成部分，是传统武术的舞蹈化，也是生活中格斗场面的高度艺术提炼。打功一般分为把子功、毯子功两大类：用兵器对打或独舞的技艺，称为把子功；在毯子上翻滚跌扑的技艺，称为毯子功。在戏曲舞台上，武将出场（如主帅登台点将），多用"起霸"这一经典程式。此处有一连串舞蹈身段，表示武将上阵之前整盔束甲的全过程。若表现武将骑马，演员要做出拉辔、颠摇、前俯、后仰、回旋等身段，生动地呈现出马背上的姿态。若表现战况激烈，武打动作骤然加快；当双方势均力敌时，节奏转为沉稳；当战斗结束时，胜利的一方则在台上舞弄兵器，展示凯旋之姿。除扎实的基本功外，武戏中还有许多高难度特技，如走钢丝、矮子步、椅子功等。优秀的武戏表演，既要展现过硬的身手功底，还必须娴熟运用这些难度极高的特技，准确生动地刻画人物的精神面貌和神情气质。

四、传统戏曲的舞台之美

中国传统戏曲历来重视剧本的创作，涌现出关汉卿、王实甫、汤显祖、孔尚任等一些优秀的戏剧大师。至清初，李渔开始将目光转向舞台艺术，提出"填词之设，专为登场"的创作理念，强调戏曲创作要充分尊重戏曲的舞台艺术特点，突破了前人将戏曲视同诗词，作为案头艺术欣赏的传统。清道光年间，京剧形成并迅速发展，戏剧艺术发生了重大转变：戏曲艺术的核心由文学创作转向表演艺术，剧本的创作转为服务于演员的舞台演出。这一转变使京剧观众更关注演员的表演技艺，剧作者的地位则相对弱化。为了追求"名角效应"，许多剧本专门为名角量身定做。而演员们为了成为名角，则勤修苦练，将追求尽善尽美的舞台艺术作为最高目标，极大地提高了戏曲表演的艺术水准，形成了中国传统戏曲无与伦比、精妙绝伦的艺术特色。下面介绍几种常见的戏曲舞台艺术形式。

（一）脸谱

戏曲化妆俗称扮相，指戏曲人物的面部化妆，可分为俊扮和彩扮两种类型。一般的生行和旦行采用俊扮，只略施脂粉即可达到美化效果，也称素面。彩扮主要适用于净、丑两行，也称脸谱。脸谱化妆充分运用夸张、变形的手法，以色彩和图案对眉、眼、鼻、口，以及脸庞、脸纹加以绘饰，强调人物的面目特征。京剧中的脸谱还具有"寓褒贬，别善恶"的道德评判功能，通过不同的色彩与纹样，直观地传达出对人物品性的褒贬态度。脸谱中的每种设色都具有特定的象征意义，如红色象征忠勇侠义，白色象征阴险奸诈、刚愎自用，黑色象征直爽刚毅、勇猛智慧。所以，忠肝义胆的关羽脸部为红色，一代奸雄曹操脸上涂满了白色，而公正无私的包拯脸部则为黑色。

（二）髯口

京剧中的髯口，又称口面，是生、净、末、丑各行当角色佩戴的用以象征人物面部两腮和颏下的胡须饰物。髯口是标识剧中人物年龄、性别、性格的一种不可缺少的装饰。髯口是用犀牛尾、马尾、细尼龙丝或假发制成的，其不仅是遮盖演员演唱口型的美化手段，也是刻画人物内心与神态的艺术工具。演员通过搂、撩、推、捋、抖、吹等各种髯口的表演技巧来传达人物的情态，这一看似简单的道具成为传递角色内心世界的艺术媒介。搂髯多用于昂首观望与低头俯视，撩髯多表现思忖和自叹，推髯多反映慨叹，捋髯多展示安闲，抖髯多用于惊怕，吹髯则表示生气等。此外，还可以通过髯口的形状、样式、长短、疏密及颜色来表示剧中人物的年龄、身份、容貌和所处的境遇。髯口的色彩主要包括黑、黪（灰色）、白三种。包拯所戴的髯口是乌丝长髯，其有助于塑造人物刚正不阿、铁面无私的威严气概；《霸王别姬》剧中，项羽所用的长髯更衬托了他武勇、骄横的气质。

（三）水袖

京剧中的水袖是缝缀在戏服袖口的一段白色绸子。在表演中，演员可以通过水袖的各种技巧来刻画人物性格，表达人物的喜怒哀乐，传达角色的内心情感，运用得当则能胜过千言万语。精湛的水袖功既是演员表演功力的重要体现，也为舞台增添了独特的艺术魅力。需要强调的是，水袖表演必须立足于人物塑造，有思想、有内容、有生活依据，要符合剧情需要，切忌脱离角色单纯地卖弄技巧。程砚秋曾将水袖的基本动作归纳为勾、挑、撑、冲、拨、扬、掸、甩、打、抖十种。水袖技功的基本要领在于肩、臂、肘、腕、指等各个部位的协调配合，演员必须经过专门训练，熟练掌握水袖的性能和动作要领，方能在运用时得心应手。经过精心的设计和组合，水袖的基本动作可以表现出丰富的情感：用一只手扯起另一只水袖遮面可表示哀痛或害羞；一只手横着扯起另外一只水袖表示礼貌恭敬；若用水袖轻拭脸庞，则表示痛苦悲伤。

（四）行头

戏曲舞台上用的衣、帽、鞋履等用具，统称为"行头"。戏衣是戏曲表演中所穿戴服装的总称，传统戏曲在穿戴上有较为严格的程式规范，"宁穿破，不穿错"是京剧角色扮装的规矩。根据角色行当的不同，人物衣着有较大的区别。戏曲的服装不仅具有装饰性，而且是人物身份、地位的象征。戏曲服装主要分为蟒、靠、帔、官衣、褶子五类。蟒是蟒袍的简称，上绣云龙、海水纹图案，是帝王将相的正服，皇帝穿的蟒袍为明黄色，其余人按身份地位、年龄不同而有所不同。靠是武将的戏装，有软、硬之分。硬靠背扎四面三角形靠旗，软靠不扎靠旗，颜色亦与人物的年龄、性格相关。帔的形制为对襟中分，是皇帝、文官和士绅的便服。官衣的形制与蟒近似，但无绣纹，圆领大襟，分红、蓝两色，是官员的正式官服。褶子是戏衣中最常见的服装，既作帝王将相的衬衣，也作平民的便服。按形制分花、素两种，多为斜襟设计，男褶子为硬质面料，女褶子为软质面料。传统戏曲中人物所戴的冠帽统称为盔头。盔头可分为冠、盔、巾、帽四类：冠一般指帝王、贵族所戴的硬质礼帽；盔一般为武士所戴；巾多为缎制品的软帽子，有花有素，属于便装；帽则适用于各类身份人物，软硬质均有。戏鞋是传统戏曲演出中所穿着的各式靴、鞋，如厚底靴、彩鞋等。

第六节
绘画美

一、绘画艺术发展概述

（一）中国画艺术

1. 秦汉时期的绘画

如今我们能够见到的先秦绘画很少，主要原因是当时大部分画作都绘制在易于腐烂的木质或布帛上。

幸运的是，湖南长沙楚墓中先后出土了两幅战国时期带有旌幡性质的帛画（图5-25）。两画描绘的都是墓主的肖像：一幅为妇人，其上方绘有飞腾的龙凤；另一幅则是一位有身份的男子，驾驭着一条巨龙或龙舟。从帛画可以看出，当时的绘画已达到相当高的艺术境地，令世人惊叹。

图 5-25　长沙楚墓帛画《人物龙凤图》和《人物御龙图》

（湖南博物院藏品）

2. 魏晋南北朝时期的绘画

魏晋南北朝是中国画的滥觞期，这一时期真正意义上的中国画出现了，中国画迎来了快速的发展，此时人物肖像画是主要的创作主题。

东晋顾恺之提出"传神写照"的理论，要求绘画作品应注重表现人物的风貌、气质，开中国画重"气韵"之先河，其创作的《洛神赋图》（图5-26）是这一时期的重要作品。

图 5-26　《洛神赋图》（局部）

（故宫博物院藏品）

3. 隋唐时期的绘画

隋唐时期是中国画发展的一个高峰。初唐时期人物画发展最显眼，山水画则沿袭隋代"细密精致而臻丽"的作风，花鸟画开始崭露头角，宗教绘画的世俗化倾向逐渐明显。盛唐时期是中国绘画史上一个空前繁盛的时代，不仅出现了一些艺术巨匠，而且绘画风格焕然一新。以周昉的《簪花仕女图》（图5-27）为代表，这一时期的绘画风格由初唐时注重政治事件的描绘转为注重日常生活，对绘画的题材、造型、人物心理、细节等方面的刻画都超过前代。随着山水画获得独立地位，涌现出如李思训、李昭道、吴道子等一批极具个人绘画风格的画家。牛马画领域也诞生了曹霸、韩干（图5-28）、陈闳、韩滉、韦偃等一批名家。著名画家王维在山水画的成就更是名重一时。中、晚唐的绘画在传承盛唐风格的同时，亦不断开拓新的领域。

4.五代时期的绘画

五代时期，中国画的风格为之一变。以荆浩和关仝为代表的北方山水画派，开创了大山大水的构图，善于描写雄伟壮美的全景式山水。以董源、巨然为代表的江南山水画派，则善于表现平淡天真的江南风景（图5-29）。董、巨的画风在元后逐渐流行，对中国画风格的发展产生了巨大影响。这一时期还出现了由徐熙、黄筌开创的两种花鸟画风格体系"徐黄二体"，标志着中国花鸟画走向成熟。黄筌的精工富丽和徐熙的天然逸趣两种绘画风格形成鲜明对比，共同奠定后世花鸟画的发展基础。

图5-27　周昉《簪花仕女图》（局部）

（辽宁省博物馆藏品）

图5-28　韩干《牧马图》（局部）

（中国台北故宫博物院藏品）

图 5-29　董源《潇湘图》(局部)

(故宫博物院藏品)

5. 宋代时期的绘画

在整个中国画的风格演变中，宋代是中国绘画史上一个重要的转折点，其艺术成就在整个中国古代美术史上具有划时代的意义。文人画带来的审美观念变化是导致中国画风格演变的重要原因。山水画的创作在宋代一度繁荣。北宋山水画崇"北宗"，上承唐之青绿山水和荆浩、关仝的全景山水。南宋山水画的代表人物是号称"南宋四家"的李唐、刘松年、马远（图 5-30）、夏圭。他们在继承前代的基础上各有所创造，山水画风为之一变，出现"一角半边"式的构图及"院体"画风，对后世的山水画创作有极为重要的意义。北宋初年，黄筌与黄居寀父子的"黄家富贵"画风成为画院主流并为宫廷所推崇，徐熙的"野逸"画风只好于民间发展，其孙徐崇嗣继其祖业，创"没骨法"，别具一格。另外，宋徽宗赵佶的精笔水墨花鸟在传统工笔花鸟画的基础上融合了水墨技法，既保留了工笔画的精细勾勒，又强化了水墨的意境表达，开创了宋代院体画的新高度（图 5-31）。宋代画家不拘成法，以写生为基础，创造出大量生动多样的艺术精品。

图 5-30　马远《踏歌图》(局部)

(故宫博物院藏品)

图5-31　赵佶《瑞鹤图》(局部)

(辽宁省博物馆藏品)

6.元代时期的绘画

元代带来的审美意识变革，深刻影响了中国画的发展方向。元代绘画在继承前朝优秀传统的基础上，实现了创新和发展，突出表现在文人画开始占据画坛的主导地位。因此，适合表现文人画家意识的山水画和枯木、竹石、梅兰及墨笔花鸟画大量涌现，直接反映社会生活的人物画相对减少。随着文人画的繁荣，绘画作品中诗、书、画进一步密切结合，且成为风尚。这一发展趋势增强了中国画的文学趣味，更好地体现出中国画的民族特色。元代的统治时间虽然不长，但在绘画领域名家辈出，有赵孟頫、黄公望、王蒙、倪瓒、吴镇等名家，成就可观。

7.明代时期的绘画

明代中国画流派纷繁，各派又在创作和理论上自成体系。以吴门画派为代表的文人写意水墨画（图5-32），在元代传统基础上形成了新风尚。写意花鸟画继元代后大胆创新，变化突出。晚明时期，董其昌提出文人画的"南北宗论"之说，强调文人画的"顿悟"特质而贬低职业画家的"渐修"技法，将文人画推为至尊，对清代的山水画风格产生了深远影响。

8.清末民初时期的绘画

清代文人画实现了进一步的发展，山水画及水墨写意画盛行。清初的画坛，复古与创新两种趋势并存。锐意变革的代表有"清初四僧"，而崇尚复古的画家则以"四王"为首。"四王"指王时敏、王鉴、王原祁、王翚，因受皇室扶植，得以成为画坛正统，从学者众多，影响深远。他们以摹古为主旨，崇尚董源、巨然和"元四家"（赵孟頫、吴镇、黄公望、王蒙，一说黄公望、王蒙、倪瓒、吴镇四人），绘画风格讲求笔墨之韵，对整个清代山水画坛影响甚巨。"四僧"（弘仁、髡残、朱耷、石涛）和龚贤领导的"金陵派"等反传统画家在江南兴起，他们主张抒发个性，作品风格新颖独特，感情真挚。这一时期以"四

图5-32　沈周《庐山高图》(局部)

(中国台北故宫博物院藏品)

僧"贡献最为突出，对后世影响也最大。康乾盛世时期，宫廷绘画在皇室扶持下活跃一时。此外，扬州地区出现了"扬州画派"，该画派接过石涛、朱耷的"反传统"旗帜，以革新的面貌现于画坛。"扬州画派"钟爱梅、兰、竹、菊等题材和泼墨大写意手法（图5-33），他们的艺术成就对近现代花鸟画的发展产生了深远影响。

鸦片战争后，中国社会处于动荡之中。随着西方文化的传入，要不要接受西方艺术，怎样接受西方艺术，怎样保持本土艺术的面貌，成了这一时期中国画家思考最多的问题。清末民初的绘画几乎可以用"萧条"二字概括，以吴昌硕（图5-34）为代表的海派画家及岭南画派的"二高一陈"（高剑父、高奇峰、陈树人）的出现，使中国画坛有了些许生气。与此同时，接受了新思想和革命洗礼的艺术家开始仿照西方的模式开办新学校，倡导"美术革命"，对古代绘画重新加以评定。

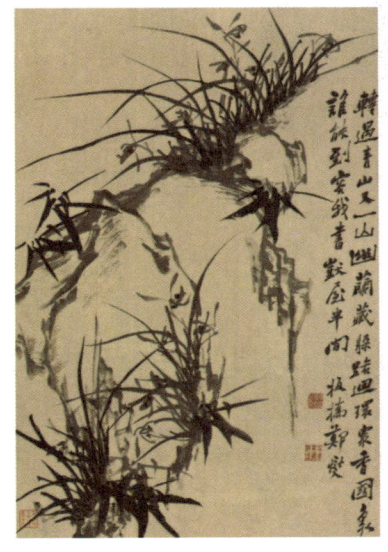

图5-33　郑板桥《幽兰图》（局部）

（辽宁省博物馆藏品）

图5-34　吴昌硕《墙根菊花可酤酒》（局部）

（图片来源：网络）

9.新中国时期的绘画

1949年，中华人民共和国的成立标志着中国进入了一个新的历史时期，许多已有成就的老画家艺术臻于成熟，一批新人也开始登上画坛。特别是20世纪80年代伊始，美术界冲破多年的思想禁锢，各种思潮迭起，流派纷呈，涌现出一大批优秀的美术家。他们以独特的面貌延续了中国数千年美术史的辉煌，创作出众多经典的艺术杰作。

（二）油画艺术

油画是西方绘画的主要画种，在西方艺术史中占有非常重要的地位，不仅涌现出众多杰出的艺术大师，更留下了无数璀璨的艺术杰作。

1.文艺复兴时期的绘画

文艺复兴是14世纪至16世纪在欧洲发生的思想文化运动。文艺复兴时期的美术作品以坚持现实主义方法和体现人文主义思想为宗旨，在追溯古希腊、古罗马艺术精神的旗帜下，创造了最符合现实人性的崭新艺术。意大利是文艺复兴的中心和发源地。14—15世纪，乔托、马萨乔等人把人文思想与对自然的真实描绘相结合，创造出与中世纪不同的现实主义风格。乔托被视为西方绘画的开创性大师，是第一个把写实风格和明暗远近法结合起来的艺术家，其代表作有《逃往埃及》（图5-35）、《犹大之吻》等。

图 5-35 乔托《逃往埃及》

（意大利帕多瓦斯克罗威尼礼拜堂藏品）

15世纪末至16世纪中叶，出现了文艺复兴"美术三杰"——达·芬奇、米开朗琪罗、拉斐尔。达·芬奇在很多领域都做出了巨大的贡献，他不仅是一位思想深邃、学识渊博、多才多艺的艺术大师，还是科学家、工程师和发明家。虽然他一生存世的绘画作品并不多，但留下来的都是不朽之作。其中壁画《最后的晚餐》、祭坛画《岩间圣母》和肖像画《蒙娜丽莎》是达·芬奇的三大杰作，也是世界艺术宝库的珍品。

米开朗琪罗不仅是一位伟大的画家、雕塑家，还是一位了不起的建筑家、军事工程师和诗人，其著名作品有西斯廷教堂天顶壁画《创世纪》、《最后的审判》（图5-36），以及雕塑《被缚的奴隶》《垂死的奴隶》《大卫》等。米开朗琪罗的雕塑作品代表了欧洲文艺复兴时期雕塑艺术的最高峰，他创作的人物雕像雄伟健壮、气魄宏大，充满了力量。他所塑造的英雄既是理想的象征又是现实的反映，显示了在写实基础上非同寻常的理想加工，这些都使他的艺术创作成为西方美术史上一座难以逾越的高峰。

图 5-36 米开朗琪罗《最后的审判》（局部）

（图片来源：梵蒂冈西斯廷礼拜堂壁画）

拉斐尔是意大利文艺复兴时期的代表画家之一，他一生创作了许多作品，其绘画风格代表了当时人们崇尚的审美趣味，其中《西斯廷圣母》等作品成为后世古典主义画家难以超越的典范。

这一时期出现的提香、乔尔乔内等威尼斯画派画家，注重光与影的表现，在色彩上进行大胆创新，使画作更为生动明快，同时人物背景的风景比例更好。威尼斯画派对其后的巴洛克艺术时期画家有很大的影响，对后世的印象主义画派也有着开拓性的启示。

2.17—18世纪的绘画

17世纪的西方绘画开创了一个生机勃勃的新局面，这一时期最具代表性的是巴洛克艺术、古典主义、写实主义等流派。

巴洛克艺术风格起源于意大利，后风靡欧洲各国，其特点是追求激情和运动感的表现，强调华丽绚烂的装饰性，既有宗教的特色又有享乐主义的色彩，是一种激情的艺术，其打破理性的宁静和谐，具有浓郁的浪漫主义色彩。佛兰德斯的鲁本斯是巴洛克绘画的代表人物，同时代的现实主义大师如荷兰的伦勃朗、西班牙的委拉斯贵支等，其作品也在一定程度上带有巴洛克艺术特征。相比之下，古典主义强调理性、形式和类型化的表现，压抑艺术家的灵性、感性和情趣的表达。写实主义既反对古典艺术的规范及"理想美"，也拒绝刻意美化自然，主张以忠实的态度描绘现实。18世纪，西方画坛洛可可艺术风格兴盛一时，其特点是追求华丽、纤巧和精致的视觉效果。洛可可艺术代表画家有法国的华托、布歇和弗拉戈纳尔。随着1789年法国大革命的到来，进步的美术家们重振了古希腊、古罗马的英雄主义精神，开展了一场新古典主义美术运动。新古典主义的代表画家是法国的大卫和安格尔。之后浪漫主义随着新古典主义的衰落而兴起。法国籍里柯的《梅杜萨之筏》被视为浪漫主义绘画的开山之作，标志着浪漫主义画的真正形成。浪漫主义画派的代表还有德拉克洛瓦，其绘画色彩强烈、用笔奔放、充满激情，代表作有《希奥岛的屠杀》《自由引导人民》等。

3.19世纪的绘画

19世纪，法国绘画在欧洲起着主导性作用。法国绘画的发展大致分为新古典主义、浪漫主义、现实主义、印象主义、新印象主义和后印象主义等阶段。

19世纪中期是现实主义绘画蓬勃发展的时期。法国画家库尔贝是现实主义的先驱者，他的代表作有《奥尔南的葬礼》（图5-37）等。

图5-37 库尔贝《奥尔南的葬礼》

（法国巴黎奥赛博物馆藏品）

19世纪后期产生的印象派以创新的姿态出现，反对当时已经陈腐的学院派的艺术观念和法则，这一画派受到现代光学和色彩学的启示，注重在绘画中表现光的效果。印象派代表画家有马奈、莫奈、德加、毕沙罗、雷诺阿、西斯莱等。继印象派之后出现了以修拉、西涅克为代表的新印象派和以塞尚、凡·高、高更为代表的后印象派（又称反印象主义）。其中：凡·高的绘画着力于表现强烈的情感，画面色彩明亮、线条奔放；高更的绘画多具有象征性寓意和装饰性线条与色彩；塞尚的绘画追求几何性的形体结构，被尊称为"现代绘画之父"。

4.20世纪的绘画

20世纪以来，现代美术呈现出流派纷繁、千姿百态的局面。1905年诞生的以马蒂斯为代表的野兽派，绘画风格强调形的单纯化和平面化，追求画面的装饰性。1908年崛起的以毕加索和布拉克为代表的立体派，绘画风格继承了塞尚的造型法则，将自然物象分解成几何块面，从根本上挣脱了传统绘画的视觉规律和空间概念束缚。随着德国表现主义两大核心团体桥社和蓝骑士社的先后成立，表现主义作为一种重要流派登上画坛，该派注重表现画家的主观精神和内在情感。1909年，意大利出现了未来主义美术运动，未来主义画派的画家热衷于利用立体主义分解物体的方法表现活动的物体和运动的感觉。抽象主义绘画作品于1910年前后产生，其代表人物有俄罗斯画家康定斯基（图5-38）和荷兰画家蒙德里安，而两人又分别代表着抒情抽象和几何抽象两个方向。

图5-38 康定斯基《构图八号》

（美国纽约古根海姆博物馆藏品）

第一次世界大战期间诞生了达达主义思潮。达达主义艺术家不仅反对战争、反对权威、反对传统，而且否定艺术自身、否定一切。杜尚将达·芬奇的《蒙娜丽莎》画上胡须，并将一件从商店购买的普通小便池命名为《泉》，并送至美国独立艺术家展览，声称这是艺术品。随着达达主义运动的消退，在此基础上出现了超现实主义艺术思潮。此派画家以柏格森的直觉主义、弗洛伊德的精神分析学为理论基础，力图展现无意识和潜意识的世界。超现实主义绘画往往把具体的细节描写与虚构的意境结合在一起，表现梦境和幻觉的景象，该派代表画家有恩斯特、马格里特、达利、米罗等。

第二次世界大战后，在美国涌现出以波洛克（图5-39）、德·库宁为代表的抽象表现主义绘画，这一流派融合了抽象主义、表现主义的艺术特点，强调创作过程中的自由性和自动性。20世纪50年代初萌发于英国、20世纪50年代中期鼎盛于美国的波普艺术，继承了达达主义精神，作品中大量利用废弃物、商品招贴、电影广告和各种报刊图片做拼贴组合，故又有"新达达主义"的称号。波普艺术代表人物有美国画家约翰斯、劳森伯格、沃霍尔等。

图 5-39　波洛克《秋韵：第 30 号》

（图片来源：艺术中国公众号）

二、绘画美的特征

绘画艺术之美，在于作品深刻的思想内涵和形式的完美结合。自绘画艺术诞生以来，历代艺术家们创造了无数辉煌的艺术作品，各流派风格更迭变幻、纷繁多样，呈现出百花齐放的盛况。一般来说，西方绘画以具象摹写为基础，注重再现客观现象，强调对客体真实的反映，因此重视远近、大小和明暗的正确性，讲究透视、明暗和投影的关系，以营造逼真的空间感。随着时代的发展，西方绘画既重视真实地再现对象，又强调主观表达和自我表现，从具象到抽象，各种流派纷呈。中国绘画则以"神形兼备"为皈依，以追求"气韵生动"为最高境界，重在抒发主体精神。画家通过自身修养、品德、秉性等主观因素与客观世界相融合，创造出具有深刻内涵的美的形象和境界。在透视方法上，中国绘画不同于西方绘画的"焦点透视"，而以"散点透视"为造型法则。中国绘画在长期的发展演变过程中积累了极其丰富的技法经验，讲究笔墨表现力，通过毛笔的皴擦点染，运用线描和墨、色的变化，来塑造形体和质感，并强调传达神韵和气势。文人画更将诗、书、画、印相结合，形成独具东方特色的艺术情趣。

无论中国绘画还是西方绘画，其审美特征主要体现在以下三个方面。

（一）线条之美

线条是绘画艺术构成视觉形象的最基本语汇。线条不仅勾勒形象，成为可视的绘画语汇，而且具有情感意味，可以表达画家精微、细腻的感受与意趣。线条分为直线与曲线两种形式。直线又分为水平线、垂直线、斜线三类：水平线常用来表现舒展开阔、深远的场面，表达宁静、平稳的感受；垂直线具有伟岸、挺拔、庄严、宏大之感；斜线则具有激荡、运动、危急、冲突之感。曲线分为圆弧线、螺旋线、抛物线、波纹线等。与直线相比，曲线具有柔和、流动、变化、优美等特征，可以表现轻快、愉悦、婉媚、飘逸等意趣。在绘画中，直线与曲线各有其妙。

（二）色彩之美

色彩是辨别物体的重要依据，并具有强烈的表现性。色彩作为造型语汇，对于绘画而言至关重要。色彩的产生，是由物体对光的反射或吸收而引起的。在绘画中，物体色彩由固有色、光源色、环境色构成。色彩的三要素是色相、明度、纯度。色彩具有温度感，称为"色性"。色性即色彩的冷暖分别，也称色温。色彩学上根据心理感受，把色彩分为暖色和冷色。色彩还具有情感意义与象征意义，被称为情感色和象征色，例如红色表达欢乐、喜庆的情感，象征着光明。色彩运用的好坏，直接关系到绘画作品的优劣。

（三）构图之美

构图是指根据一定的美学原则和题材、主题的要求，在平面空间中对所要表现的物象进行布局和安排，包括线条、形体、明暗、色彩等元素的组织，使之成为一个完整的艺术形象。构图是绘画艺术中十分重要的元素，绘画正是凭借构图而成为一门独立的艺术形式。构图的主要语汇包括多种几何图形，如三角形、正方形、长方形、圆形、波浪形、S形等。

欣赏绘画作品时，应该掌握以下四种方法。

（1）理解美术作品的立意和主题。艺术家对客观事物的认识、情感会在作品中表现出来，中国画就有"意存笔先，画尽意在"的哲理和方法，所以欣赏画作时要注意作品的立意。作品的立意有高低之分，意境深远当然能引发人深刻的共鸣。

（2）感受美术作品的情趣和意境。美的首要特征是具有吸引人、感染人、鼓舞人的魅力，因此美的形象总是耐看的，令人过目不忘、心花怒放的。美是和谐的，美从对立统一中求得和谐。因此，观赏美术作品时，应该尽情地去享受它为我们创造出的别致情趣和优美意境。

（3）了解作者生平及作品创作的时代背景。美术作品可说是作者形象化的自传，是作者人生态度、审美价值的具体表现，即所谓"画如其人"。如果对作者的生平没有一定的了解，那么很难对作品做出正确的理解。同时，一幅绘画作品总是一个时代生活的映射，也体现着一个时代的本质特征，缺乏对作品创作背景的了解，就无法深刻体会作品的精妙之处和创新之处。

（4）多看艺术作品是提高欣赏能力的关键环节。在艺术中，美是第一位的，离开了美，世界上的一切都将变得憔悴和枯萎。因此，无论怎样理解作品，首先要能感受到它的美。在提高自身艺术修养的同时，多看艺术作品是一个提高自身欣赏能力的便捷途径。有比较才能有鉴别，多看自然会生出一些自己的体会。

第七节
雕塑美

一、中国雕塑艺术发展概况

（一）新石器时代雕塑

陶塑是新石器时代主要的雕塑艺术形式。这一时期出现的陶塑人物，其刻画虽然比较概括，但在艺术形式上却生动活泼，具有很强的代表性。新石器时代的雕塑作为人类早期对自然的探索与追求，在人类文明发展史上具有极其重要的地位。陶塑的造型方式大致分为三种：一是将实用器皿的整个外形塑造成动物的形象（图5-40）；二是对实用器皿的局部以圆雕或浮雕的形式进行装饰（图5-41）；三是小型动物和人物泥塑（图5-42）。

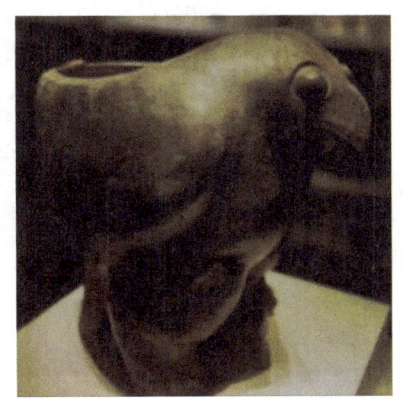

图 5-40　鹰陶鼎
（中国国家博物馆藏品）

图 5-41　人形彩陶壶
（中国国家博物馆藏品）

图 5-42　陶人头壶
（西安半坡博物馆藏品）

人类为了适应生活环境便不断改善生存的条件，从流离不定的游牧生活发展到安定的农耕生活。在固定的土地上生活，不但要利用这块土地种植作物、饲养牲畜，还要利用这块土地来制作生活所需要的器物。没有哪个民族像我们的祖先这样热爱泥土——远古先民在河边饮水时，双手合拢形成的半圆凹曲的形状，或许就是最早陶碗的灵感来源。当人们开始用泥土制作的器皿盛水时，便寻求制造永恒之美的方式。这种创造不仅要满足人类的生存需求，又要追求美的永恒，而陶塑艺术正是人类寻求美的永恒见证。

（二）夏商周时期雕塑

夏商时代，冶炼技术逐渐成熟，人们开始大量制作青铜器皿，中国进入了辉煌的青铜时代。1938年，湖南省宁乡县（今宁乡市）出土的四羊方尊（图5-43）高58.6厘米、重34.6千克，是现存商代青铜方尊中体型最大的一件，现藏于中国国家博物馆。四羊方尊造型雄奇、匠心独运，在艺术造型上，集线雕、浮雕、圆雕技法于一器，将平面纹饰与立体雕塑完美结合，更将动物形态与器皿造型浑然天成地融为一体，铸造工艺十分精湛。

图 5-43　四羊方尊
（中国国家博物馆藏品）

（三）秦汉时期雕塑

公元前221年，秦始皇统一中国，中国正式进入了"大一统"中央集权的封建王朝时代。政权统一、国力强盛，使得雕塑艺术得到空前发展。这一时期的雕塑艺术作品注重写实，追求逼真，取得了辉煌的艺术成就，成就了中国雕塑史上的第一个高峰。秦始皇陵兵马俑就是秦代陵墓雕塑艺术的典范。

汉代雕塑继承了秦代雕塑气势恢宏的风格，更突出了雕塑作品雄伟刚健的艺术个性，这一时期的陵墓雕塑已经从秦始皇陵的地下墓葬形式发展成为地上陵墓装饰雕塑，大型纪念性石雕的出现是汉代雕塑最主要的特点。

1.马踏匈奴

西汉初期，我国西北地区经常受到匈奴侵扰，汉武帝多次派骠骑将军霍去病深入漠北，打击匈奴势力，安定边疆，建立河西四郡。《史记》记载："骠骑将军……元狩六年卒。天子悼之，发属国玄甲军，陈自长安至茂陵，为冢象祁连山。"马踏匈奴（图5-44）雕像外形庄重、气势威武，巧妙地让战败者萎缩仰卧在马腹之下，凸显出战胜侵略者的民族英雄气概，成为我国古代纪念碑雕刻中杰出的经典之作。

图 5-44　马踏匈奴

（茂陵博物馆藏品）

2.击鼓说唱俑

击鼓说唱俑（图5-45）1957年出土于四川省成都市。陶俑在汉代雕塑中有着十分重要的地位，从车马出行到侍卫家奴，从庖厨宴饮到歌舞百戏，不仅题材广泛，而且内容丰富。击鼓说唱俑动感的造型和发自内心的微笑，不仅塑造了热情、憨厚、乐观、充满生命力的人物雕塑形象，体现了汉代陶塑艺术生动活泼的特征，也让我们仿佛置身于那热闹且精彩的表演场景之中。

3.马踏飞燕

马踏飞燕（图5-46），又名铜奔马、马超龙雀等，1969年出土于甘肃省武威市，其是东汉时期青铜艺术的杰出代表。该雕塑作品刻画了一匹体态健美、疾驰飞奔的千里马，它三足腾空，右后蹄下踏着一只展翅而过的飞鸟。这件构思巧妙、造型生动的作品堪称中国古代现实主义与浪漫主义相结合的艺术典范。它以飞鸟的疾速来衬托奔马的神速，又将奔马的不羁之势与平稳的力学结构巧妙地结合在一起，展现出蓬勃的生命力和一往无前的气势。

图 5-45　击鼓说唱俑

（中国国家博物馆藏品）

图 5-46　马踏飞燕

（甘肃省博物馆藏品）

（四）魏晋南北朝时期雕塑

魏晋南北朝时期，封建统治政权分崩离析，整个社会长期处于分裂割据状态。在思想文化领域，原本居于正统地位的儒家思想受到冲击，民生凋敝，老百姓生活困苦不堪。在这样的社会背景下，佛教思想得到迅速发展，并与儒家思想相互交融。在统治者的大力支持下，各地大兴寺庙、开凿石窟，云冈石窟、龙门石窟、敦煌莫高窟、麦积山石窟等一批具有代表性的石窟艺术应运而生。

1.云冈石窟

云冈石窟位于今山西省大同市西郊武州山南麓，与敦煌莫高窟、洛阳龙门石窟和天水麦积山石窟并称为中国四大石窟艺术宝库。著名地理学家郦道元在《水经注》中曾这样描述当时云冈石窟的盛况："经灵岩南，凿石开山，因岩结构，真容巨壮，世法所希，山堂水殿，烟寺相望。"云冈石窟作为中国第一个皇家授权开凿的石窟，反映了北魏王朝的政治雄心。与我国诸多石窟寺比较，云冈石窟最具西来样式，即胡风胡韵最为浓郁。其中既有印度、中西亚艺术元素，也有希腊、罗马的建筑造型、装饰纹样、像貌特征等，反映出与世界各大文明之间的渊源关系。

2.龙门石窟

龙门石窟位于今河南省洛阳市。龙门石窟始凿于北魏孝文帝迁都洛阳之际，其开凿经历了北魏、东魏、西魏、北齐、隋、唐、五代和北宋，其窟龛和造像的数量比云冈石窟多，但遭受人为破坏也较为严重。由于龙门山石质是石灰岩，比较坚固细腻，所以在雕像的开凿上，比云冈石窟的雕刻手法精致许多。

3.敦煌莫高窟

莫高窟俗称"千佛洞"，是敦煌石窟群体中的代表窟群，位于甘肃省敦煌市东南鸣沙山东麓、宕泉河西岸的断崖上。敦煌地处河西走廊西端，魏晋南北朝时期，中原地区战乱频繁，而敦煌因独特的地理因素所受影响不大。莫高窟所在敦煌地区地质上主要为砂砾岩，沙层疏松，石质松软，不适合佛像的雕刻，只能泥彩塑像，所以把重点放在佛像的背景壁画上，将泥塑与壁画两种艺术融为一体。

4.麦积山石窟

麦积山石窟位于今甘肃省天水市，始建于十六国后秦时期，连续营建直至清代，现存的洞窟中，保存着数千件泥塑、石雕。泥塑造像技术，在世界雕塑史堪称中国独有，可谓我国独创的艺术形式。尤为珍贵的是，这些未经烧制的泥塑作品能够历经千年仍保存完好，实属珍贵，正因如此，麦积山石窟被誉为"东方艺术雕塑馆"。

（五）隋唐时期雕塑

经历了300多年的割据与动荡后，隋唐时期社会重新获得了安定，政治和经济空前繁荣，雕塑艺术也进入了新的发展阶段。隋唐时期的雕塑艺术，在继承南北朝雕塑艺术的基础上，积极吸收异域艺术元素，最终形成了独特的艺术风格，创作出众多具有鲜明时代特色的经典作品。出土于西安北郊的菩萨立像（图5-47）用一整块汉白玉雕刻而成，作品透明柔润、质地细腻。虽头部与双臂残缺，但其残缺美与艺术融合，被誉为"东方的维纳斯"。

图5-47　汉白玉雕断臂菩萨像
（西安碑林博物馆藏品）

（六）宋元明清时期雕塑

宋、辽、金时代的雕塑艺术呈现出不同于前代的风格特征，在保持传统民族特色的基础上，这一时期的雕塑艺术逐渐向生活化与世俗化方向发展，创作手法趋于写实，材料运用更加丰富多样，制作工艺也得到显著提升。从题材类型来看，这一时期的雕塑可分为宗教雕塑、陵墓雕塑和手工艺雕塑三大类。重庆的大足石刻和陕西省延安市清凉山的万佛洞石窟是这一时期的代表。宋代帝王陵墓形制基本沿袭唐制，但规模有所缩减。宋代陵墓雕刻注重局部刻画，呈现出明显的写实风格，虽在造型气势及精神内涵方面较汉唐雕塑稍逊一筹，但从反映现实生活的世俗化角度来看，有其独特的创新之处。及至元、明、清时代，石窟造像艺术逐渐走向衰退，寺庙造像亦失去活力，但建筑雕刻技艺却臻于鼎盛。

二、雕塑美的基本特征

雕塑的审美特征主要体现在以下三个方面。

（一）形体美

一件雕塑作品带给人的印象与感受，首先来自它的空间形体。雕塑艺术正是借由"形体"向欣赏者来表达色感、触感、质感和情感。在欣赏雕塑艺术时，不仅要通过视觉去感受，而且要通过触觉去感知，还要结合雕塑作品所处的环境去感悟其内在的意蕴。

（二）质材美

雕塑创作必须依托物质媒介材料，将艺术形象获得实体呈现。不同的材料和媒介，往往能赋予作品独特的美学特质。例如：木质纹理清晰美观、色泽深沉、古朴典雅，适合雕刻历史题材、古代人物；大理石质地光洁细腻，适宜表现纯洁、优美的艺术形象；青铜材料坚固、富丽，有金属光泽，适宜表现崇高、高贵的艺术形象。

（三）意蕴美

雕塑作为静态的空间艺术形态，受限于其造型语言的特性，往往需要在动态与静态的交汇处，通过瞬间形象的凝练表达，来传递艺术家的某种思想或情感。一位杰出的雕塑家总是能够充分利用雕塑本身的特征，由静致动，由个别见一般，由局部见整体，使作品的造型具备从有限中见无限的本领，塑造出富有变化的、高度概括的、美的形象，引发观赏者的遐思。

三、雕塑作品欣赏

欣赏雕塑作品主要从三个方面入手。

（一）感受雕塑艺术的形体特征

形体美是雕塑艺术形式美的灵魂。优秀的雕塑家在塑造艺术形象时，总能在三维空间中透过凝练的瞬间造型生动地展示形象的动态韵律、情感张力和生命力。我们在欣赏雕塑艺术时，同样应当从形体这一基本要素出发，透过外在的形态表现，深入体悟作品所蕴含的思想感情和生命活力。

（二）探求雕塑作品的精神内蕴

一件雕塑作品的创作，始终与艺术家生活的时代、人生的经历以及其审美倾向有着千丝万缕的联系。欣赏雕塑作品时，应当透过造型表象，沿着创作者的心灵轨迹，深入探寻作品中蕴含的情感特质和审美倾向，进而把握作品表达的理性诉求和审美理想。

（三）厘清作品与环境的相互关系

雕塑作为在三维空间中塑造形体的艺术形式，不可避免地与其所处的环境发生联系。我们在欣赏一件雕塑作品时，应当有意识地观察雕塑所处的自然环境和人文环境，深入思考雕塑与其所处环境之间是否存在内在的审美呼应、空间对话或精神共鸣。

第八节
建筑美

一、建筑的分类

建筑，通常指建筑物，是指供人们生活、生产或其他活动使用的房屋和场所，如工业建筑、民用建筑、园林建筑等。专门研究建筑物设计与建造的科学叫"建筑学"。这里所谈的建筑，主要涉及建筑艺术的相关问题。建筑与人类社会生活的关系是相当密切的，其程度远远超过其他艺术品种。从最初人们营建防寒御兽、遮风避雨的简居陋所，到今天现代生活中的摩天大楼，建筑的美观因素已逐步显现出来。虽然最早的建筑，实用性因素绝对性地压倒美观因素，但随着社会生产力的发展，人们对有形有体的、矗立在城乡土地上的建筑物产生了审美上的需求，这些物质结构与人们的精神生活也息息相通。从气势显赫的北京故宫到一步一景的江南园林，从高耸入云的哥特式教堂到摩登前卫的现代大厦，无一不是在满足生活的实用性之余，满足着人们审美上的需求。

诚然，建筑兼具有科学技术和艺术的双重属性。作为艺术形态的一种，建筑和其他艺术门类一样，既反映社会生活，又服务于社会生活。可建筑艺术与能直接地表现社会生活的绘画艺术、雕塑艺术不同，建筑要通过自身的造型美感，凝练地反映特定时代的精神面貌、社会审美情趣和理想。所以，尽管建筑艺术的美学表达具有一定的抽象性，但我们仍能从其内容与形式相统一的风格中，解读出鲜明的时代特征、民族特色和文化传统等。

二、建筑艺术的特征

（一）建筑的功能

建筑与雕塑都属于三维造型艺术，但与雕塑不同之处在于其具有更强大的实用功能，因此建筑师在设计时既要有艺术构思，又要思考技术方面的可行性。建筑设计首先需要满足功能性需求，包括建筑物的用途定位和服务对象。这些功能要求会因地域、气候、文化、时代特征而有所差异。如中国商周至秦汉时期，人们日常主要是跪坐，室内主要陈设的是席与榻。汉代之后，垂足坐渐成习惯，于是出现了高形桌椅和高屏风，同时房屋空间扩大，窗户设计也更加灵活，可启可闭，目的是增强室内采光和内外空间的流通性。

（二）建筑的力学结构

实用功能是建筑设计的首要考量，但它并不直接决定建筑形态。设计方案同时受到材料力学性能及其所决定的基本结构形式的限制。例如：古埃及、古希腊的建筑多采用柱廊式结构体系；中国古代建筑发展出独特的抬梁式与穿斗式木构架体系；古罗马建筑则在继承希腊柱式的基础上，创新性地完善了拱券结构技术；等等。

（三）建筑的轮廓

在满足一定的功能需求和力学结构要求的基础上，建筑审美仍有充分的表现空间，这首先体现在建筑物的轮廓处理上。例如，同样是柱式结构，古希腊就有庄重巍峨的多利克柱式与纤秀柔和的爱奥尼柱式之分。中国古代建筑普遍采用坡屋顶形式，高度有限，给人以重负压顶之感。中国历代的建筑师们通过檐角向上翘起的独特构造，营造出轻盈飞升的视觉效果，实现了建筑整体比例的和谐统一。

（四）建筑的局部处理与组群的关系

在建筑基本轮廓确定之后，审美处理的重点转向建筑物的局部处理与组群布局。建筑物各部分构件的形状和尺寸相当于音乐中的旋律主题，而门窗、楼梯、台阶、线角等元素的排列韵律则对应音乐的节奏结构。如何使比例关系协调而不呆板，节奏变化丰富而不杂乱，是几千年来建筑设计师们关于建筑局部处理范畴的重要课题。在建筑的组群布局上，西方传统建筑中很少考虑到单体建筑物与整个建筑群或与周围环境之间的有机互动。如古罗马别墅和近代欧洲宫廷建筑，其平面布局通常呈几何构图，注重前后序列和左右对称，但极少考虑到用地势来借景移物，建筑物的存在往往同周围自然风光格格不入。与之形成鲜明对比的是，中国传统建筑组群十分讲究各部分空间关系的营造，追求各要素之间的流动性和互相渗透。以苏州园林为例，一座小桥和山丘上的亭子，通过精妙的空间设计，其审美意义远远超过了它们在整个建筑群中所实际占有的空间。

（五）独特的抽象意蕴

建筑艺术具有双重特性：一方面受制于实用功能、材料性能和建造技术的客观约束；另一方面又因其不受具象造型的限制而成为造型艺术中抽象表现力最自由、最发达的领域。建筑的实体结构需要协调内与外、前与后、正面与侧面、装饰成分与结构成分、审美因素与实用因素等诸多关系。这种复杂性使得对建筑艺术的理解和欣赏需要时间的沉淀，并要充分运用记忆能力。这些特点使建筑艺术较为接近音乐这种时间艺术，因此有人称建筑是"凝固了的音乐"。

三、欣赏建筑艺术

（一）中国建筑艺术欣赏

纵观中国建筑发展史，可以看到，真正能代表一个时期建筑技术和建筑艺术最高成就的，往往是皇室宫殿、祭祀建筑、寺庙祠观、风景园林等。

中国古代建筑构成了一座蔚为壮观的文化宝库，其独特的营造体系和艺术特色在整个世界建筑发展史上独树一帜。以宫殿、祭祀建筑、宗教建筑、园林等为代表的典型建筑类型，集中体现了中国传统建筑艺术的精粹，展现了不同历史时期建筑文化的最高水平。

1.宫殿

宫殿建筑在中国古代建筑中占有重要位置。现存规模最大、保存最完整、结构最精美的宫殿建筑群，首推北京故宫（图5-48）。

图5-48　北京故宫

（图片来源：蜂鸟网）

北京故宫，旧称紫禁城，是明、清两朝皇帝的宫殿，始建于明代永乐四年（1406），永乐十八年（1420），朱棣发布诏书，宣告北京宫殿竣工，由此开启了紫禁城自明至清的使用历史。清代沿用时，在继承明代格局的基础上，做了局部的复建和改造。故宫的布局十分严格，其南北长961米，东西宽753米，四面围有高10米的城墙，城外有宽52米的护城河，可谓"有金城汤池之固"。故宫有四座城门，南面为午门，北面为神武门，东面为东华门，西面为西华门。城墙的四角，各有一座风姿绰约的角楼，民间有"九梁十八柱七十二条脊"之说，形容其结构的复杂。故宫南北向的中轴线与北京城的中轴线重合，宫殿雄踞于都城中心，象征着皇权的至尊地位。故宫建筑群沿中轴线对称分布，大致分为皇帝处理政务的外朝与皇帝生活起居的内廷两大部分。乾清门是外朝与内廷的分界线。外朝以太和殿、中和殿、保和殿三大殿为核心。内廷以乾清宫、交泰殿、坤宁宫后三宫为主体，后三宫两侧排列着供嫔妃居住的东六宫和西六宫，即人们常说的"三宫六院"。东六宫东侧是天穹宝殿等佛堂建筑，西六宫西侧是中正殿等佛堂建筑。外朝、内廷之外还有外东路、外西路两部分建筑。故宫这种"前朝后寝"的总体布局，体现了封建礼制规范，其设计理念深刻反映了皇权至上与等级森严的封建统治思想。故宫的建筑艺术成就是多方面的：它强调中轴线和布局的对称，突出院落的运用与空间变化，注重建筑形体尺度的对比，讲究富丽的色彩和装饰，并且具有一定的象征意义和审美观念。就说故宫建筑的屋顶形式，就十分丰富多彩。故宫建筑屋顶满铺各色琉璃瓦件，不同形式的屋顶有10种以上。太和殿屋顶当中正脊的两端各有琉璃吻兽，吻兽造型优美，既是构件又是装饰物，一部分瓦件塑造出龙凤、狮子、海马等立体动物形象，象征吉祥和威严，极具装饰美感。故宫建筑造型宏伟壮丽，庭院明朗开阔，象征封建政权至高无上，凸显出皇帝的威严，以震慑天下。

2.祭祀建筑和宗教建筑

祭祀建筑是中国封建统治者按照封建等级关系和宗法家族思想以及宗法礼制而修建的用于祭祀典仪的建

筑，如孔庙（图5-49）、天坛、社稷坛、太庙、陵墓等。其中，北京天坛（图5-50）是现存最完整的祭祀建筑典范。

图5-49 孔庙

（图片来源：网络）

图5-50 北京天坛祈年殿

（图片来源：网络）

天坛始建于明代永乐十八年（1420），初名天地坛，是明清两代皇帝"祭天""祈谷"的场所。明嘉靖九年（1530）在北京北郊另建祭祀地神的地坛，此处就专为祭祀上天和祈求丰收的场所，并改名为天坛。坛域北呈圆形，南为方形，寓意"天圆地方"。四周环筑坛墙两道，把全坛分为内坛、外坛两部分，主要建筑集中于内坛。内坛以墙分为南北两部。北为祈谷坛，用于春季祈祷丰年，中心建筑是祈年殿。南为圜丘坛，专门用于冬至日祭天，中心建筑是一巨大的圆形石台，名圜丘。两坛之间以一条长约360米、高出地面的砖砌甬道——丹陛桥相连，共同形成一条南北长1200米的天坛建筑轴线，两侧为大面积古柏林。西天门内南侧建有斋宫，是祀前皇帝斋戒的居所。西部外坛设有神乐署，掌管祭祀乐舞的教习和演奏。天坛成功地把古人对"天"的认识、"天人关系"以及对上苍的愿望表现得淋漓尽致。坛内主要建筑有祈年殿、皇乾殿、圜丘、皇穹宇、斋宫、无梁殿、长廊、双环万寿亭等，还有回音壁、三音石、七星石等名胜古迹。天坛是研究古代建筑艺术和园林景观设计的实物，是中国祭祀建筑杰出的范例，极具科学价值，更在建筑设计和营造上集明清建筑技术、艺术之大成，在世界建筑史上享有极高的声誉。

寺庙、祠观、佛塔、石窟等宗教建筑，是特定历史时期宗教文化的重要物质载体。

佛教寺庙中，位于山西五台山的佛光寺东大殿（图5-51），是我国现存珍稀唐代木结构建筑中规模最大、保存最完整的一座。佛光寺东大殿建于唐大中十一年（857），全殿面阔七开间，进深八架椽，单檐四阿顶，突出地表现了唐代寺庙建筑雄丽稳健的风格，艺术成就极高。佛光寺东大殿现存建筑构件大部分为唐代原构，殿内保存有唐代塑像、壁画、题记，被梁思成先生誉为"四绝"和"中国建筑第一瑰宝"。

图5-51　佛光寺

（图片来源：无用研究社）

布达拉宫（图5-52）位于西藏自治区首府拉萨市的红山上，是中国古代建筑的杰出代表之一。布达拉宫始建于7世纪，由吐蕃第三十三代藏王松赞干布王主持兴建，9世纪，由于战乱、火灾、雷电等原因，遭受严重破坏。17世纪，五世达赖喇嘛在清政府的扶持下，重建布达拉宫并作为西藏地方政教中心。后逐步扩建，至20世纪30年代形成了占地总面积约36万余平方米，建筑面积约13万余平方米，主楼高117米，集宫殿、灵塔殿、佛殿、行政办公机构、僧官学校、僧舍等诸多功能的大型宫堡式建筑群。布达拉宫主体建筑为白宫和红宫。白宫，是达赖喇嘛的冬宫，也曾是西藏地方政府原办事机构所在地。红宫是整个建筑群的主体，主要是达赖喇嘛的灵塔殿和各类佛殿。布达拉宫没有采用中轴线和对称布局等手法，转而通过体量对比、空间位置和色彩运用来突出主体建筑红宫，以达到主次分明的效果。红宫之上，又建有金塔五尊、金殿三座，塔身以金皮包裹，宝玉镶嵌，在阳光下金光灿烂。河北承德的外八庙在建筑风格上融合了藏式与汉式元素，既借鉴了布达拉宫的宏伟形制，又融入了汉族建筑手法，形成了庄严而不失灵动、雄伟而兼具活泼的艺术特色。

图5-52　布达拉宫

（图片来源：布达拉宫官网）

此外，我国宗教建筑的杰出代表还包括道教建筑典范山西芮城永乐宫，以及伊斯兰教建筑精品福建泉州的清真寺等。

3. 园林

园林是中国古代建筑艺术的重要组成部分。我国古代园林一般分为帝王苑囿和私家园林两类。帝王苑囿包括北京颐和园、承德避暑山庄等；私家园林以江南地区最为精妙，其中苏州园林更是集其大成，有"江南园林甲天下，苏州园林甲江南"之美誉。苏州市内大小园林星罗棋布，其中拙政园、留园、狮子林、沧浪亭和网师园最具代表性。这些园林在空间布局和造景方面有许多相通之处，下面就其造园艺术手法做简要分析。

我国古代园林是集建筑、山水、园艺、绘画、雕刻、文学等多种艺术形式于一体的综合艺术载体。其造园理念以自然为师。在苏州园林中，造园者除精心构筑楼台亭阁、桥廊轩榭等建筑外，还巧妙开凿池沼、堆叠山石，栽种奇花异草，并融入山水画意与诗词意境，以人工技艺再现自然山水风光。这种做法是为了追求一种身在闹市仍可享受山林之趣的精神目的。

我国的古代园林善于利用有限的空间，表现出无限的景致。苏州的园林是其中的优秀代表。苏州园林极讲究一个"曲"字——径曲、水曲、廊曲、桥曲，曲中藏妙，妙趣无穷，最忌将园内景观尽收眼底，因此常以假山、漏窗为屏障，遮挡住观赏者视线，诱发观赏者的游兴。园林中的水景设计追求曲水流觞的意境，水体或沿假山蜿蜒，或绕花径迂回，即便是静态池沼，其边缘亦被砌筑为自然曲折的形态，赋予水面以动态韵律。园林的游廊多建成曲形，其曲度与坡度的设计尤为精妙，游廊转折处点缀竹石花木，信步其间，颇有意趣。园林中的桥梁亦采用曲线造型，即便跨越仅数步之距的水面，亦常设计为三曲、五曲乃至九曲，以延长观景体验。有的桥造成高高的弧形，取名"小飞虹"，游人在上下桥的过程中能够获得多变的观景视角。

苏州的园林普遍利用山水、树木、建筑等来划分景区，通过空间的分隔与渗透丰富游园体验。以拙政园为例，全园分东、中、西三个部分，其中中部为全园的精华所在。该区域水面占比达全园的五分之三，亭榭楼阁多临水而建，建筑造型轻盈通透，四面开敞的设计使江南水乡的自然景色尽收眼底。园内的空间设计，妙在少用围墙，转而借助山、池、树、榭等元素自然划分空间，这种设计形式既保证了各区域的独立性，又创造出步移景异的视觉效果，形成丰富的景观层次，美不胜收。

"借景"是中国古代园林突破空间局限、丰富园林景观的设计手法。苏州沧浪亭的重要特色之一便是善于借景，其巧妙地将园外景物纳入景观体系，成为园林景观的一部分。沧浪亭园外有一池绿水绕园而过，设计师便取消沿河园墙，设置漏窗复廊和临水亭阁，使水景与园内景观浑然一体。北京的颐和园则将借景手法发挥到极致：近借玉泉山宝塔之秀，远纳西山层峦之雄，使得昆明湖的潋滟水光、西山的峰峦、长堤上的桃柳、玉泉山的塔影交相辉映，不仅丰富了景观内容，更在视觉上延展了园林的空间尺度。这种借景手法，《园冶》一书曾总结为五法，即远借、邻借、仰借、俯借、应时而借。这就是说，园外远处之景可借，园内邻景也可互借，仰借可有碧空白云、星月天象，俯借可观湖光倒影，临轩可观鱼游荷间，应时而借的内涵则更加丰富，春日花草、夏日绿荫、秋日红叶、冬日雪景，朝霞旭日的早晨，夕阳余晖的傍晚……都使园林中的一草一木、一山一水，个个生情，处处含意。

我国古代园林还特别善于利用建筑物来增添景观意趣，创造如画的诗意。中国传统园林中的亭、台、楼、阁、轩、榭、廊、馆、舫、桥等建筑，配以自然的山、水、石、木、花、草、鸟、鱼，构成一幅幅情趣盎然、优美动人的立体画卷。以造型各异的亭子为例，其在园林设计中起着既是景观点又是观景点的双重作用，如苏州拙政园的"别有洞天"半亭、西园的湖心亭以及北京北海公园的五龙亭等，都极具特色。

再如廊，其既可作为引导游人观景的路线，又有分割空间、组合景物的作用。游人散步在拙政园中婉约轻盈的水廊上，宛如凌波漫游，意趣十足。花墙上不同图案的漏窗，亦是我国古代建筑师的杰出创造。它把原本单调枯燥的墙面，变成了一幅幅精美的装饰图画。苏州的园林几乎都有漏窗设计，可营造出似隔非隔、似界非界、景中有景、变幻莫测的艺术境界，诗意陡增，令人赞叹不已。此外，江南的园林普遍崇尚清新淡雅的艺术风格，建筑造型轻盈灵动，翼角起翘，玲珑精致，色彩力求清爽洒脱，以栗色、墨绿色、蛋青色与白色为主，营造出淡雅似水墨画的意境。这种素雅的格调与皇家园林的金碧辉煌形成鲜明对比。此外，江南园林注重人文意趣的表达，园中的景致和建筑都配以典雅的题名，历代文人的楹联佳作也丰富了园林的文化内涵。

（二）外国建筑艺术欣赏

西方建筑按功能类型大致分为宗教建筑和世俗建筑两大体系。其中，宗教建筑的杰出成就集中体现在古代，世俗建筑的辉煌发展则主要出现在近现代阶段。

1. 埃及金字塔

埃及的金字塔（图5-53）是古代埃及人创造的人类历史上最古老且最宏伟的陵墓建筑群，集中建于尼罗河西岸的沙漠地带。其外形高大神圣，模仿了天然山岳的形态。这种独特的艺术形式，深刻体现了古埃及原始宗教观念——将法老视为自然神的化身，而金字塔的几何形态则象征着永恒的权力。从建筑美学的角度来看，埃及的金字塔群与尼罗河三角洲的地理环境完美融合，广袤的沙漠映衬着这些巍峨的巨型建筑，宏伟而壮阔，构成了一首人工与自然和谐统一的空间诗篇。

图5-53　埃及金字塔

（图片来源：网络）

2. 古希腊建筑

与古埃及不同，生活在地中海中部的古希腊人以乐观开朗的态度对待神明。雅典卫城展现出古希腊建筑庄重平稳的风格，在和谐的比例中显示出自然的生命之美。古希腊神庙采用柱廊式结构，外面四周均用柱子，内殿宽敞开阔，光线充足，与外界空间相互贯通，营造出明亮通透的视觉效果。古希腊建筑师对柱式设计十分讲究：多利克柱式浑厚巍峨，刚健有力；爱奥尼柱式轻快柔和，精巧别致；科林斯柱式和人像柱则各具特色，大放异彩。

3. 古罗马建筑

拱券技术是古罗马建筑的重要创新，天然混凝土的开发利用，使拱券结构更为稳固，罗马大角斗场就是这一技术的典范之作（图5-54）。这个建筑的设计展现出卓越的空间规划，通过精妙的主次布局、虚实对比、明暗变化及方圆组合，使这座宏伟的建筑既保持整体气势，又呈现出明快生动的韵律美感。

图5-54　罗马大角斗场

（图片来源：网络）

4. 哥特式教堂

中世纪基督教是欧洲社会发展的核心力量，其"政教合一"的体制使教堂成为宗教活动和社会生活的中心场所。哥特式教堂（图5-55）的"高"，追求的是一种向上的动势，完美诠释了教会超脱尘世、追寻神圣的精神追求。在立面构图上，那灵巧的垂直线条统御整体造型，扶壁、墙垣和塔都呈现向上收分的趋势，顶端处还有一个直指苍穹的小尖顶。哥特式教堂的外表从整体到细部都充满强烈的升腾动势，法国夏尔特大教堂即为典范。哥特式教堂在窗户玻璃的配备上也很有讲究。巨大的窗户引入灿烂的天光，神学家赋予其深刻寓意，称明亮的光线象征"神启"照亮信徒的心灵。有的教堂则配上五颜六色的玻璃窗，营造出梦幻般的天国意境。这种将建筑形式与宗教理念相结合的表现手法，使哥特式教堂成为中世纪最富精神感染力的建筑艺术形式。

5. 现代建筑

现代建筑呈现出多元共生的繁荣景象。从拔地而起的摩天大楼到气势恢宏的大跨度建筑，从创新材料的应用到结构技术的突破，再到形态各异的建筑外观，无不彰显着现代社会多元的审美

图5-55　哥特式教堂

（图片来源：网络）

要求。在这样的时代背景下，建筑师们比历史上任何时期都更强调创作个性，由此催生了众多建筑流派，造就了风格迥异的建筑杰作（图5-56）。

现代建筑的第一个特征是"高"。这种高度特征与哥特式建筑有着本质区别：哥特式的高耸体现的是宗教精神追求；而现代建筑的高，既是应对城市人口高度密集、机构庞杂的必然选择，又是有产者炫耀自己实力或取得广告效果的重要载体。著名的高层建筑有：建于1889年的巴黎埃菲尔铁塔（图5-57），其初始高度312米，现高330米；建于1976年的加拿大国家电视塔，高达553.3米。著名的高层大厦有美国纽约的联

合国秘书处大厦、利华大厦、西格拉姆大厦，以及在"9•11"事件中被毁的世界贸易中心大厦等。许多摩天大楼采用全玻璃幕墙设计，其镜面效果将城市街景和天空光影交织反射，在建筑立面上形成变幻无穷的视觉画卷。

图5-56　江西理工大学主教学楼效果图

（图片来源：赣州发布）

图5-57　巴黎埃菲尔铁塔

（图片来源：网络）

现代建筑的第二个特征是跨度大。为适应社会活动的多元化需求，展览馆、体育馆、航站楼等公共建筑，普遍采用大跨度屋面结构，这种设计既拓展了实用空间，又赋予建筑物独特的美学价值。以罗马小体育宫为例，其精巧的网络穹顶结构，远远望去，像一个巨大的乌龟壳，展现出非凡的结构美感。当代大跨度建筑物造型丰富多样，有的外观像半个圆球，有的展现流畅的抛物线轮廓，有的模仿扬帆的船体，或采用喇叭状造型，真可谓千姿百态、五花八门，各具特色。

现代建筑的第三个特征是追求新奇怪诞。1977年落成的乔治•蓬皮杜国家艺术文化中心，以其颠覆性的建筑语言引发了广泛争议，外露钢骨结构与彩色管线系统构成其标志性外观，由此引发了巨大的争议，人们为这个建筑物是否对得起它的名字、"有无艺术性"而争吵不休。此外，柯布西耶设计的朗香教堂、丹麦设计师伍重设计的悉尼歌剧院等，都是举世闻名的富于想象力的现代建筑杰作。

（三）建筑的艺术处理

在评价建筑作品时，除了以其功能布局是否适用、合理作为评价的首要标准外，还要考虑到建筑与环境的协调关系、建筑外部形体的空间表现力和建筑立面处理的审美价值等。在进行建筑艺术鉴赏活动时，掌握这些专业评价标准是进行有效审美分析的基础。

1.建筑与环境

任何建筑物在建造时，都处在一个具体的环境中。建筑师在构思设计时，要充分考虑建筑的环境因素。在评价一个建筑美不美时，不能只着眼于建筑物本身，还要看其与周围环境是否融合与协调。处理得好，锦上添花，相得益彰，使建筑物更具艺术表现力；反之，设计得再好，也难达到预期审美效果（图5-58）。

图5-58　江西理工大学的优美建筑

（图片来源：网络）

以南京中山陵音乐台为例，其便是建筑与环境完美结合的典范。设计者利用原有的自然坡地，加以整修并铺植草皮，形成可供观众席地而坐的观赏空间。音乐台的外围设计成扇形环廊花架，与四周郁郁葱葱的树林相互映衬，构成天然的绿色大背景，使整个建筑与自然环境和谐地融为一体。

2.建筑的外部形体

人们在观赏建筑物时，往往遵循由远及近的认知过程，远观时获得建筑物的整体印象，近看时关注局部和细部。当进入建筑物内部时，才真正体察到建筑物的功能布局及室内空间组织等。因此，优秀的建筑物必须具有和谐的整体形象。建筑的外部形体不是建筑设计师凭空想象、随意构思即得的，而是建筑内部空间功能的真实反映。比如影剧院一般由门厅、观众厅及舞台三大功能分区组成，内部空间的差异反映到外部形体上，就成了影剧院建筑富有个性的外部造型。优秀的建筑设计师往往能将内部空间与外部形体结合得相当完美，使建筑物既实用又富有艺术表现力。

建筑形体的处理要把握两大原则：统一与均衡以及比例协调。建筑形体的组合一般有对称和不对称两种形式。中国传统建筑大多采用对称形式，强调中轴线构图，中央部分体量较两翼部分突出，成为建筑的主体和视觉重心，如北京的中国美术馆即采用这一形式。然而，当有些建筑物受到功能需求或地形条件等因素的限制，不宜用对称形式时，通常采用不对称形式。此时虽无对称轴线，仍需通过体量、材质的巧妙搭配，在变化中保持整体的均衡感与主从关系。

此外，比例是建筑构图的核心要素之一。在建筑设计过程中，建筑设计师不仅需要精心考量建筑体量组合的长、宽、高的比例，还必须细致处理建筑立面上每个细部的比例关系。只有具备从整体到细部良好的比例关系，一个建筑物才能呈现统一和谐的艺术效果。如北京天安门广场上的人民英雄纪念碑（图5-59），纪念碑周围空间尺度，以及纪念碑本身的基座、碑身、题字大小等都进行了反复推敲才得以最终定型。这种对比例关系的极致追求，最终成就了纪念碑庄重典雅的视觉效果。

图5-59　人民英雄纪念碑

（图片来源：网络）

3. 建筑的立面

建筑的立面有主次之分，一般以朝向主要街道或广场的立面为主立面，需要重点设计处理。立面设计需要注意虚实对比、凹凸变化、窗洞组织和色彩搭配（图5-60）。建筑物的"虚"，是指立面上的墙洞、玻璃等通透部分，视线能透过它看到建筑物内部空间。西方一些高楼大厦强调虚的处理，当夜晚灯光通明时，整座建筑宛如水晶宫般璀璨。建筑物的"实"，是指立面上的墙体、柱子等实体构件，是房屋结构的必要组成部分。一般来说，建筑立面需要虚实结合，但根据功能需求可有所侧重。例如美术馆展厅、剧院观众厅等功能空间不宜大面积开窗，因此这类建筑往往以实墙面为主，形成鲜明的立面特征。

图5-60　江西理工大学充满设计感的建筑立面

（图片来源：网络）

为避免过于单调，住宅建筑的立面往往利用阳台、凹廊等元素来营造虚实对比与凹凸变化。这种手法若运用得当，在阳光照射下能形成丰富的光影效果，增强立面的立体感和层次感，构成优美的建筑立面。窗的组织对立面设计也很重要，甚至直接影响建筑的整体效果。例如南京长江大桥的桥头堡，采用以实墙面为主的设计，结合内部楼梯空间的特点，将窗子排列成三条纵向构图，既化整为零，模糊了楼层划分，又形成富有韵律感的艺术效果。

色彩的处理，近年来也逐渐为人们所重视。但部分设计者未能充分理解立面的色彩处理与建筑材料有十分密切的关系，他们不善于利用材料的天然色泽，而是在立面上滥贴瓷砖，导致色彩杂乱、俗不可耐。更有甚者，用白色马赛克包裹整栋建筑物，既浪费资源，又难以达到理想的艺术效果。

总之，建筑的艺术处理是一个比较复杂的课题，涉及建筑美学、审美观念等多方面的因素。尽管如此，了解一些相关知识，对于我们更好地欣赏和解读建筑艺术仍有重要的启发意义。

第九节
茶艺美

一、茶艺文化简史

（一）魏晋南北朝时期——茶艺文化的酝酿

茶最初以其饮用价值而闻名，茶文化实质上是饮茶文化，是饮茶活动过程中形成的文化现象。茶文化的正式形成始于茶被广泛用作饮料之后，其中魏晋南北朝时期是茶文化的酝酿阶段。

1.饮茶的起源和发展

从发展历程来看，茶最先是作为食物和药材使用的，后来才逐渐演变为饮品。我国先民对茶的利用可上溯至神农时期，但饮茶习俗的形成则相对较晚。在先秦时期，茶树原产地及其周边地区可能已出现饮茶现象，但目前尚缺乏确切的文字和考古证据的支持。关于饮茶起源的具体时间，学术界至今仍存在多种观点，主要包括先秦说、西汉说、三国说、魏晋说等。

2.茶与宗教结缘

魏晋南北朝时期是中国宗教发展的重要阶段，本土道教逐渐形成体系，源自印度的佛教已在中国广泛传播。在这一背景下，茶以其清淡、虚静的特质以及提神醒脑、疗愈身心的功效，深受道教与佛教修行者的推崇。

3.茶艺萌芽

茶艺是饮茶艺术，即艺术性的饮茶形式，其主要包括选茶、备器、择水、取火、候汤、习茶等程序。西晋杜育所作《荈赋》提及"挹彼清流"，即煮茶用水要择取岷江上游所流下的清水；选器，"器择陶简，出自东隅"，即茶具应选用产自东隅（今浙江上虞一带）的瓷器；煎茶，"沫沉华浮，焕如积雪。晔若春敷"，即煎好的茶汤，汤华浮泛，像白雪般明亮，如春花般灿烂；酌茶，"酌之以匏，取式公刘"，用匏瓢酌分茶汤。《荈赋》所描述的是汉代茶艺的雏形，且从中可知茶艺发源于巴蜀地区。

（二）隋唐五代时期——茶艺文化的第一个高峰

1.饮茶习俗的形成

陆羽《茶经·六之饮》有言："滂时浸俗，盛于国朝，两都并荆渝间，以为比屋之饮。"这一时期饮茶之风扩散到民间，以东都洛阳、西都长安及江陵、重庆一带最为盛行，家家户户都在饮茶，形成"比屋之饮"之势。《茶经》初稿约成于唐代宗永泰元年（765），定稿于唐德宗建中元年（780）。《茶经》的问世，让日常生活中的普通饮茶活动，成为充满情趣和诗意的文化现象，使饮茶活动具有了澄心静虑、畅心怡神的美学含义。

2.名茶初兴

唐代名茶，首推蒙顶茶，其次为湖、常二州的紫笋茶，其他则有神泉小团、昌明兽目、碧涧明月、方山露芽、邕湖含膏、西山白露、霍山黄芽、祁门方茶、渠江薄片、蕲门团黄、丫山横纹、天柱茶、小江团、鸠坑茶、骑火茶、婺州东白、茱萸寮等。

（三）宋元时期——茶艺文化的第二个高峰

1.饮茶的普及

宋代承袭唐代饮茶之风，民间饮茶活动日益普及。宋梅尧臣《南有嘉茗赋》有言："华夷蛮貊，固日饮而无厌，富贵贫贱，不时啜而不宁。"宋吴自牧《梦粱录》卷十六《鲞铺》载："盖人家每日不可阙者，柴、米、油、盐、酱、醋、茶。"自宋代始，茶就被列为开门"七件事"之一，由此可看出茶在社会中扮演着重要角色。

2.茶游戏的兴起

宋代茶艺更为精进，创造出新颖独特的茶游戏。从达官贵人到平民百姓，都沉迷于新奇刺激的斗茶和分茶游戏中。斗茶，因为要品评高低，决出胜负，故又称"茗战"。斗茶除比较茶叶的品种、制造、出处、典故和对茶的见解，还要比较烹茶的用水和水温以及汤花等。与斗茶不同，约始于宋初的分茶则以技趣要求的高超为世人瞩目。北宋陶谷《清异录》就有关于分茶的记载："近世有下汤运匕，别施妙诀，使汤纹水脉成物象者，禽兽虫鱼花之属，纤巧如画，但须臾即就散灭，此茶之变也。"汤花转瞬即灭的刹那，显示出瑰丽多变的景象，需要很高的技艺。宋代茶风炽盛的另一个突出表现是饮茶功能的广泛性。朋友聚会，迎来送往，婚丧嫁娶，都离不开茶。宋徽宗赵佶精通茶艺，撰写了《大观茶论》。苏东坡精于种茶、煮茶、品茶，写了许多出色的咏茶诗词。这些大人物的参与也对炽盛的饮茶风气起到了助推作用。

二、关于茶的艺术

在中国，喝茶是一种广受欢迎的休闲活动。爱茶之人，往往也热衷于把玩茶壶，如今，以小壶泡茶（工夫茶）的方式在普通家庭中颇为流行，这种饮茶习惯可追溯至明万历年间，至今已有四百余年的历史。用小壶泡茶（图5-61），茶味特别，甘醇芳香。明清时期以江苏宜兴的紫砂壶最为有名，凡出自名家之手的作品，四方竞购，价格堪比黄金。而中国的陶艺家们不仅精于制作传统紫砂壶，更在此基础上不断创新，发展出许多改良式的创意壶。

图5-61　茶具

（图片来源：网络）

茶是中国人的国饮，不仅饮之爽口，而且富有营养元素，其中含有多种维生素、茶多酚、氨基酸等成分，有明目、清脑、利尿等功能。现代科学也已证明茶有医学上的效用，饮用对人体有益处，因此茶已被世界各国公认为是天然的健康饮料。

茶为国饮，好茶者众，懂茶者寡。茶饮的正式记载，始于《三国志》。此时饮茶之风仅流行于南方部分上流阶层之间，民间社会对茶饮多持怀疑态度；而北方地区甚至还有人尚不知茶为何物，嗜茶者常被冠以"漏巵""水厄""酪奴"等带有轻蔑意味的称谓。

当时北方贵族宴席间虽偶设茶饮，但多数人仍持"耻不复食"的态度，唯有那些从南方归顺北朝的遗民，因难以改变旧习而保持饮茶传统。及至隋代大一统实现，以及大唐太平盛世到来，南方饮茶风尚逐渐影响到北方，连惯食乳酪的胡人也开始接受茶饮。随着饮茶群体不断扩大，这一风尚渐成气候，最终使茶叶发展成为大众日常饮品。此即由尝试至肯定茶饮的过渡转型时期。

这一时期出现几个承前启后的重要特征：第一，茶叶由最初的药用性质，演变为生活必需品，到了隋唐时期，茶已成为纯粹的日常饮品；第二，茶树从野生于人烟稀少的山区，发展到人工栽培于山坡地，以茶谋利的专业茶农群体随之兴起；第三，从早期不讲究焙制、烹煮的粗放"茗饮"，逐渐发展为讲究水质、技艺的茶道文化，标志着真正茶艺知识的形成。

三、茶文化的魅力

中国是茶的故乡，历史悠久。《华阳国志·巴志》中记述："周武王伐纣，实得巴蜀之师，著乎尚书……丹、漆、茶、蜜……皆纳贡之。"因此可以推论，早在3000多年前，我国已有茶的栽培和制作。在这悠久的历史发展过程中，茶已成为中国各族人民日常生活中的一部分。人们常说"早晨起来七件事，柴米油盐酱醋茶"，可见茶在日常生活中的重要地位。

茶在中国人的日常生活中扮演着双重角色，既是实用饮品，又是精神载体。作为饮料，茶具有清神益智、助消化等天然功效。同时，中国人在饮茶过程中讲求"品"的境界，对水质、茶叶、器具、环境等都有较高的要求，同时通过茶事活动修身养性，以茶为媒，沟通情感，增进友谊，协调人际关系，求得内在的自信、自省，以茶雅志，以茶会友。茶从单纯的饮用功能，演变为社交媒介，最终孕育出东方文化中的一朵奇葩——中国茶文化。正是茶这种兼具实用价值与精神内涵的特质，使其在中华传统优秀文化中占据了极其重要的一席之地。

在中国古代，文人以茶激发文思，道家以茶修身养性，佛家以茶解睡助禅，茶从最初的物质形态，升华为精神享受，实现了物质与精神的完美结合，使人们在精神层面上受到美的熏陶。在品茶过程中，品茗者与自然山水的意境合而为一，感受雨露恩泽，体悟自然真趣，于茶香中明心见性，化解尘世纷扰。正因如此，古人对品茶环境的选择尤为考究，或江畔松石之下，或清幽茶寮之中，或宫廷文事茶宴，或市中茶坊、路旁茶肆等，不同的品茗环境会感受到不同的意境。在茶艺表演的艺术呈现中，背景设计是营造整体氛围的关键要素，不同类型的茶艺表演需要搭配不同风格的背景，通过主题、形式与环境的和谐统一，充分展现茶艺的生活美学与艺术感染力。

四、茶艺的具体内容

（一）茶叶的基本知识

学习茶艺，首先要了解和掌握茶叶分类、名茶的品质特点、茶叶制作工艺，以及茶叶的鉴别、贮藏、选购等内容，这是学习茶艺的基础。

（二）水的基本知识

学习茶艺，必须懂得水，水的优劣直接影响到茶汤的质量。陆羽《茶经·五之煮》说煮茶"其水，用山水上，江水中，井水下"。明张大复的《梅花草堂笔谈》就提到："茶性必发于水，八分之茶，遇水十分，茶亦十分矣；八分之水，试茶十分，茶只八分耳。"这些都说明了水在茶艺中的重要性，茶之色、香、味的呈现，都要靠水成全，好水甚至能够改善茶的品质。

（三）茶艺的技术

茶艺的技术包含茶艺的技巧和工艺，如茶艺表演的程序、动作要领、讲解内容，以及对茶叶色、香、味、形的品鉴和茶具的欣赏与收藏等。这些是茶艺的核心要素。

（四）茶艺的礼仪

茶艺的礼仪是指服务过程中所遵循的礼节，包括仪容仪表、迎来送往、交流沟通等方面的规范与技巧等。

（五）茶艺的规范

茶艺应当充分体现茶人之间平等互敬的精神，因此对主客双方均有规范要求。做为宾客，应以茶人的修养自律去要求自己，专注品鉴茶汤。作为茶艺服务者，则需遵循待客之道，尤其在茶艺馆中，服务规范更是影响服务质量与水准的重要因素。

（六）悟道

道，是指一种修行，一种生活的道路和方向，是人生的哲学。道属于精神层面的内容，悟道是茶艺的最高境界，即通过泡茶与品茶去体味生活、感悟人生，进而探寻生命的意义。

五、茶艺的审美特征

（一）茶艺文化的含义

茶文化学者陈香白提出了影响深远的"七义一心"理论，将茶道分解为"茶艺、茶德、茶礼、茶理、茶情、茶学说、茶导引"七个维度，而"一心"则指向茶道的核心——"和"。

茶艺是茶道这一宏观概念下的具体实践形式，是以茶叶为核心的茶事操作技艺的总称（图5-62）。茶艺既是茶道的表现方式，也可以细分为不同门类，如工夫茶艺、绿茶茶艺等。

图 5-62　茶艺

（图片来源：网络）

茶艺是包括茶叶品评技法、艺术操作手段以及品茗环境的完整审美体验，其过程体现了形式和精神的和谐统一。就形式而言，茶艺包括选茗、择水、烹茶、茶具艺术、环境营造等一系列内容。品茶时，要讲究茶具的品质，或古朴雅致，或华贵庄重。另外，品茶还要讲究人文意境与环境的契合，如文人雅士讲求清幽静雅，达官贵族偏爱豪华高贵等。传统茶艺尤重自然意境，常以清风、明月、松吟、竹韵、梅影、雪霁等种种妙趣和意境营造超凡脱俗的品茗审美情趣。总之，茶艺是形式和精神的完美结合，其中蕴含着美学理念和人文情怀。传统茶艺以天人合一的自然观为哲学根基，通过身心体验来感悟生命真谛。茶艺中不仅包含着中国古代朴素的辩证唯物主义思想，更寄托着人们的主观审美情趣和精神追求。

那应如何理解茶艺蕴含的深层含义呢？

第一，简单来说，茶艺即"茶"和"艺"的有机结合。茶艺是茶人根据茶道规则，对日常饮茶习惯进行艺术加工，向宾客展现茶的冲、泡、饮的技巧，把日常的饮茶活动进行艺术化提炼，以此提升品茗的境界，赋予茶以更丰富的灵性和审美意趣。

第二，茶艺是一种生活艺术。茶艺以多姿多彩的形态融入生活，不仅为日常生活增添雅趣，更在缕缕茶香中提升生活格调，提高生活品位，是一种优雅的生活方式。

第三，茶艺是一种舞台艺术。要展现茶艺的魅力，需要通过人物、道具、舞台、灯光、音响、字画、花草等的密切配合及艺术编排，既为品茗者营造高雅、美好的审美体验，又为表演注入灵动气韵。

第四，茶艺是一种人生艺术。人生如茶，在紧张繁忙之中，泡一壶好茶，细细品味，以茶为媒，在品茗中修养心性，体味人生百味，让心灵获得净化与升华。

第五，茶艺是一种文化。茶艺在继承中华优秀传统文化的基础上广泛吸收和借鉴了其他艺术形式，并扩展到文学、艺术等领域，由此形成具有浓厚民族特色的中国茶文化。

第六，茶艺是一门追求唯美境界的生活艺术。只有通过系统研究，不断发展创新，才能让茶艺走下表演舞台，走向日常生活，进入千家万户，成为民众喜爱的健康、诗意且时尚的生活方式。

（二）茶艺的分类

中国茶艺按照表现形式可大致分为四类。

1. 表演型茶艺

表演型茶艺是由一个或多个茶艺师通过艺术化演示泡茶技艺，为众人展示和传播茶文化的表现形式。

表演型茶艺适合在大型聚会、节庆活动中展示，还可与各类媒体平台结合进行传播。这种茶艺形式不仅能有效提升大众对茶文化的认知度，更是弘扬中华优秀传统文化的重要载体。表演型茶艺不仅注重视觉观赏价值，而且注重听觉享受。这种表演形式源于生活又高于生活，可借助舞台表现艺术的手段来提升艺术感染力。

2.待客型茶艺

待客型茶艺是由一名主泡茶艺师与客人围桌而坐，一同赏茶鉴水、闻香品茗的表现形式。在场的每一个人都是茶艺活动的参与者和体验者，而非旁观者，能够直接参与茶艺美的创作，充分领略到茶的色、香、味韵。众人能以此契机自由交流情感，切磋茶艺，以及探讨茶道精神和人生奥义。这种类型的茶艺适用于茶艺馆、机关单位、普通家庭等各类场合。修习这类茶艺时，切忌带上表演型茶艺的色彩。茶艺师的言行举止应自然大方，不可矫揉造作，服饰妆容不宜过浓过艳，表情切忌夸张，要像主人接待亲朋好友一样亲切自然。这类茶艺要求茶艺师能够边泡茶，边讲解，客人可以自由发问，因此茶艺师要具备比较丰富的茶艺知识和良好的沟通能力。

3.营销型茶艺

营销型茶艺是通过茶艺来促销茶叶、茶具以及宣传茶文化的表现形式。这类茶艺是茶厂、茶庄、茶馆最常用的一种茶艺形式。演示时，通常选用审评杯或三才杯（盖碗），以便最直观地向客人展示茶叶特性。这种茶艺没有固定流程和固定解说词，而是要求茶艺师在充分了解茶性的基础上，因人而异，灵活调整，既要看人泡茶，也要看人讲茶。看人泡茶，是指根据客人的年龄、性别、地域等特点，冲泡出最适合其口味的茶汤，展示茶叶色、香、味、韵。看人讲茶，是根据客人的文化背景、兴趣爱好，巧妙地介绍茶叶的魅力因素（如名贵度、知名度、珍稀度、保健功效及文化内涵等），从而激发客人的购买欲望，促成即兴购买的冲动，甚至培养长期惠顾购买的意愿。

营销型茶艺要求茶艺师诚恳自信，有亲和力，并具备丰富的茶叶商品知识和高明的营销手段。

4.养生型茶艺

养生型茶艺包括传统养生茶艺和现代养生茶艺。传统养生茶艺是在深刻理解中国茶道精神的基础上，融合中国佛教、道教的养生功法，如调身、调心、调息、调食、调睡眠、打坐、入静等功法，使人们在品茶过程中调和身心，以茶养身，以道养心，达到修身养性、延年益寿的效果。现代养生茶艺是基于现代中医学研究成果，结合花果、香料、草药的性味特点，调制出适合个人体质和口味的养生茶饮。养生型茶艺提倡自泡、自斟、自饮、自得其乐，倡导在茶事中怡情养性，因而受到越来越多品茗者的欢迎。

（三）茶艺艺术的欣赏方法

在爱茶者的眼里，茶是钟山川之灵禀、得天地之和气的灵物。茶以名山秀水为宅，以明月、清风、白云为伴，"洁性不可污，为饮涤尘烦"，在真正的茶人眼里，茶具有无限的美感。

陆羽把茶称为"南方之嘉木"，唐代诗人卢仝把茶饼称为"月团"，北宋文学家黄庭坚把茶称为"云腴"，苏东坡更是把茶比作"佳人"，在这些茶人眼里，茶不仅承载着大自然的灵韵，更映照着人类的高尚品格，沉淀着历史的精粹。茶人们在欣赏茶叶时，除了发挥联想，还会使用其他具体的方法。这些方法可归纳为"五品"及"三看、三闻、三品、三回味"。

1.五品

"五品"是指通过调动人体的感觉器官来全方位品鉴和欣赏茶艺。具体包括："耳品"——聆听茶艺师对茶叶的介绍；"目品"——用眼睛观赏茶叶的外观形状和茶汤的色泽等；"鼻品"——用鼻子嗅闻茶香；"口品"——用口舌品鉴茶汤的滋味；"心品"——将品茶体验从物质层面升华到文化的高度。例如，茶叶"碧螺春"的名称就能引人遐思，让人联想到烟波浩渺的太湖风光，忆起"吓煞人香"的民间俗称，以及康熙皇帝御笔赐名的典故。再结合对茶汤的色、香、味的品鉴，品茗者仿佛神游太湖洞庭山、真切体会到"洞庭无处不飞翠，碧螺春香百里醉"的诗意境界。

2.三看、三闻、三品、三回味

三看、三闻、三品、三回味都是欣赏茶叶的具体方法，这些方法应综合应用、相互补充，方能欣赏到茶的全貌。

"三看"中的一看，是看干茶的外观形状，即分辨是芽茶还是叶茶，是珠茶还是条索茶，以及看干茶的色泽、质地、均匀度、紧结度、有无显毫等；二看是看茶汤的色泽，即看茶汤是否清澈、鲜艳、明亮，并具有该品种应有的色泽；三看叶底，即看经冲泡后充分展开的叶片或叶芽是否细嫩、均齐、完整，有无花杂、焦斑、红筋、红梗等现象，乌龙茶还要看其是否具有"绿叶红镶边"的外观特征。

三闻即干闻、热闻、冷闻。干闻主要是闻干茶的香型，以及有无陈味、霉味或是否吸附了其他异味。热闻是指开泡后趁热气蒸腾闻茶汤的香味。茶香有甜香、火香、清香、花香、栗香、果香等不同的香型，每种香型又分为馥郁、清高、鲜灵、幽雅、辛锐、纯正、清淡、平和等表现形式。冷闻是指待茶汤温度降低后，嗅闻茶盖或杯底余留的香气，此时由于高温下大量挥发的芳香物质已消散，反而能够更清晰地辨别出茶叶中原本被掩盖的细微气味特征。

三品即茶要细细品啜。头一品是品火功，春茶的加工工艺是老火、足火、生青，或有日晒味。第二品是品滋味，这时应让茶汤在口腔内流动，与舌根、舌面、舌侧、舌端的味蕾充分接触，看茶味是浓烈、鲜爽、醇厚，还是苦涩、淡薄或生涩。第三品是品茶的韵味。清代诗人袁枚认为品茶应含英咀华，并徐徐咀嚼而体贴之。即将茶汤含在口中，像含着一朵鲜花一样慢慢咀嚼，细细品味，吞下去时还要注意感受茶汤过喉时是否爽滑。只有带着对茶的深厚感情去品茶，才能欣赏到好茶的香、清、甘、活，体会到妙不可言的韵味。

三回味是品茗者在品茶之后的感受，品了真正的好茶后：一是舌根回味甘甜，满口生津；二是齿颊回味甘醇，留香尽日；三是喉底回味甘爽，气脉畅通，五脏六腑如得滋润，使人心旷神怡，飘然欲仙。

第六章

文明火种：汉字之美

第一节
文字美的特征

一、字文化

文化的产生，是建立在人类语言基础上的。也就是说，语言是文化产生的基石，是文化存在的标志性符号，也是人类独有的文化行为。语言与文化是伴随着人类社会出现而出现的，没有语言，文化也就无从谈起。从发展时序来看，语言是先于文字产生的，换句话说，文化的历史要比文字的历史更加悠久，人类的文字一定是在某种文化的基础上产生的。一般说来，人类的文化以及语言、文字自诞生之日便处于不断地发展和演变之中，但相对而言，文化的发展演变要快得多，而语言、文字的发展和演变则相对缓慢且稳定。正因如此，文化的进一步繁荣与发展，不可避免地会对文字产生新的影响，推动其发生新的变化。

汉字属于典型的表意文字，其表达功能不在于能否有效地记录语言，而在于能否有效地传达概念。汉字的独特性在于其具有双重符号意义，既是一种作为传播工具的推理符号，又是一种表达意念的象征符号。其本质上所具备的象征意义，使这种符号系统可以离开语言的束缚，换句话说，它可以不过度依赖语音，而由字形直接达到意义层面。当然，汉字是记录汉语言的符号系统，其产生和发展是建立在汉语言单音节语素的特点之上的。从象形文字角度来看，汉字最初是通过对事物形象的摹写来表意的。那么，当这种创造象形文字的生活环境发生改变之后，后世再来理解文字的意思就会出现困难。因此，研究汉字及其文化内涵，必须追溯汉字在初创之时的情态，理解古人"近取诸身，远取诸物"的造字思维。只有这样，我们才能够更好地把握先民的心理状态、价值观念、生活方式、思维特点、道德标准、风俗习惯、审美情趣等文化要素。一个民族文化的形成，与其特有的审美取向有着很大的关系。汉族文化对自然的崇尚，与其独特的宇宙观和人生观是分不开的。中国传统的阴阳哲学，正是古代先民受自然万物的启示而形成的，也是对自然界"观物取象"的结果。这种思维方式同样体现在汉字的创造过程中。那些具有强烈图画特征的原始象形文字，在被纳入文字系统时，已经构建了一个天人合一、物我浑然的文化意境。作为民族文化心理的潜意识体现，汉字保存了大量关于古代先民的生活状态的信息。通过这些文字符号，我们不仅能够窥见中国古人的物质生活面貌，还能深入理解他们的精神世界。

二、字崇拜

汉字崇拜现象产生于文字的萌芽和成长期，究其来源可追溯到远古先民的图腾崇拜。在原始社会时期，由于人们的认识能力及生产力水平有限，无法正确理解和应对变幻莫测的自然现象，往往将希望寄托于某种神秘的力量以求庇护。研究表明，图腾文化与人类文明的起源几乎是同步出现的。"图腾"一词来源于印第安语"totem"，意思是"它的亲属"或"它的标记"。图腾的含义是"被认作为本民族的祖先、神或与本民族有亲缘关系的象征物"。在原始先民眼里，图腾是一种被人格化的崇拜对象。这些象征物可谓种类繁多，涵盖飞禽走兽、花鸟虫鱼等各种自然物象，例如汉族崇拜的"龙"，就是综合了兽类、鸟类及鱼类等多种生物特征的图腾符号。从本质上看，图腾是通过具象化、夸张化的视觉形象来表现的精神符号。在民族意识形态中，图腾成为精神凝聚力的重要标志，它的产生与人类的某种原始宗教信仰有着密切的关系，在这种信仰体系的影响下，逐渐形成了能够支配和影响人们精神活动和心理状态的图腾崇拜观念。

中国人对汉字的崇拜由来已久。相传仓颉造字时曾经留下"天雨粟，鬼夜哭"的传说，足见汉字从其诞生之初便蕴含着巨大的威力。在数千年的发展变化和使用过程中，汉字早已超越单纯的记录功能，成为人与天、地、鬼、神之间沟通、对话的媒介。除了仓颉造字的传说之外，汉字起源还有伏羲创制的"八卦"符号的说法。许慎在《说文解字》中所讲："古者庖牺氏之王天下也，仰则观象于天，俯则观法于地，视鸟兽之文与地之宜，近取诸身，远取诸物，于是始作《易》八卦，以垂宪象。"《淮南子·本经训》中有这样的描述："昔者仓颉作书，而天雨粟，鬼夜哭。"汉字从诞生之初就被赋予了厚重的神秘色彩，这种神秘性奠定了汉字的神圣地位。文字是人类文化伟大的创造，是人类社会告别蒙昧、进入文明的直接标志，因此文字自产生之日起就备受尊崇。其实，最初产生文字的几个国家，都不同程度地出现过崇拜文字的现象。在中国传统的文化观念里，汉字始终占据着至高无上的地位，究其原因，一方面是其产生与早期社会的信仰崇拜意识、神灵观念密切相关，另一方面则体现了古代先民对汉字独特的认知和态度。

在对文字崇拜的文化语境中，汉字早已超越单纯的书写符号系统，被赋予了神圣的特质，它不仅承担着记录汉语的基本功能，更被赋予了许多超自然的功能，如预测功能、神异功能、美饰功能等。这种独特的文化现象之所以能在中国社会长期延续，实则是政治制度、民俗传统、文化心理与汉字特性等多重因素共同作用的结果。

三、虚实写意

中国传统艺术的审美观呈现出重"情"轻"形"为特征，这一特征与汉字重义轻形有着千丝万缕的关系。纵观中国古代艺术发展，表情写意的功能始终占据核心地位。上古时期，《尚书》就提出所谓"诗言志，歌永言"，由此奠定了中国诗学乃至整个艺术论中的情感表现传统。《说文解字》对"艺"字的定义是"艺，种也"，也就是说，艺术是人类审美情感在人内心的深植，所以，中国传统的艺术审美取向大抵是重表现而轻再现的。比如在魏晋南北朝这个社会大动乱、个性大解放的时代，表现个体心灵自由，抒发生命感悟，成为当时艺术追求的主流倾向，这一艺术精神不仅主导了当世创作，同时影响了后世的艺术发展路径。中国画讲究留白，讲究所谓"计白当黑"，中国书法同样如此，一幅书画作品，其留白处可以给人以丰富的想象空间。这种艺术表现手法，运用于音乐及文学领域，就是所谓的虚实和藏露，比如音乐中的"此时无声胜有声"，诗歌中的"律诗之妙，全在无字处"等，都体现了虚实相生的美学原则。众所周知，"空白"理论是中国艺术美学的重要方面，如书法的审美意味就蕴藏在无墨的空白之处。事实上，所谓的黑白，并非单纯指色彩，而是指哲学意义上的"阴阳"。"空白"是中国艺术美学的重要概念，其代表着中国艺术的一种审美境界。不同于西方画的表现形式，中国画不需要明暗的色彩处理，画白昼不必分早午晚，画黑夜亦不必满纸漆黑，而是一种意象上的表达。这种"以少胜多"的表现手法，创造出画外之画、弦外之音、言外之意的艺术境界，最终凝练成中国古典艺术特有的美学精神。

汉字采用的是散点透视的构形法则，比如，汉字偏旁的形体有其通用性，同一偏旁都维持着相对固定的结构。这种构形规律与中国艺术"尚意不尚形"的审美传统一脉相承，深刻反映了汉字结构法则与写意美学之间的历史渊源。中国画重在写意抒情，以抽象、简洁的线条为造型语言，尤其是透视的处理，完全是散点的、带有浓厚主观意识的，如同电影当中的移动镜头，使观赏者始终处于一种动态之中，随着视角的变化来捕捉审美对象，其意境是开放的，而观赏者作为审美主体，则完全拥有主动性和参与性。

汉字的结构取法万物之象，这一特点深刻影响了中国艺术的各个门类。无论是书法艺术、绘画创作，还是作为中国传统戏剧代表的京剧艺术，都鲜明地体现了这一艺术原则。

四、文学作品形象美

（一）文学形象美

形象美是文学作品最主要的审美特征。文学作品中的艺术形象，是作家根据现实生活中的各种现象加以艺术概括所创造出来的具体生活画面，主要包括人物形象和人物生活的环境。在叙事性作品中，人物形象往往占主要地位，成为作品中整个艺术形象体系的核心。作家通过描写人与人、人与物的关系来塑造人物形象，不仅展现人物的音容笑貌、内心活动、爱好习惯等外在特征以刻画人物性格，更通过表现人物的思想感情和道德面貌来揭示人物的精神世界，以此表现各种复杂关系。形象美也是文学作品具有强烈艺术感染力的重要因素，读者通过对文字描绘的内心感受，在脑海中呈现出生动具体的形象图景，并凭借自己的生活经验、审美能力和联想等心理活动，获得超越文字字面意义的审美感悟。

（二）文学作品的欣赏方法

文学作品欣赏是一种强烈的情感活动、一种深刻的理性活动、一种能动的再创造活动和一种审美活动。欣赏文学作品一般从形象感受开始，读者通过理性分析理解作品内涵，并借助自己的生活经验和思想感情不断丰富作品中的形象内涵，最终在审美创造中获得心灵上和精神上的满足。

1. 诗歌的欣赏

情感是诗歌永恒的表达核心。诗歌中表达的情感，或慷慨悲壮，或欣喜若狂，或愁苦无绪，或缠绵悱恻。即使是叙事诗，诗人也在用激情为故事谱曲吟唱。因此，欣赏诗歌主要从以下几个方面入手。

一是要感受诗歌的情感美。要善于从诗人炽热的情怀中感受诗歌涌动的情思。如：从李煜的《虞美人》中，我们感受到的是物是人非的愁苦；从徐志摩的《再别康桥》中，我们感受到的是依依惜别的深情。

二是要品味诗歌的意境美。意境是主观情思与自然景物交融生存的艺术境界。我们要善于捕捉诗歌的景中之情、言外之意。读屈原的《离骚》，诗人虽以香草美人为喻，实则寄寓着政治抱负和满腔悲愤；读杜牧的《江南春》，朦胧的烟雨之景中蕴含的却是诗人对政治现实的隐忧。

三是要吟咏诗歌的音乐美。诗歌讲求的是韵律与节奏。李清照的"寻寻觅觅，冷冷清清，凄凄惨惨戚戚"，字面看似舒缓，实则节奏急促，这种韵律与节奏的精妙组合，使读者于低回婉转中触摸到词人凄苦落窦的心境；戴望舒的"撑着油纸伞，独自/彷徨在悠长，悠长/又寂寥的雨巷"，在冗长而凝重的节奏中，我们看到的是一个落寞者的形象，聆听的是惆怅者的叹息。

四是要把握诗歌的技巧美。诗歌中运用了大量的写作技巧实现抒情言志，唯有深入了解这些技巧，方能真正领会诗歌的深层意蕴。以《关雎》为例，诗人娴熟地运用了比兴手法，借自然环境烘托出男子炽热爱慕之情；普希金的《致大海》则运用了拟人的手法，赋予大海以人的形象，抒发了诗人不满现实、渴望自由的感情。

2. 散文的欣赏

一篇好的散文，总能让读者从精妙的文字中感受到浓郁的诗情画意，品味到盎然的奇思妙想，使读者在为作者的真知灼见所折服的同时，获得一种韵味悠长的美的享受。散文的表达方式讲求写真纪实，讲求质朴自然，讲求韵致理趣。要想懂得散文之美，应先从散文的审美特征出发。多读、多思、多感悟，正如刘勰所谓"操千曲而后晓声，观千剑而后识器"。

欣赏散文主要从以下几个方面入手。

一是把握主线，理清思路。散文虽然形式、内容自由灵活，但其精髓在于形散而神不散。作者始终围绕这个凝聚全文的"神"来组织材料、谋篇布局。欣赏散文时，把握好作品的"神"，就能清晰梳理文章的脉络。如茅盾的《白杨礼赞》就是通过对白杨的礼赞，深情讴歌了北方军民坚韧不屈的品质与精神。

二是体会情感，领悟主旨。文学作品是作家内心激荡不平之情的真实流露，阅读散文时应该通过文字表层，深入体会作者内心的喜怒哀乐，从而把握作品的精神内核。朱自清的《荷塘月色》全文着意描写充满诗情画意的荷塘月色，看似写景，但恰如王国维所说"一切景语皆情语"，真正表达的是作者想在纷扰的尘世中寻求一份宁静的心灵寄托。

三是精研笔法，探究技巧。散文创作往往通过叙事、抒情、议论等多元化表达方式，借助丰富的艺术表现手法来增强表现力：或点染勾勒，或烘染衬托，有时惜墨如金，有时浓墨重彩，有时幽默风趣，有时庄重严肃。唯有认真研读，方能真正把握作品的实质。

四是品味语言，感受风格。文学是语言的艺术，一篇好的散文，语言往往优美流畅、简洁凝练、富于表现力。例如，同样都有着帝王之志的项羽和刘邦，在看到秦始皇南巡的车队时，项羽发出"彼可取而代也"的话语就透露出他的霸王之气，而刘邦所言"大丈夫当如此也！"则深沉含蓄。成熟的作家往往有自己独特的语言风格，这种风格虽受多重因素影响，但最终都会以语言特质表现出来。因此，仔细品味语言特质，是把握作家艺术风格的关键所在。

3. 小说的欣赏

小说是以刻画人物形象为中心，通过完整的故事情节和环境描写来反映社会生活的一种文学体裁。小说能够充分表现出丰富多彩的旨趣、人物性格、生活状况，乃至整个世界的广大背景。可以说，小说是认识社会的窗口。小说主要通过人物塑造、故事叙述、环境描写来反映社会生活和作者的思想感情。人物是小说的核心，情节是小说的骨架，环境是小说的背景，人物、情节和环境是构成小说的三个基本要素。

欣赏小说主要从以下几个方面入手。

一是把握故事情节。把握小说的故事情节，是整体感知小说的基础，是读懂小说的第一步，是欣赏小说艺术特点的重要依据。因此，我们要培养自己概括故事情节的能力。

二是揣摩人物形象。小说创作是以人物形象塑造为核心，因而在鉴赏小说时，分析人物形象就尤为重要。具体来说，就是要能准确概括人物的性格特征，对人物进行客观的评价，并系统归纳作者塑造人物的艺术手法。我们既要通过作品中人物的外貌、语言、动作、心理等的描写把握人物的思想感情和性格特征，又要将人物置于一定的社会历史背景下进行深入分析。

三是注意环境描写。环境描写是小说的重要内容，小说的环境包括社会环境和自然环境。社会环境的描写对于揭示小说的中心思想有着举足轻重的作用，与此同时，自然环境的描写也彰显出作品内在的文化底蕴，同样不可忽视。

四是挖掘作品主题内涵。主题是小说的灵魂，是作品的价值所在，主题立意的深浅往往决定着作品价值的高低。因此在鉴赏小说时，必须深入挖掘作品的主题内涵，要从情节铺陈和人物形象塑造的角度切入，同时结合作品的时代背景及其典型的环境描写，最终通过整体艺术构思来准确把握作品主题。

4. 戏剧文学的欣赏

戏剧是指以语言、动作、舞蹈、音乐等形式达到叙事目的的舞台表演艺术的总称。文学上的戏剧概念是指为戏剧表演所创作的脚本，即剧本。戏剧文学的鉴赏主要从以下几个方面入手。

一是把握戏剧冲突。戏剧冲突是戏剧艺术的本质，因此把握戏剧冲突是戏剧鉴赏的关键所在，既要分析戏剧冲突对情节发展的推动作用，又要关注戏剧冲突中人物动作与人物对话对人物形象塑造的催化作用，还要思考戏剧冲突设置的巧妙性。不同剧目往往采用各种各样的戏剧冲突形式，如越剧《红楼梦》遵循线性叙事，而《雷雨》《玩偶之家》则运用了回顾式的戏剧冲突形式，均展现出独特的艺术匠心。

二是品味戏剧语言。品味戏剧语言时，既要体察个性化的人物语言，又要领会富有动作性的人物语言，还要揣摩语言中丰富的潜台词。

三是欣赏人物形象。欣赏人物形象时，要抓住人物的主要性格特征，弄清人物性格发展变化的内在逻辑，以及寄寓在人物形象上的作者的思想倾向与内心情感。

五、文学作品意境美

意境是中国文学审美理想的集中体现，是在文学作品中呈现出来的诗意空间。这个诗意空间既情景交融又虚实相生，充盈着生命中韵味无穷的优美旋律。例如，王维的《使至塞上》：

使至塞上

单车欲问边，属国过居延。

征蓬出汉塞，归雁入胡天。

大漠孤烟直，长河落日圆。

萧关逢候骑，都护在燕然。

这首诗是诗人奉命赴边疆慰问将士途中所作的一首纪行诗，记述了出使塞上的旅程及旅程中所见的塞外风光。诗人出使正值春天，途中见数行归雁向北翱翔，即景设喻，用"归雁"自比，既叙事又写景，一笔两到，贴切自然。"大漠孤烟直，长河落日圆"一句写的是塞外奇特壮丽的风光，画面开阔、意境雄浑。"直""圆"二字准确地描绘出沙漠的景象，诗人亦将自己孤寂的情绪巧妙地融入自然景观之中。

情景交融主要包括情中见景、景中藏情、情景并茂三种类型，这是意境创造的表现特征。作者将个人情感和真实场景结合在一起，从而创造出景中有情、情中见景的效果。这种表现手法将作者的思绪提高到一个新的境界，描绘出独立于外界的精神世界。例如在"采菊东篱下，悠然见南山"这一句诗中，诗人陶渊明通过对客观景物的描写，抬头见山，是那样怡然自得，将内心的闲适心情直接表露出来；在"孤帆远影碧空尽，唯见长江天际流"这一句诗中，诗人李白没有将情感直抒胸臆，而是用浩瀚的长江和友人的船只作为背景，以此渲染孤独、忧伤的气氛，通过对"孤帆""远影""长江"等意象的组合，将内心的情感蕴含其中，构造出一幅寂寥的送别画面；在"月落乌啼霜满天，江枫渔火对愁眠"这一句诗中，诗人张继通过对"月落""乌啼""晚霜""江枫""渔火"等景物的描写，构造出一幅孤寂的画面，弥漫着浓浓的乡愁，"姑苏城外寒山寺，夜半钟声到客船"这一句，钟声更加衬托出夜的静谧与深沉，诗人夜不能寐，情感表现尽在不言中。

虚实相生是一种意境的表现手法，实境指客观的现实存在，虚境指由实境诱发和开拓的审美想象空间。虚实相生即意境创造的结构特征。清代画家笪重光有言："空本难图，实景清而空景现。神无可绘，真境逼而神境生。位置相戾，有画处多属赘疣；虚实相生，无画处皆成妙境。"他认为，画中的无画处是创造意境的关键，只有虚实相生，才能创造出妙境。这种表现手法在文学作品中同样适用。虚实相生包含实境和虚境。实境是指客观的现实存在，虚境是指由实境诱发和开拓的审美想象的空间。虚境必须以实境为载体，以对事物具体的描写为基础，实境的描写如果缺乏虚境的想象和升华，就无法实现意境美的效果。因此，在文学创作时，就需要做到虚实结合、虚实相生。例如，苏轼《念奴娇·赤壁怀古》中"乱石穿空，惊涛拍岸，卷起千堆雪"以雄浑笔触勾勒赤壁险峻之势，柳永《雨霖铃·寒蝉凄切》中"寒蝉凄切，对长亭晚""执手相看泪眼，竟无语凝噎"则细腻刻画分别时的情形，这些皆属实境描写。而李白《梦游天姥吟留别》中"日月照耀金银台""霓为衣兮风为马""仙之人兮列如麻"等句描绘的"仙境"，以及柳永词中"今宵酒醒何处？杨柳岸，晓风残月"所渲染的别后愁情，则为虚境描写。虚实相生，正是古典诗词的重要艺术特征。

六、文学作品语言美

文学是以语言为媒介创造的艺术作品。文学作品的语言是塑造艺术形象、反映社会生活、表达思想感情的媒介。文学作品的语言美主要体现在音韵美、风格美、修辞美等方面。

（一）音韵美

文学作品语言的音韵美：在句式结构上，表现为均匀整齐、错落有致；在声韵搭配上，表现为抑扬顿挫，富于节奏感、旋律感；在语句组织上，表现为一气呵成的连贯性，或分行断句的跳跃性；在写作手法上，表现为多种修辞方法的巧妙运用。恰当地运用修辞手法对语言进行修饰与美化，能够使语言音韵和谐悦耳，节奏张弛有度，词语运用更加灵活。

语言是有节奏的，说话声音的高低、长短、强弱都有一定的节奏。汉语中，一个汉字通常对应一个音节，一个音节又由一个或几个音素组成，音素又分为元音、辅音两大类。汉语的声调抑扬顿挫，使语音表现力变得更加丰富，正是这种独特的语音结构，造就了汉语音韵和谐优美的特质。

（二）风格美

文学作品语言风格的类型多种多样，既可以是豪放的，又可以是柔婉的，既可以是质朴的，又可以是绚丽的，既可以是庄重的，又可以是诙谐的。依据写作的目的、主题等方面的不同，文学作品的创作可以选择不同的语言风格。

豪放型语言风格的文学作品气势磅礴、格调高昂、境界雄浑、感情激荡，常常使用激越昂扬的语气格调、宏达热烈的词汇表达、酣畅淋漓的句式结构,并善用排比、夸张和反复等修辞手法来强化作品主题表达的情感力度。以曹操的《观沧海》为例,"东临碣石,以观沧海。水何澹澹,山岛竦峙。树木丛生,百草丰茂。秋风萧瑟,洪波涌起。日月之行,若出其中。星汉灿烂,若出其里。幸甚至哉,歌以咏志",整首诗气韵沉雄,有气吞山河的气魄,将一代枭雄曹操的"鸿鹄之志"展现得淋漓尽致。

柔婉型语言风格的文学作品笔调柔和、感情细腻、委婉缠绵、韵味深远。例如,中国著名作家铁凝擅长捕捉人物微妙复杂的心理活动,并以精妙传神的语言营造出敏锐而富有层次的艺术感觉,其代表作《哦,香雪》以清新隽永的笔触,描述了一个生活在闭塞山村中的少女香雪对都市文明的向往,具有浓郁的乡土气息。

质朴型语言风格的文学作品朴素无华、真切感人,往往以朴实隽永、低调含蓄的词句将作者的内心情绪和思想感情娓娓道来。例如,西晋李密的《陈情表》以自己幼年的孤苦遭遇写起,道出自己与祖母相依为命的特殊情感。文章既表达了对朝廷知遇之恩的感激,又委婉陈诉了自己难以赴任的苦衷。全文语言凝练简洁、委婉畅达、辞意恳切,堪称中国文学史上抒情散文的典范之作。

绚丽型语言风格的文学作品文笔华美、句式繁复、色彩明艳,多用描绘性修饰成分,同时注重语言的节奏韵律。

庄重型语言风格的文学作品庄严肃穆、平稳持重、义正词严、情感深沉,善用整齐绵长的句式与严密的逻辑关联词。

诙谐型语言风格的文学作品则以轻松俏皮见长,或妙趣横生,或暗含讥讽,展现出独特的语言智慧。

（三）修辞美

学者王国维在《人间词话》中有云:"余谓:苟于词之荡漾处多用叠韵,促节处用双声,则其铿锵可诵,必有过于前人者。"修辞是对语言的修饰与美化,其手法自由灵活、丰富多样,给汉语增添了无穷魅力。

比喻是汉语中常见的一种修辞方法,也是一种形象化的表达方法,更是文学创作中的重要手段。要想使描写对象更加形象生动,准确表达出对事物的爱憎褒贬,更好地凸显事物的内在特点,可以运用形象化的比喻手法。例如,鲁迅在《故乡》一文中对杨二嫂的描写:"两手搭在髀间,没有系裙,张着两脚,正像一个画图仪器里细脚伶仃的圆规。"这个比喻句生动勾勒出当年"豆腐西施"般的人物如今只剩一副可笑的形骸,侧面展现了旧社会一个年老色衰的女性内心积郁的苦楚。

排比就是把结构相同、意思相关、语气一致的词组或句子成串地排列起来。恰当地运用排比,不仅可以增强语言的气势,集中地表达某种感情,还可以创造结构形式上的整齐美,提升文章的艺术感染力。排比用以叙述,可使表达清晰深刻;用以描写,能令形象生动鲜活;用以抒情,可让情感真挚深厚;用以说理,则能营造鞭辟入里、理直气壮的强烈效果。例如,《桂林山水》一文中对漓江水有如此描写:"漓江的水真静啊,静得让你感觉不到它在流动;漓江的水真清啊,清得可以看见江底的沙石;漓江的水真绿啊,绿得仿佛那是一块无瑕的翡翠。"这段排比句读起来朗朗上口,将漓江水"静、清、绿"的特点描写得细致入微、生动形象,表达效果极佳。

夸张也是文学作品中常用的一种修辞手法,为了达到某种表达效果,对事物的形象、特征、作用、程度等方面着意夸大或缩小。夸张手法可以突出事物的本质,强化情感表达,增强语言感染力,烘托氛围,引发丰富的想象和情感共鸣。"诗仙"李白善用夸张的手法创作出许多瑰丽动人的诗篇。例如:在"危楼高百尺,手可摘星辰。不敢高声语,恐惊天上人"这首诗里,李白用极其夸张的手法描写出寺庙之高;在

"朝辞白帝彩云间，千里江陵一日还。两岸猿声啼不住，轻舟已过万重山"这首诗里，李白运用夸张的手法描写了江山的壮丽多姿和顺水行舟的流畅轻快，隐隐透露出其遇赦后内心的轻松与喜悦之情。这些诗句既展现出无比开阔的意境美，又呈现出五彩缤纷的色彩美，既有大气磅礴的气势美，又蕴含如音乐般的韵律美，充分展现出李白超凡的艺术想象力。

第二节
篆书

一、篆书的基本含义

篆书是我国五体书中涵盖范围最广、历史最为久远、演变最为复杂的一种书体。篆书有广义和狭义之分。广义的篆书泛指隶书、楷书、行书、草书等今文字体系之外的所有古代书体，包括甲骨文、金文、石鼓文、铭旌书、盟书、帛书以及秦篆和后世仿写的古文字等。狭义上的篆书则专指金文和春秋战国时期与秦国一脉相承的秦系文字，以及后世人所写的秦系文字。

篆书大体可分为大篆和小篆两种。小篆由秦国文字演变而来，是秦统一之后，经李斯整理使之规范化的秦系文字，以及后世按此规范所作的篆书。大篆则指除小篆之外的其他篆书书体。小篆是在秦系大篆的基础上发展而成的。有观点认为，秦在统一六国之前小篆的字体结构已基本定型，李斯则在此基础上做了整理工作，使篆书书写进一步规范化。大篆产生的时间早于小篆，其发展脉络可追溯至商周时期的甲骨文、金文，直至春秋战国时期的石鼓文等。与此同时，战国时期各诸侯国还形成了具有地域特色的文字体系。大篆体系内容庞杂，字体形态多样，存在大量异体与讹变现象，难以一概论之。

二、篆书的美学特征

（一）圆劲婉通之美

"圆"这一概念，经常被用来寄托对事物发生发展的美好期许，如工程的圆满结束、亲人相聚、阖家团圆等，象征着完满与和谐。在书法艺术中，"圆"则体现为"圆润的线条""圆浑的笔法"，以此来赞誉书法作品之美。篆书是将"寓美于圆"发挥到极致的一种书体。元人吾丘衍在《论篆书》中这样说道："故篆字肥瘦均一，转折无棱角也。"清人钱泳在《履园丛话》中总结了篆、隶的区别："篆用圆笔，隶用方笔，破圆为方而为隶书。"

"劲"，是指挺拔、劲健之意。篆书中的圆势线条要有劲拔的力量。以圆劲为美，是历来品评篆书的标准之一。如清人王澍在《论书剩语》中云："篆书有三要：一曰圆，二曰瘦，三曰参差。圆乃劲，瘦乃腴，参差乃整齐。三者失其一，奴书耳。"清代学者倪涛《六艺之一录》亦指出："篆书以清圆劲拔为高。"石鼓文和《毛公鼎铭》（图6-1）作为篆书典范，其用笔以圆笔为主，转折之处多取圆转之势，充分展现了篆书艺术的典型特征。

所谓"婉通"，是指篆书笔势所具有的委婉畅达之美。唐代书法家孙过庭的书法理论专著《书谱》有云："篆尚婉而通，隶欲精而密。"其中，"婉"即笔势的委婉、婉转；"通"，则强调线条的圆融、贯通。篆书用笔婉转而通畅，以弧线为主，其势"尚婉而通"，因而笔画往来行回没有突兀阻滞的"节"。这是篆书重要的审美特征，也是其重要的书写原则。

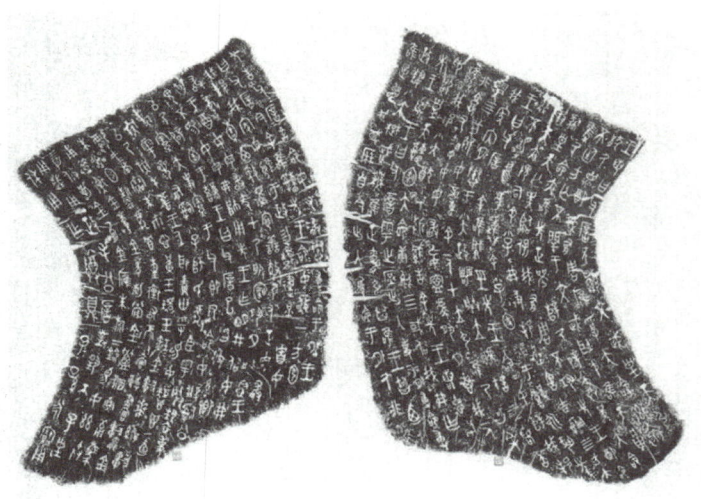

图 6-1 《毛公鼎铭》

（图片来源：网络）

（二）力弇气长之美

清人刘熙载在《艺概·书概》中评篆书为"故篆取力弇气长，隶取势险节短"，并指出这是篆书与隶书的用笔方法不同所致。篆书的用笔方法是笔笔中锋，匀净圆浑，藏头护尾，笔力集中，谓之"力弇"；"气长"，即气韵悠长，也就是气韵随着婉转而流畅的线条绵延往复，回环不断。因而，"力弇气长"又将篆书带入意境悠远的审美境界。如小篆的前身石鼓文，便是这方面的代表。

石鼓文，因文字篆刻在鼓形石上而得名。石上刻大篆书记叙游猎的十首诗，故又称《猎碣》，是我国现存最早的一组石刻文字（图 6-2）。石鼓在唐初时发现于陕西天兴（今陕西凤翔）三畤原。此后宋大观中迁于东京（今开封），金人破宋，辇至燕京（今北京）。数经迁徙，文字磨灭残损甚多。其中一鼓已无字。石鼓文有些字形与籀文相同。籀文也称大篆，传说是周宣王时太史籀所造。籀文书体齐整稳定，春秋时期已在秦国流行，流行过程中又进一步简化和线条化。此石鼓文书法朴茂浑古，笔力内聚而凝重，线条匀润，气韵悠长。清康有为谓："如金钿委地，芝草团云，不烦整裁，自有奇采。"清代一些书法家的篆书多得力于此。

图 6-2 石鼓文（局部）

（图片来源：网络）

篆书以其婉转圆通、粗细匀称的线条形态，已超越单纯的装饰性而展现出书写特征的成熟、自觉，含文包质的笔画形式结构显而易见，通过圆融的运笔技巧呈现出刚柔相济、曲直有度的艺术效果，达到了极高的审美境界。

（三）参差错落之美

篆书的形体结构变化较大，字内空间的形式变化十分丰富。大篆形体结构较小篆更加灵活多变，外形多样，字体大小错落，呈不规则状。小篆则讲究轴线对称，上紧下松，字体颀长，字形方整，大小均一，以工整舒展为美。在结构规律上，大篆较小篆多变：有的依轴线对称构形，如虢季子白盘铭文（图6-3）；有的呈中心发散状排列，如散氏盘铭文（图6-4）；有的平正端庄，有的则奇趣百出。小篆尤以轴线对称为主，左右均衡，上下齐平，稳重端庄，如《峄山碑》（图6-5）。

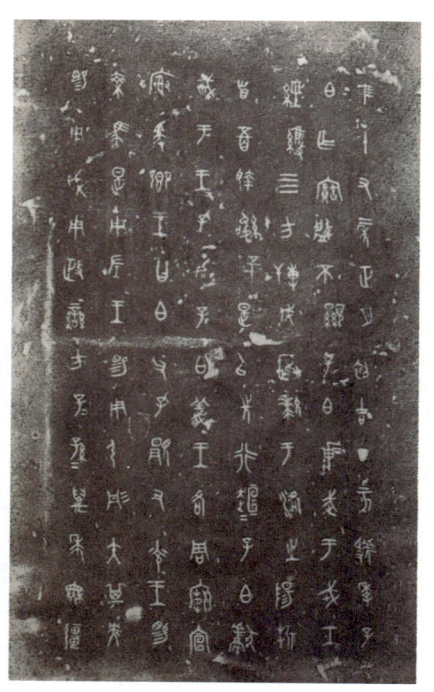

图6-3 虢季子白盘铭文

（图片来源：网络）

图6-4 散氏盘铭文

（图片来源：网络）

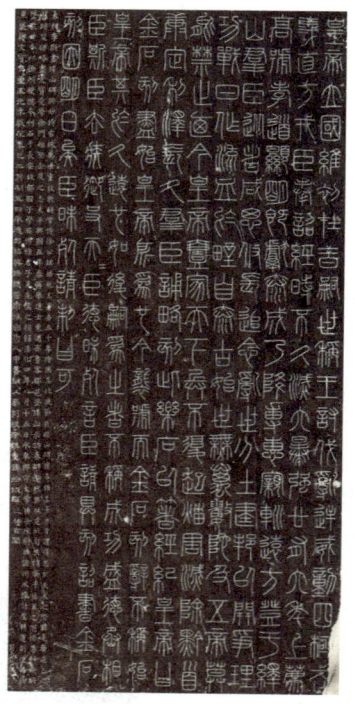

图6-5 《峄山碑》

（图片来源：网络）

概而论之，篆书产生的时代最早，绵延时间最长，其书体中蕴含的古朴高浑的艺术含量最为丰富，因而为许多书家所追慕。然而汉代以后，篆书艺术逐渐式微，间或有一二大家，寥寥可数。直到清代碑学兴起以后，篆书焕发新生，名家辈出，为篆书艺术的传承和发展做出了重要贡献。

第三节
隶书

一、隶书的基本含义

隶书又称佐书、史书、八分等。孕育于战国，产生于秦，盛行于两汉，尤其在东汉桓帝、灵帝时期，隶书达到鼎盛阶段。隶书之名，起于班固，他在《汉书·艺文志》中说："是时（指秦始皇时）始造隶书矣，起于官狱多事，苟趋省易，施之于徒隶也。"过去相传隶书为程邈所创，但1980年在四川青川县城郊发掘的战国墓群中出土的两件木牍，经考证属战国时秦武王在位时的作品，木牍上大多数字形已呈现隶书的笔势、笔顺、笔画联结方式，这一发现证明，早在秦始皇推行小篆之前，隶书便已萌芽。

秦代统一文字后，当时仍并存大篆、小篆、刻符、虫书、摹印、署书、殳书、隶书八体。秦代的隶书被称为"秦隶"或"古隶"。此时的隶书为了适应快速书写的需要，将篆书圆转的笔画改为方折，变弧线为直线，字形由纵势变为横势，结构亦进行了简化，进一步脱离象形特征。1975年，在湖北云梦睡虎地出土的一千余枚秦简（图6-6），简文均用墨书，从简中可以看出其脱胎于秦篆，形体中仍带有浓重的篆书意趣，部分字体较小篆草率，笔画平整无波磔。值得注意的是，汉代隶书中的掠笔、波挑、不同形态点的笔法，在此简中已初现端倪。这些尚未成熟的隶书，堪称秦隶的典型代表。

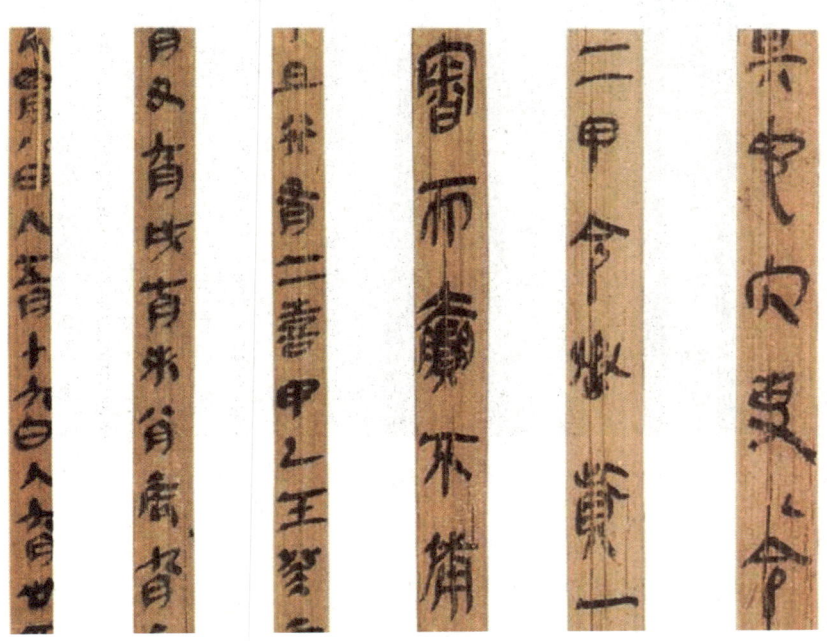

图6-6 云梦睡虎地秦简

（图片来源：新浪网）

汉代早期，隶书主要书写于竹木简牍之上。这些简牍字体自然、天真、率意，部分笔意甚至已隐约透露出晋人行草的韵味，具有很高的艺术价值。马王堆帛书（图6-7）、张家山汉简、阜阳汉简等出土文献中都出现了主笔比较突出的波磔，且波磔形态比较统一，这些都表明在西汉早期隶书已趋于成熟。至西汉中期，居延汉简、定县汉简、武威汉简（图6-8）中记载的隶书，已经完全展现出成熟的隶书形态了。

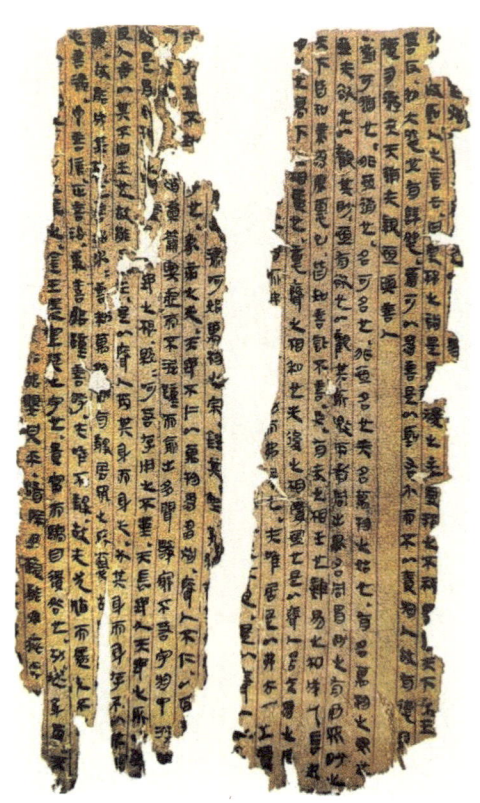

图 6-7　马王堆帛书

（图片来源：网络）

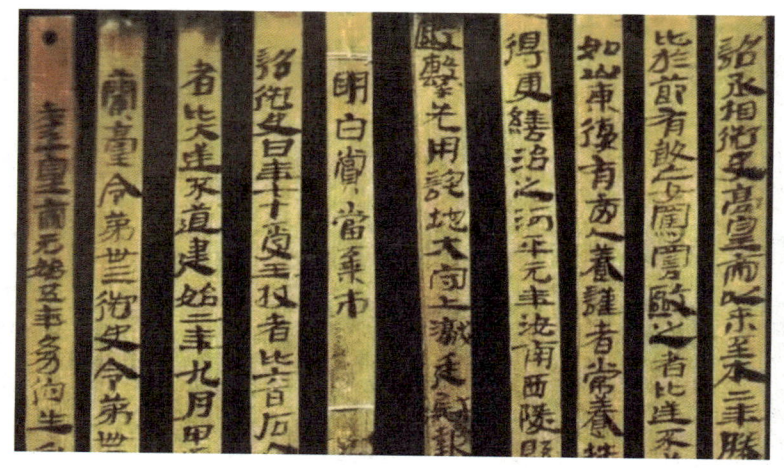

图 6-8　武威汉简

（图片来源：乐活武威公众号）

汉隶的艺术成就很大程度上是以汉碑为代表。汉碑泛指两汉的隶书碑碣和摩崖石刻。西汉刻石数量较少，具有代表性的刻石为西汉宣帝五凤二年（前56）的鲁孝王刻石。全文仅"五凤二年鲁卅四年六月四日成"十三字，用笔结构方正简劲，风格古朴典雅，虽没有波磔特征，却显质朴古拙，个别字呈纵势，有明显的篆书遗意。此外，西汉著名刻石还有新莽天凤三年（16）的《莱子侯刻石》（图6-9），这些刻石为了解西汉书法风貌提供了珍贵的资料，清晰展现了汉隶从古隶向今隶演变的轨迹。

东汉时期，"碑碣云起"，碑刻艺术蓬勃发展，隶书发展到鼎盛阶段。东汉时期，特别是桓、灵两帝在位期间，汉隶艺术臻于成熟，迎来了书法史上瑰丽的一章。此时隶书用笔技巧丰富，提按顿挫明显，用笔

图 6-9　《莱子侯刻石》

(图片来源:网络)

方、圆兼施,藏锋、露锋诸法具备;在笔画形态上,出现了"蚕头燕尾"的特点,长横画有蚕头,有波势,有俯仰,有磔尾;在体势上,完成了由纵势变为正方,再到扁方横势的演变;在结体上,笔画向左右舒展,呈对称的"八"字形,故汉隶又有"八分"或"分书"之谓。这一时期,隶书风格多样,或险峻跌宕、劲健雄浑,或秀丽典雅、圆静妩媚,或坚守"中宫"、凝重端庄,或大开大合、神采飞扬,类型丰富,各臻其极。正如清代王澍《虚舟题跋》中所称:"隶书以汉为极,每碑各出一奇,莫有同者。"康有为极力推崇汉隶,他在《广艺舟双楫》中如此写道:"吾谓书莫盛于汉,非独其气体之高,亦其变制最多,皋牢百代。"据文献记载,汉时擅隶书的书家包括蔡邕、师宜官等人。在汉代一些碑刻名迹上,也留下了一些书者的名字,如《西狭颂》书者仇靖、《郙阁颂》书者仇绋、《衡方碑》书者朱登等,然其生平事迹多已湮没无考。这些书家凭借其传世杰作,在书法史留下了不朽的声名。

二、隶书的美学特征

(一)方劲古拙之美

隶书一变篆书纵圆之势而趋横方之态,"方劲古拙,斩钉截铁",便是隶书最明显的特征。

隶书以方直的笔画形态打破了篆书线条委婉盘曲、结体纵长的特点。从最早的甲骨文开始,由于书写材料和工具的制约,笔画以方直居多,这已为书体演变孕育了体方、笔方的因子。在篆书向隶书演变的过程中,隶书对篆书的笔画进行删繁就简、破圆成方的改造,最终形成了体势完备、法度严谨的汉隶,尤以东汉隶书最为成熟,如《乙瑛碑》(图 6-10)、《礼器碑》(图 6-11)《曹全碑》(图 6-12)等汉隶经典,代表了这种书体的成熟风格,也是隶书的典范。隶书的美体现于方阔的结体、平直的笔画和方折的转笔之中。但隶书的"直",并非机械的平直,而是直中寓曲,蕴含着微妙而优雅的曲线美。这种曲线与方阔的字形完美融合,形成方中带圆、刚柔相济的和谐之美。

用笔上,隶书一改篆书内敛、起止含蓄的特点,更加强调斩钉截铁的力量。清包世臣在《艺舟双楫·答熙载九问》中说道:"篆书之圆劲满足,以锋直行于画中也;分书之骏发满足,以毫平铺于纸上也。""骏发"意即"骏健奋发"。这段论述既阐述了篆书的线条圆劲内敛,又精辟地概括了隶书满笔铺毫、笔力骏健之美。隶书笔势外拓、笔力外发的露锋收笔之势,充分展现了用笔"奋发"之美。

图6-10 《乙瑛碑》(局部)

(图片来源:故宫博物院官网)

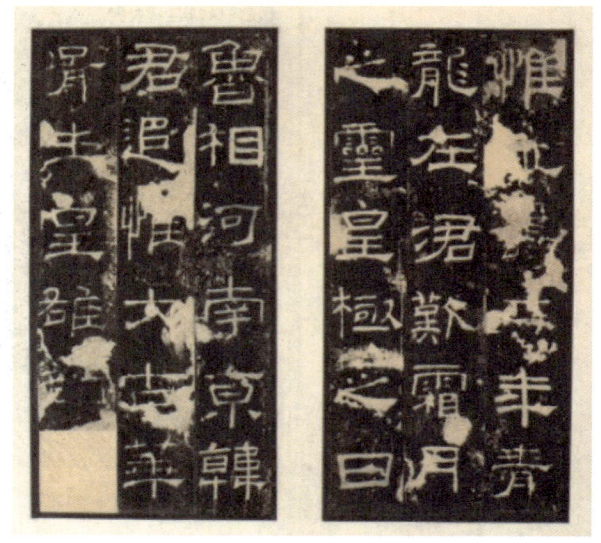

图6-11 《礼器碑》(局部)

(图片来源:故宫博物院官网)

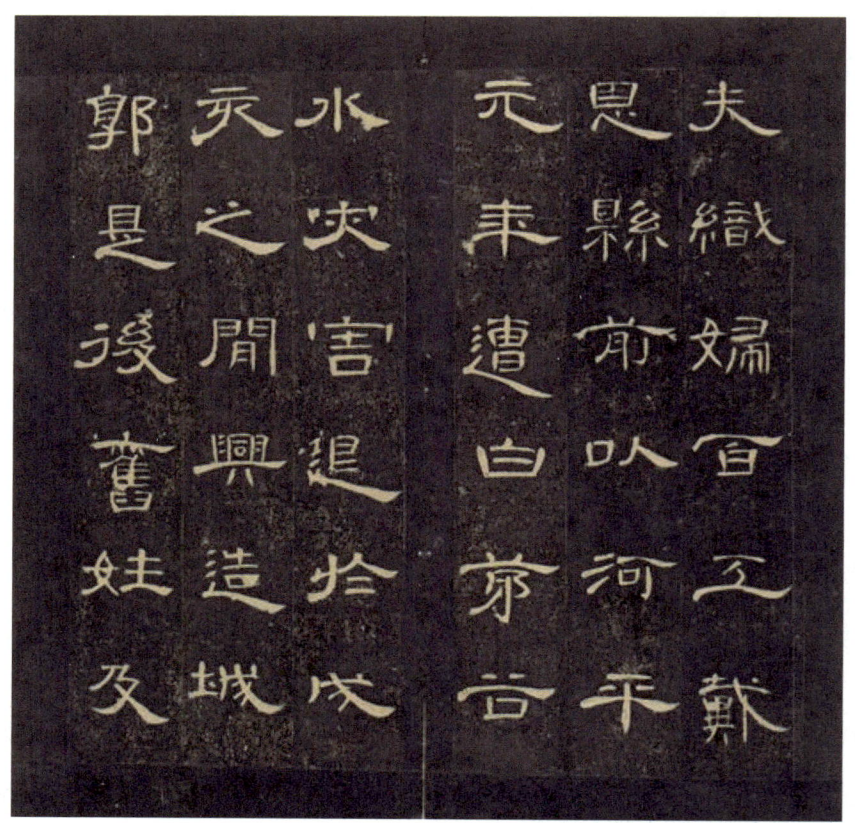

图6-12 《曹全碑》(局部)

(图片来源:故宫博物院官网)

（二）波势变化之美

波画，即"一波三折"蚕头燕尾的笔画，是隶书最具代表性的特征，通常作为字中的主笔呈现。运笔时，起笔藏锋逆入，转锋调整形成"蚕头"，继而顺势裹锋提笔，向上平出，中锋行笔，至收笔时逐渐向右下按笔，最后自然提起形成"燕尾"。"一波三折"是隶书书写所具有的曲线美（图6-13），其书写原则更成为后世楷、行、草各书体所共同遵循的书写原则。

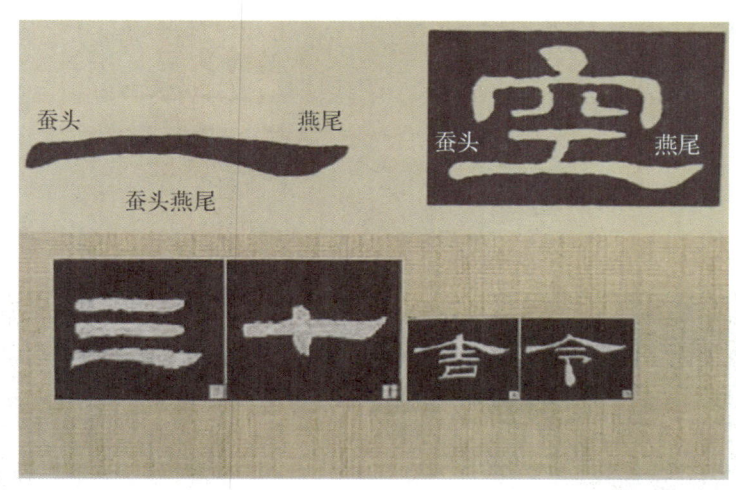

图 6-13 波画之美

（图片来源：网络）

（三）横向律动之美

隶书结构总体呈横势，扁方形，这是因为中宫紧收，上下压缩，笔画的波磔向左右分张形成的。通过横向取势的结体方式，隶书在视觉上强化了横向的延展感。隶书通常将横、捺作为字的主笔画，兼以一波三折的运笔方法，进一步增强了这种横向的韵律感。隶书的章法布局是字字独立，但由于字体偏扁方，自然形成了上下字之间相离、左右字之间紧密的空间关系。以《石门颂》（图 6-14）为例，这种布局使左右相邻的字通过避让、顾盼之势建立起横向的空间联系，体现了隶书横向律动的章法之美。《祀三公山碑》（图 6-15），全称《汉常山相冯君祀三公山碑》，清翁方纲考为东汉元初四年（117）立。碑文书法特色鲜明，篆隶笔意相融，是由篆入隶之作，书法劲古，笔锋遒劲浑厚。清代书法家多有摹仿，尤其是篆刻家，十分重视学习此碑书体。

图 6-14 《石门颂》(局部)

（图片来源：网络）

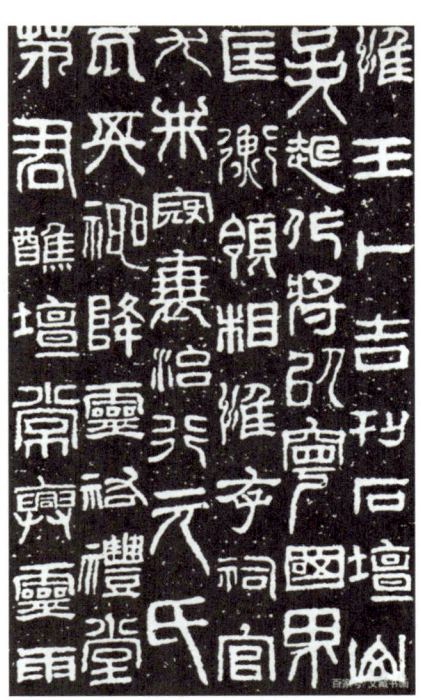

图 6-15 《祀三公山碑》(局部)

（图片来源：网络）

汉末，隶书逐渐向整齐规范化发展，过分追求笔画的严谨规整和装饰效果，导致结体缺乏变化，渐失汉隶古拙厚重、奇逸博大的艺术气象。魏晋后直至元明时期，随着楷、行、草书逐渐登上历史的舞台，隶书艺术无复往昔风采，每况愈下。不过其间仍有值得关注的作品，如三国时期魏石刻《受禅碑》《范式碑》，吴石刻《封禅国山碑》《天发神谶碑》（图6-16）等。擅长隶书者，有颇得曹操欣赏的梁鹄，以及被称为"唐隶四家"的韩择木（图6-17）、蔡有邻、李潮和史惟则等，甚至唐玄宗李隆基也是隶书高手。

图6-16 《天发神谶碑》（局部）

（图片来源：网络）

图6-17 韩择木隶书

（图片来源：网络）

清代是我国书法史上书道中兴的一代。以乾嘉时期为界限，清代书法可划分为前后两个阶段，前期为延续帖学阶段，后期为开创碑学阶段。清中叶碑学的兴起，打破了宋、元、明以来的帖学垄断，使长期衰微的篆、隶、北魏书法在清代书坛上重放光彩。

清代的隶书书家根底汉隶，广泛临摹，杂取其他书体之长，通过创新笔法、墨法和章法，从而开创出独具个性的隶书新风格。其中具有代表性的大家包括郑簠、金农（图6-18）、朱彝尊、桂馥、邓石如（图6-19）、伊秉绶（图6-20）、陈鸿寿、何绍基、赵之谦（图6-21）、赵之琛、吴昌硕等。清代隶书的复兴，对近现代书法的发展产生了深远的影响。

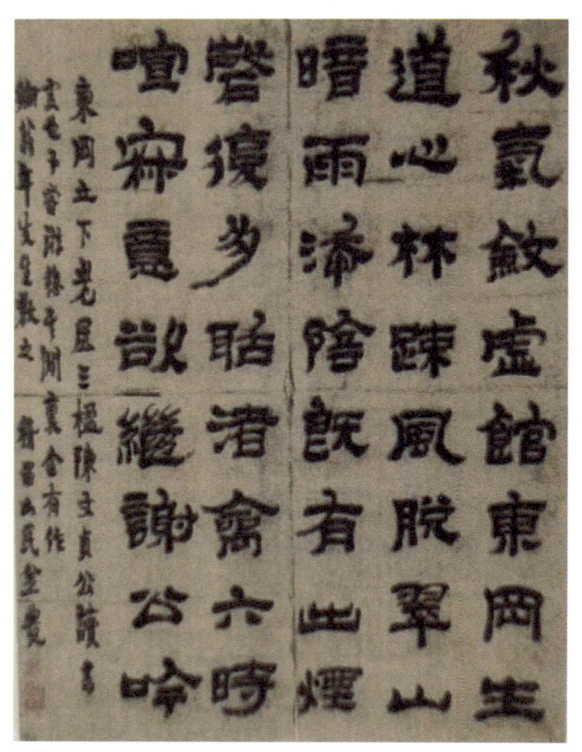

图6-18 金农隶书

（图片来源：网络）

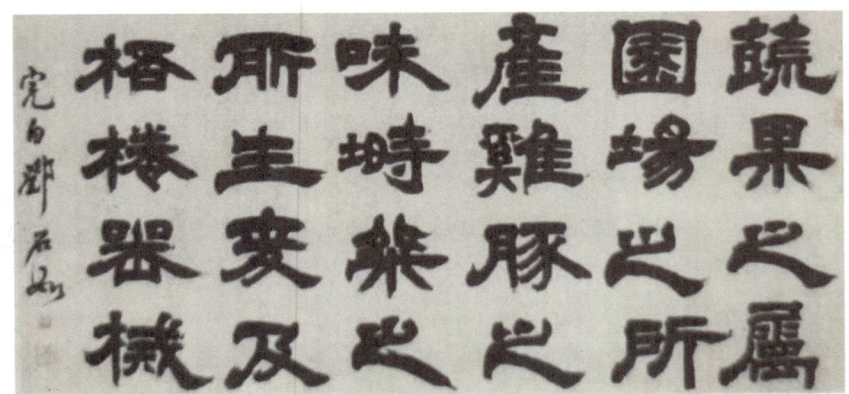

图 6-19 邓石如隶书

（图片来源：网络）

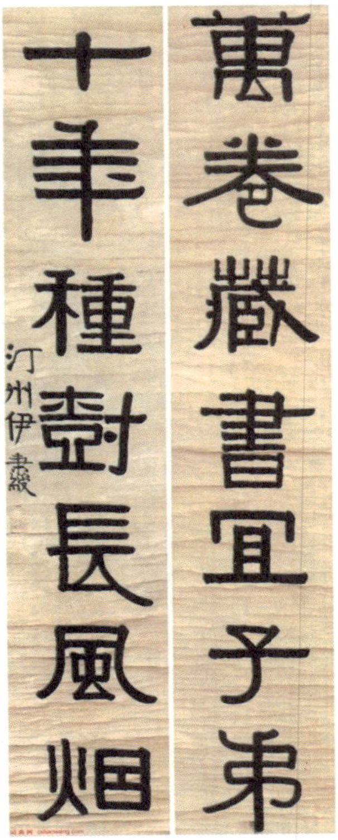

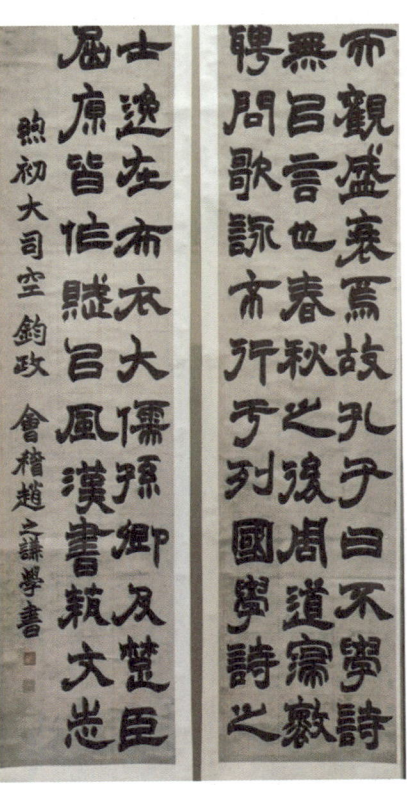

图 6-20 伊秉绶隶书

（图片来源：网络）

图 6-21 赵之谦隶书

（图片来源：网络）

第四节
草书

一、草书的基本含义

"草书"之"草"，本是草率、草稿之意，因此从广义上说，凡是书写潦草、不规整者，都可以称为草书。宋张栻《南轩集》有云："草书不必近代有之，必自笔札以来便有之，但写得不谨，便成草书。"

从广义上看，中国草书的起源可以追溯至甲骨文时期，但这种理解并不符合专业范畴内对草书的准确定义。严格意义上的书法学和文字学范畴内的草书，是跟篆、隶、行、楷并列的一种书体，有着特定的内涵和外延，有着完整的、不同于其他书体的字法系统和审美特征。我们这里所谈的草书正是这种严格意义上的书体。事实上，最能代表中国书法艺术审美的就是草书。草书具备作为艺术的一切要素，是书法中感情色彩最浓、艺术境界最高的书体，也是书写技巧最难的书体（图6-22）。

草书最早是从篆书和隶书中演变而来的。在文字的初创时期，古人主要采用象形造字方法，在描摹、表现物象时，文字线条保持了一定的仿形性，但此时线条却是非牵连的，我们尚未发现古人用牵连的线条去表现一个具象物体的实例。根据前人的研究，这种非牵连的书写方式一直延续至"隶变"时期。从仰天湖简楚（图6-23）等一些竹木简或帛书中可以看出，随着象形因素的弱化，草书因素也在逐渐增多。到了战国末期，青川木牍和天水秦简（图6-24）等墨迹中已出现少量真正意义上的草书书体，但仅仅是少数，大部分书体依然是古隶，表明此时草书仍处于萌芽阶段，尚未形成体系。西汉以后，竹木简中的草书写法明显增多，地位也逐步提高，草书才真正走向成熟。

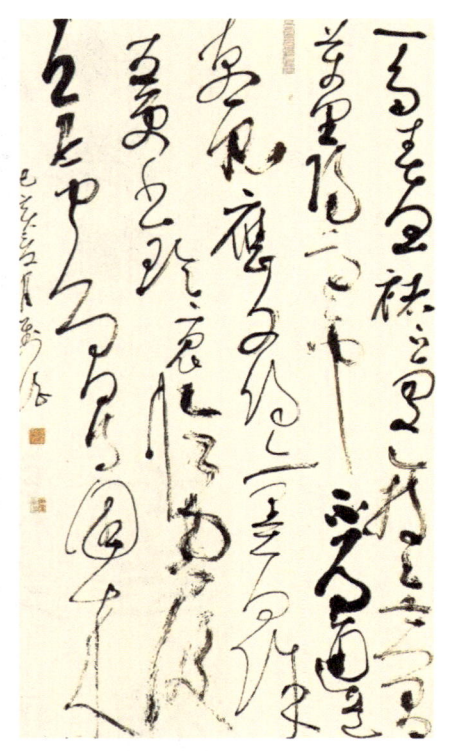

图6-22 草书线条

（图片来源：网络）

图6-23 仰天湖楚简

（图片来源：网络）

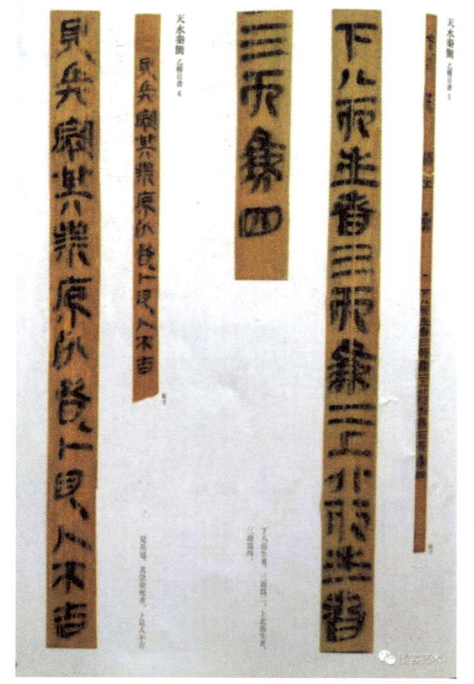

图6-24 天水秦简

（图片来源：网络）

草书从诞生以来，经历了长期的演变过程，逐渐形成不同的草书书体，有章草、今草、大草之分。作为书法艺术的集大成者，草书不仅笔法极为丰富多变，更将墨法运用与空间构成推向极致，堪称书法表现节奏、韵律的最高艺术形式。数千年来,一代又一代书法大家的出现促进了草书艺术的发展,如王羲之、张旭、怀素、黄庭坚、祝允明、王铎等,而草书艺术的蓬勃发展也成就了这些彪炳史册的艺术巨匠。

二、草书的美学特征

(一)意境之美

意境,是人们在认识客观世界过程中形成的思想境界。它是书法艺术的灵魂,是书者思想感情的释放和学识修养的自然流露。各种书体中最能体现书法艺术境界的就是草书。草书超越了书法的实用性,实现了从具象到抽象、从写形到写神、从笔画到意境的升华。清人刘熙载《艺概·书概》中有云:"他书法多于意,草书意多于法。"他书,指草书以外的字体,即篆书、隶书、楷书等正体字。这些书体在笔法、点画、字形、字势上都有严格的规范,往往在书写时受到书写法度的制约而不能自由发挥。相比之下,草书在书写技巧、法度上相对比较灵活,有较大的变通和发挥的余地,意韵多于法度,有利于书者情感的宣泄。书家们便利用了草书这一特点,在点画飞动和翰墨纵横的黑白世界里,物我俱忘,化机在手,将书法的写意发挥到极致,东汉张芝《冠军帖》(图6-25)和西晋陆机《平复帖》(图6-26)便是草书中的典范之作。这种创作过程不仅是艺术表现的高峰体验,更实现了精神的沉醉和自由的超越,最终凝练成笔走龙蛇、与墨共舞的艺术境界。

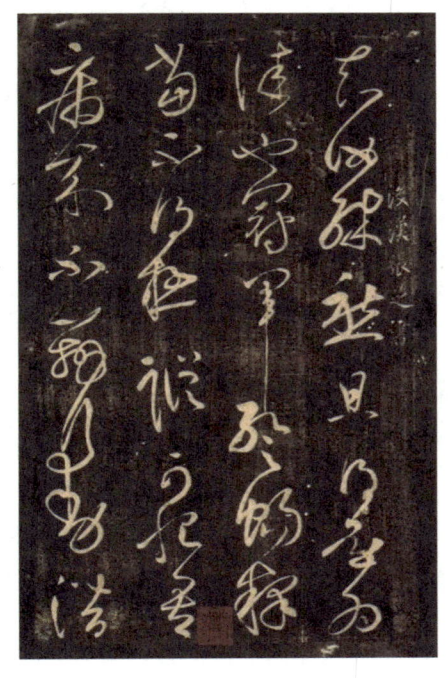

图6-25 《冠军帖》
(图片来源:搜狐网)

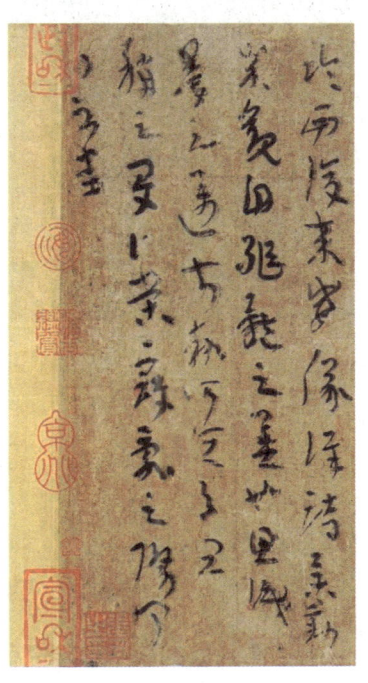

图6-26 《平复帖》
(图片来源:书法网)

(二)气势之美

草书的笔画连绵不绝,在一往无前的挥洒中,如飞花乱舞、追风逐电,展现出奔泻千里的气势之美。这种气势是精神力量的倾泻,是理想的自由境界。草书的气势美主要表现在笔法的狂放不羁、变幻莫测,结体的正侧俯仰、奇形离合,以及章法的参差错落、大开大合等方面。唐代张怀瓘赞曰:"或烟收雾合,或电激星流,以风骨为体,以变化为用。有类云霞聚散,触遇成形;龙虎威神,飞动增势。岩谷相倾于峻险,山水各务于高深。囊括万殊，裁成一相。……观之者，似入庙见神，如窥谷无底。俯猛兽之牙爪，逼利剑之锋芒。肃然巍然，方知草之微妙也。"张怀瓘对草书气势美的描述，应当源自对汉、晋书家作品的总结，如被世人称为"一笔书"的王献之《十二月帖》（图6-27），正是以气势取势的草书典范。

　　唐代出现的狂草艺术，使草书的自由精神得到进一步发展。李白在《草书歌行》中这样赞美张旭的草书："飘风骤雨惊飒飒，落花飞雪何茫茫。起来向壁不停手，一行数字大如斗。恍恍如闻神鬼惊，时时只见龙蛇走。左盘右蹙如惊电，状同楚汉相攻战。"从中可见其书气势非同一般。相传张旭嗜酒，每大醉，呼叫狂走，下笔逾奇，或以头濡墨而书。李白赞其书曰："吾师醉后倚绳床，须臾扫尽数千张。"杜甫亦赞曰："张旭三杯草圣传，脱帽露顶王公前，挥毫落纸如云烟。"怀素是继张旭之后的另一位狂草大家，二人有"颠张醉素"之称。怀素的草书作品以《自叙帖》（图6-28）最为著名，正如其《自叙帖》所云："粉壁长廊数十间，兴来小豁胸中气。忽然绝叫三五声，满壁纵横千万字。"到了明代后期，草书更是追求醋足的气势，如王铎草书，连绵不绝，一笔数字，制造出奔腾直下的气势之美。

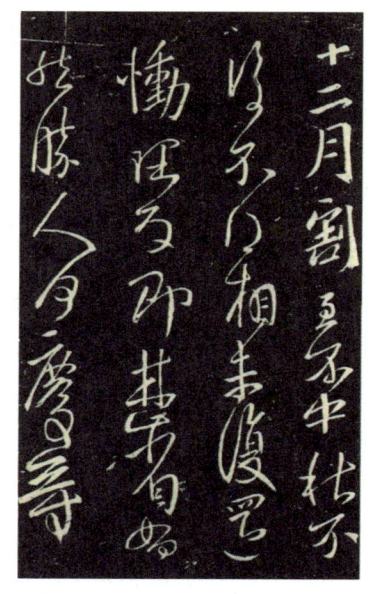

图6-27　《十二月帖》

（图片来源：AI天才研究院博客）

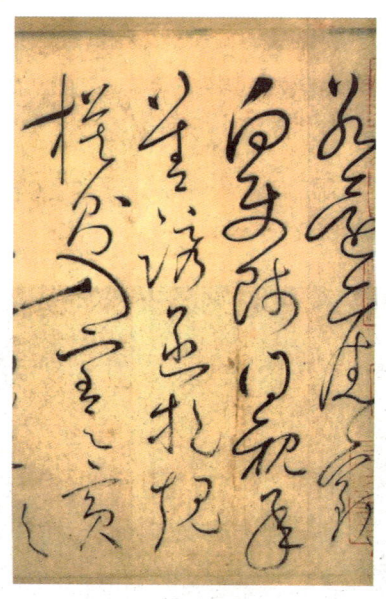

图6-28　《自叙帖》

（图片来源：网络）

（三）律动之美

　　苏东坡有言："真（楷）如立，行如行，草如走。"这里的"走"即"跑"的意思。在此三种书体中，草书的节奏感最强，书写速度最快——至少给人情感上的共鸣是如此。草书的线条奔放恣肆，或连或断；点画或收或放，时方时圆；墨色燥润相间，浓淡有致。这些元素共同营造出视觉上强烈的节奏变化，使观赏者的情感也随之跌宕起伏。

　　书法是线条的艺术，而这一本质特征在草书艺术中表现得最为突出。其他书体的线条往往服从于文字构形，且受到既定规范的制约，而草书的线条则是因势而生形，因情而生势，具有高度的自由和相对的独立性，进而成为草书艺术美的价值核心。《初月帖》（图6-29）是东晋书法家王羲之创作的草书作品，笔法率意畅达、疏密错落，墨色沉着饱满，结字随形生势，被视为东晋章草向今草转型的典范。草书的美表现为线条富有节奏的运动感。人们常用万马奔腾、龙飞凤舞、飞龙在天、惊蛇入草等意象来形容草书的形象之美，实际上是在描写线条的运动所构成的动态特征。草书的线条以灵活多变的曲线为主，时而如彩带当空，时而类云霞聚散，时而似电掣雷奔，宛如一部优美的乐曲，拥有独特的旋律，张弛有度，气韵悠扬。

这种节奏不仅体现在笔墨的流动中，更贯穿于书者的情思变化之中，再结合错落的字形和穿插的点线，共同谱写出空间化的律动之美。

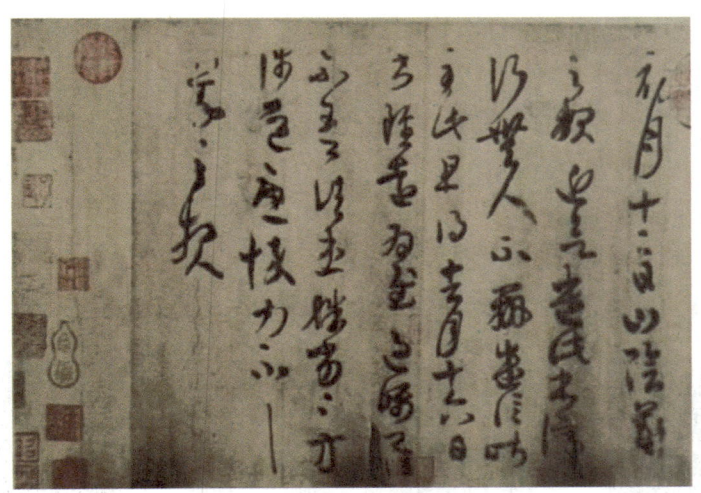

图 6-29　《初月帖》

（图片来源:网络）

第五节
楷书

一、楷书的基本含义

楷书，也叫正楷、正书、真书，指具有法度、可作楷模的法书。唐代张怀瓘《书断》有云:"楷者，法也，式也，模也。"南朝宋王愔称:"次仲始以古书方广少波势，建初中以隶草作楷法，字方八分，言有楷模。"宋《宣和书谱》云:"在汉建初有王次仲者，始以隶书作楷法。所谓楷法者，今之正书是也。人既便之，世遂行焉。"虽然汉初王次仲被认为是楷书的创始人，但没有其书迹考证。应该说任何一种书体的产生，都是经过一个很长的历史发展变化而逐步形成的。

楷书有两层含义:其一指具有法度、可作楷模的书法范式，即楷模之意，如篆楷、隶楷、草楷等;其二指与篆、隶、草并立的独立书体。楷书是从隶书演变发展而来的，萌芽于东汉，发展于魏晋，至唐达到鼎盛，并一直沿用至今。早在东汉末年，楷书已见雏形，当时的简牍、帛书及器物铭文上已能看到楷书的体势。三国时魏钟繇所书《宣示表》（图6-30），真迹不传于世，只有刻本。此帖在笔法和结体上，彰显出较为成熟的楷书体态，点画遒劲而显朴茂，字体宽博而多扁方，充分表现了魏晋时代正走向成熟的楷书的艺术特征。

图 6-30　钟繇《宣示表》

（图片来源:网络）

二、楷书的美学特征

（一）端雅庄重之美

楷书的出现标志着汉字字体演变的终结，汉字的方块结构自此被确定下来。楷书形体方正，笔画平整。和其他书体相比，结体规整，笔法合乎法度，点画清晰，通篇布局整齐划一，给人以端稳庄重之感。在端方的字形内，每一点画又富于粗细、刚柔变化，用笔平稳，不激不厉，静穆典雅之感自然流露于字里行间。正如宋高宗赵构在《翰墨志》里所云："正则端雅庄重，结密得体。若大臣冠剑，俨立廊庙。"其中《张猛龙碑》（图6-31）及颜真卿的《自书告身帖》（图6-32）、《颜家庙碑》（图6-33）为楷书的典范之作。

图6-31 《张猛龙碑》

（图片来源:网络）

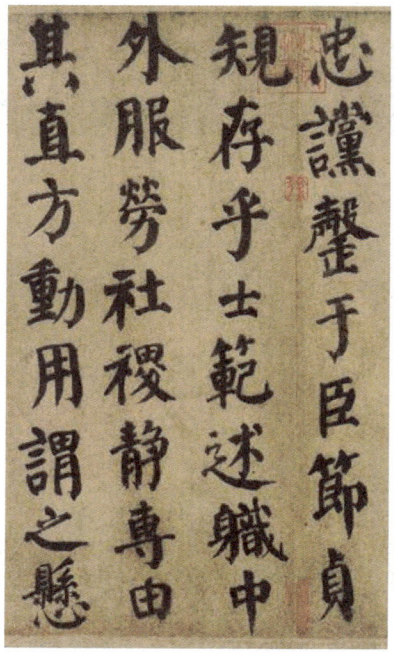

图6-32 《自书告身帖》

（图片来源:网络）

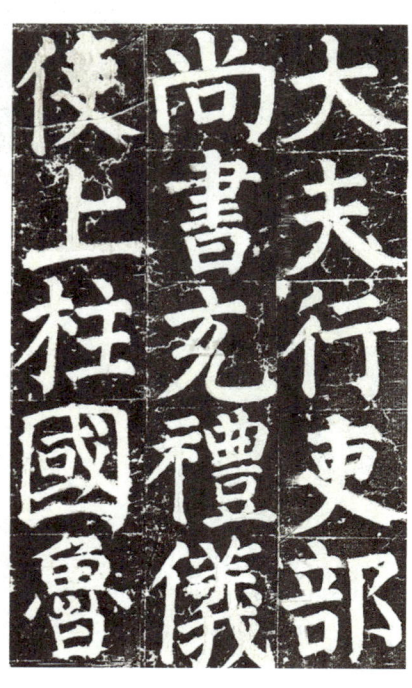

图6-33 《颜家庙碑》

（图片来源:网络）

（二）形质精严之美

唐孙过庭《书谱》云："真以点画为形质，使转为情性；草以点画为情性，使转为形质。"此番论述，阐明了楷书与草书间的密切关系。若没有深入领悟楷书的法则，学习草书将会茫然无措。同时也指出了点画是构成楷书形体的根基，楷书的端方之美皆蕴藏于一点一画之中。楷书的点画有着严谨详尽的法度，唐代就有"永字八法"（图6-34）之说，认为这八种笔法正是书写楷书最基本的笔画。历代书家对这些笔画有着具体的审美要求。唐代欧阳询《八法》云："丶如高峰之坠石。乀似长空之初月。一如千里之阵云。丨如万岁之枯藤。乀劲松倒折，落挂石岸。フ如万钧之弩发。ノ利剑截断犀象之角牙。乀一波常三过

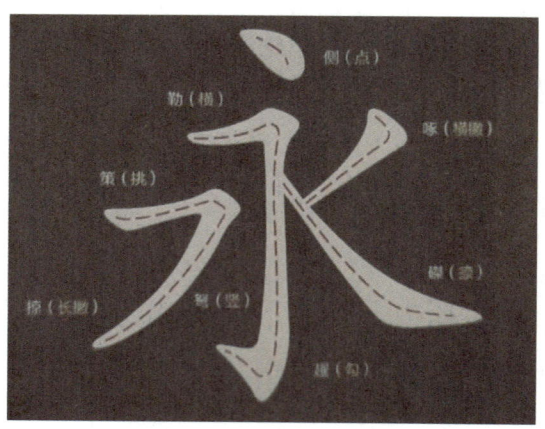

图6-34 永字八法

（图片来源:网络）

笔。"这些笔画又根据结体的不同可采取多种变化，如点有竖点、挑点、撇点，横有长横、短横，竖有悬针、垂露，撇有直撇、平撇、兰叶撇、回锋撇、竖弯撇等。端方的结体加之诸多美妙的笔画，自然具有美不胜收之妙境。

（三）居静治动之美

清刘熙载《艺概·书概》云："书凡两种，篆、分、正为一种，皆详而静者也；行、草为一种，皆简而动者也。"又："正书居静以治动，草书居动以治静。"人们通过楷书与草书的比较，总结出楷书静态之美的风格特征。然而静与动是相对的，楷书的静态之中实则蕴含着动的成分，即以外表的静止状态来反映内在的流动感。如笔画之间的参差错落、笔势的取向、笔意的流动等，均传递出动态的韵律。以柳公权《玄秘塔》（图6-35）中的字为例，点画虽结构端庄，却笔意飞动，极具跳宕之感。虽是形态端方，但在平稳之中见变化，于静止之中又见流动的态势。

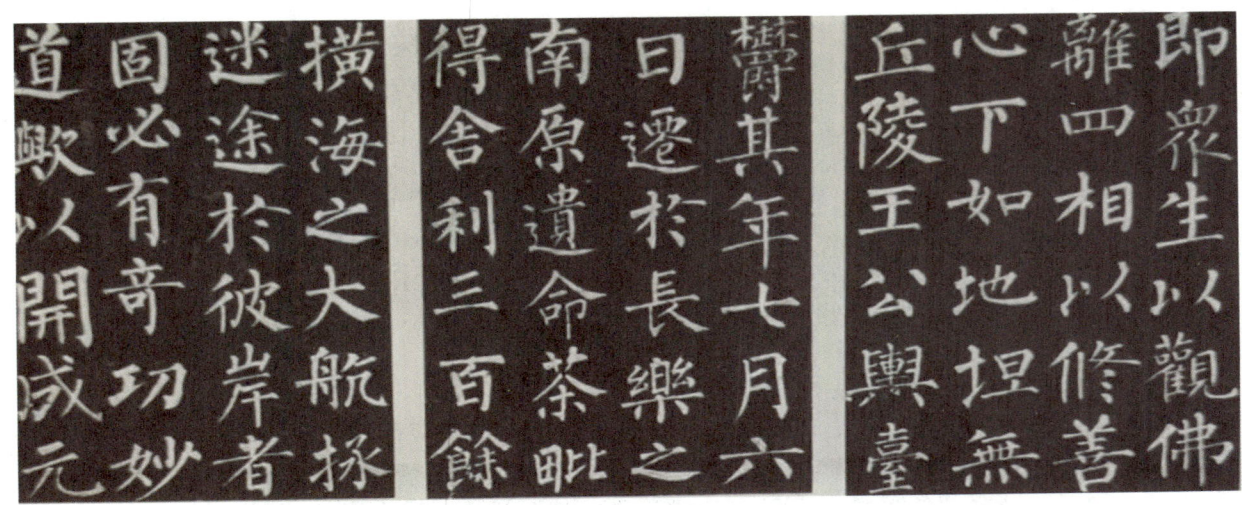

图 6-35　《玄秘塔》

（图片来源：网络）

第六节
行书

一、行书的基本含义

行书是介于楷书与草书之间的一种书体，比楷书灵动舒展，比草书工整易认。行书始于东汉，相传为东汉刘德升所创，唐张怀瓘《书断》中说："案行书者，后汉颖川刘德升所作也。即正书之小伪，务从简易，相间流行，故谓之'行书'。"行书的显著特点是在字的点画之间出现了许多游丝引带，增强了笔画之间的联系。其中楷法多于草法谓之"行楷"，草法多于楷法谓之"行草"。行书以其书写简便快捷，易于辨识，至今仍被广泛使用。

　　在汉魏时期的一些竹木简和残纸中可以发现，除篆书、隶书、章草外，行书、今草、楷书也已经出现，这说明东汉时期已形成多种书体共存的局面。关于行书的起源，古人多归功于刘德升，但实际上跟汉字的演变规律一样，行书的形成是个渐变的过程，而非某个人的突然创造，刘德升的贡献可能体现在对行书的整理和规范方面。行书发展到东晋王羲之、王献之时期达到艺术巅峰，传世的"二王"（即王羲之与王献之）墨迹与摹本被奉为行书典范，其中王羲之的《兰亭集序》（图6-36）被称为"天下第一行书"，深受唐太宗的喜爱。而一代明君唐太宗李世民也是一位造诣深厚的书法家，有存世名帖《温泉铭》（图6-37）。后世行书名家辈出，如颜真卿、李邕、苏东坡、黄庭坚、米芾、赵孟頫、董其昌、王铎、傅山等。

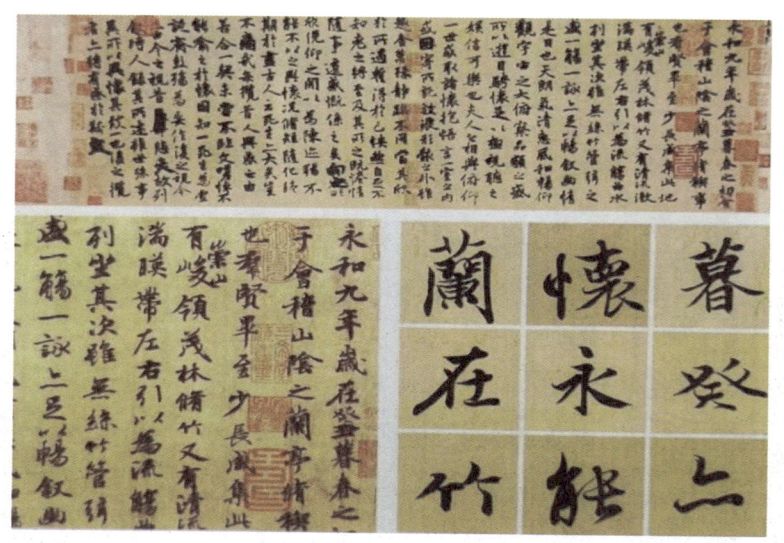

图6-36　王羲之《兰亭集序》

（图片来源：网络）

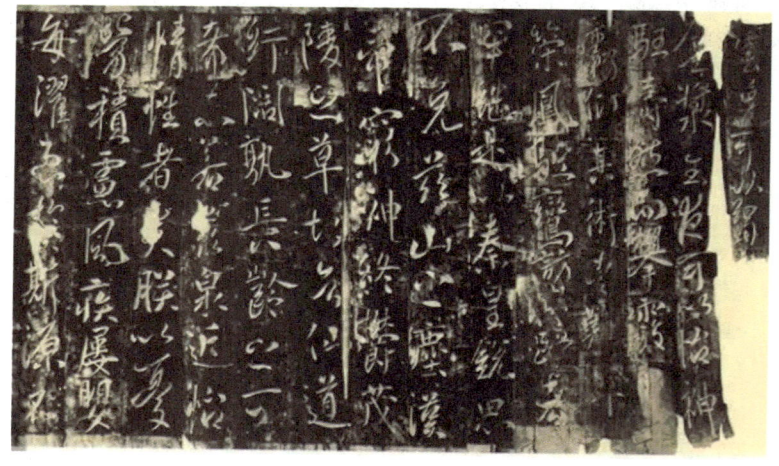

图6-37　李世民《温泉铭》

（图片来源：书法网）

二、行书的美学特征

（一）行云流水之美

　　苏东坡云："真（楷）如立，行如行，草如走。"在书写节奏上，行书气息流畅，意态悠然，若闲庭信步；在审美特征上，行书若行云流水，润色开花，神采飞扬。在艺术表现手法上，其亦有独特之处。唐代张怀瓘赞曰："夫行书，非草非真，离方遁圆，在乎季孟之间。兼真者，谓之真行；带草者，谓之行草。……有若风行雨散，润色开花，笔法体势之中，最为风流者也。"

（二）仪态万方之美

行书兼具楷书的严谨和草书的流美，将二者的笔法和体势融于一体，创造出其他书体所无法比拟的艺术魅力。其点画灵动自如，笔画之间、字与字之间常以游丝相连，显得活泼、连贯，意态无穷。在书写特性上，行书既比楷书简捷方便，又比草书易于辨识；既比楷书柔婉，又比草书雅致。结体方面，行书强调动态变化，通过字形的大小、正斜变化来增强表现力。被誉为"天下第一行书"的《兰亭集序》就是典范之作，体势方圆互用，俯仰生姿，全篇中二十个"之"字，无一雷同，充分展现出王羲之高超的艺术造诣。在章法布局上，行书多为成行不成列，追求行气流畅充沛，行款摇曳多姿。

颜真卿是中国书法史上继王羲之之后的又一重要书家，他既是唐代书法的集大成者，又是变法出新、开创一代书风的宗师。苏东坡评曰："颜鲁公书，雄秀独出，一变古法，如杜子美诗，格力天纵，奄有汉魏晋宋以来风流。"以"二王"为代表的雅逸、婉媚的书风，至颜真卿而一变为雄强、朴厚的新书风，既与其忠直刚烈的人格特质相呼应，更展现了盛唐时期雄浑博大的时代气象。

《祭侄文稿》（图6-38）全称《祭侄赠赞善大夫季明文》，被誉为"天下第二行书"，颜真卿侄季明殉难于安史之乱，乾元元年（758）颜真卿书文祭于其灵，此为祭文的底稿，是其无意于书的佳作。元代书法家鲜于枢赏析至为精详，前十二行甚"遒婉"，从"尔既归止"到"吾承天泽"数行，"殊郁怒，真屋漏迹矣"，从"吾承"到末行"尚飨"数行，沉痛切骨，天真烂漫，"使人动心骇目，有不可形容之妙"。又择数字论之，说"承""嗟"字转折有度，末行"哉"字如轻云卷日，"飨"字如惊龙入蛰。

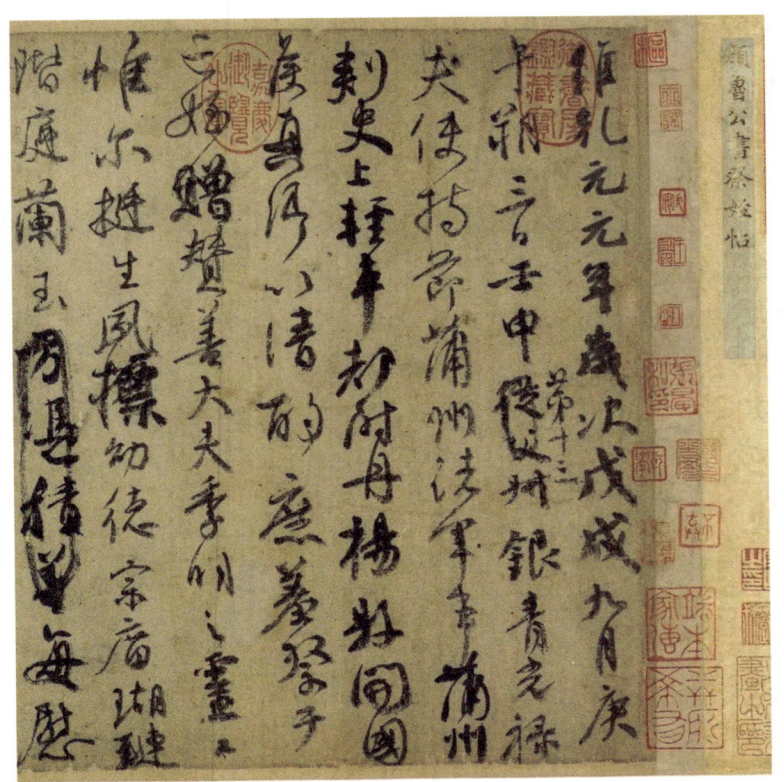

图6-38　《祭侄文稿》

（图片来源：书法网）

颜真卿以满腔悲愤书写此帖，字字挺拔，笔笔奔放，奇伟豪宕，神完气足，通篇笔势流畅，激情饱满，酣畅淋漓。当时所用当为秃笔燥墨，加之心情沉痛，无暇意及工拙，纯然发自天机，遂成千古绝唱。宋黄庭坚评曰："鲁公《祭季明文》，文章字法，皆能动人。"元张晏跋云："书简出于一时之意兴，则颇能放纵矣。而起草又出于无心，是其心手两忘，真妙见于此也。"元陈深评曰："纵笔浩放，一泻千里，时出遒劲，杂以流丽，或若篆籀，或若镌刻，其妙解处殆出天造。"这件凝聚着家国悲痛与书法神韵的杰作，堪称中国书法史上最动人的"无意于佳乃佳"的典范。

《黄州寒食诗》（图6-39）素有"天下第三行书"之誉，乃苏轼在黄州贬谪期间所作。其时苏轼因"乌台诗案"被贬黄州已三年，此作正是其潦倒困顿生活的真实写照。

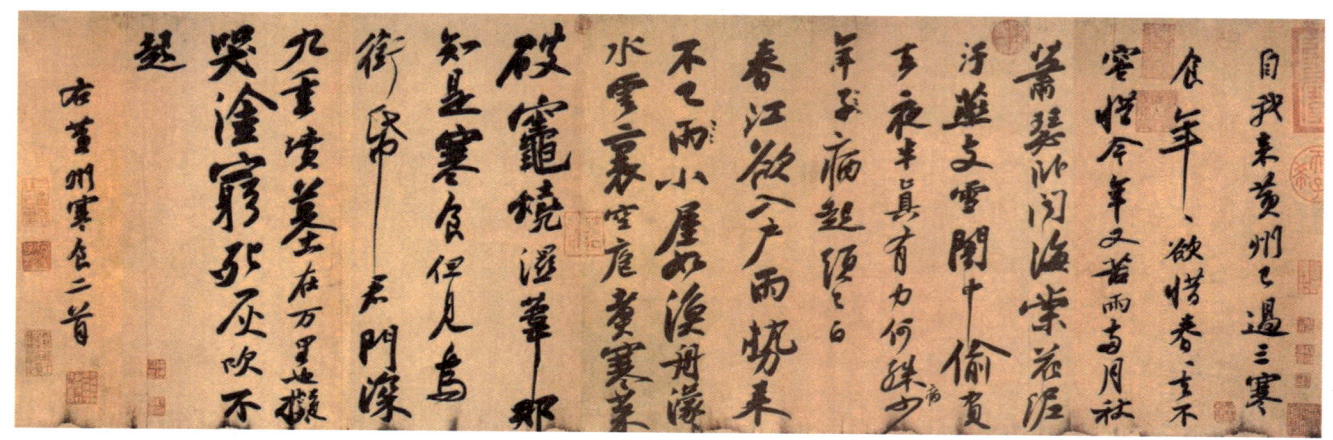

图6-39 《黄州寒食诗》

（图片来源：书法网）

此帖行距较宽，给人以疏朗空阔的感觉，大有计白当黑之妙，而字距甚密，给人以一气贯下、密不透风的紧迫感。由于苏轼用笔圆活自如，笔势翩翩如行云流水，从而巧妙化解了紧迫的行气造成的压抑感。通篇笔致沉厚凝重，章法跌宕起伏，展现出高超的艺术境界。宋黄庭坚评曰："东坡此诗似李太白，犹恐太白有未到处。此书兼颜鲁公、杨少师、李西台笔意，试使东坡复为之，未必及此。"明董其昌谓："余生平见东坡先生真迹不下三十余卷，必以此为甲观。"

此帖与《兰亭集序》《祭侄文稿》并称"天下行书三绝"，皆是书家真情流露的巅峰之作，具有强烈的情感冲击力。三者在情感表达上的不同处，《兰亭集序》写得冲和雅致，《祭侄文稿》写得悲愤激烈，而《寒食诗》则是激情之后加以约束的内敛抒发。如果说宋人推崇"尚意"书风，那么，苏轼书法所追求的"自出新意，不践古人"，正是对这种书风最好的诠释与实践。

第七章

瞬息万变：科技之美

第一节
科技美的特征

一、以效用为目的

一般来说，科学美的效用是潜在的、滞后的、非直接的，却蕴含着普遍性的、基础性的、规律性的意义，因而富有独特而深远的价值。科学有基础科学与应用科学之分，基础科学犹如科学的"航母"，而应用科学犹如"航母"派出的巡洋舰、驱逐舰，应用科学的发展离不开基础科学所取得的成就作支撑。如现代社会生活中发挥着巨大作用的计算机科学和管理科学等诸多领域，都与数学研究的成果息息相关。无论是陈景润哥德巴赫猜想的研究，还是霍金宇宙大爆炸理论的研究等，都是科学研究领域的重大突破，体现了人类挑战自然所达到的智慧新高度。需要特别强调的是，科学美的"效用"不能用直接的、物质的尺度来衡量，科学的某项发现或发明，一旦被开发，并转化应用于现实生活，就会给人类文明带来革命性的进步和巨大的福祉。

在我国现代化进程中，人们生活水平的标志性消费品呈现出明显的时代特征：20世纪五六十年代以缝纫机、自行车、电风扇为代表；20世纪七八十年代以电视机、洗衣机、电冰箱为代表；20世纪90年代之后，则发展为汽车、别墅、电脑、空调等。这些变迁生动展现了高科技在日常社会生活中的应用。据统计，现代人生活质量的改善与提高，不是单纯靠体力的付出，而是科学技术赋予人类的福祉。因此，科技美的首要特征是效用性，有无潜在的或现实的应用价值，是衡量科技美的基础。

二、以简洁为标志

简洁是科技美的主要特征之一。任何科学研究（包括艺术创造）都是从混乱、无序的现象中，寻找出对象运动变化的特征与规律，从而用极其简洁的理论、定律、守则、公式来概括它。结论越简洁、越简单越好，所概括的内容，包括经验、事实、现象，则越丰富、越复杂越好。例如，欧几里得用为数不多的几条公理与定义，就构建起整个几何学体系；天地间存在无数的圆形，但最标准、最精密、最美的圆却体现 $C=2\pi r$ 这个简洁公式中，这是纯数学的圆，精准揭示了圆的周长与半径之间本就存在着的最简洁、最和谐、最科学的数学关系；爱因斯坦的质能方程 " $E=mc^2$ " 更是以极简的形式，概括了宇宙间最深刻的物理规律，无疑是科学简洁美的巅峰之作，更是简洁的典范（图7-1）。对此，爱因斯坦说得很明确：一种理论的前提的简单性越大，它所涉及的事物的种类越多，它的应用范围越广，它给人的印象也就越深。

图7-1　爱因斯坦定律

（图片来源：网易网）

正如巴甫洛夫曾这样表示，了解美并不限于观察自然景象和发掘其意义。在实验室的研究成果里，在数学公式的严整性里，在哲学推理的辩证唯物主义的逻辑里，也都可以感觉到，并且真正感觉到美。所以，科学研究总是追求一种最简洁的结论，简洁就是美的一种集中体现。

三、以新奇为动力

科学技术活动的共同使命，便是从纷繁芜杂、瞬息万变的自然现象中努力寻找规律，做到有所发现、有所发明、有所创造，为人类世界提供前所未有的"新"的认识和"新"的东西。所以，好"新"好"奇"，是科学家的重要素质。诺贝尔物理学奖获得者朱棣文教授在接受《文汇报》记者采访时说："一个优秀的物理学家要具备多种素质，但首先必须有好奇心，对于自然的好奇，对于普遍事物的好奇。据我所知的优秀物理学家，他们对于所有事物都非常好奇。他们想探知事物的规律，他们具有看到事物最为本质一面的本领。"科学源于人类与生俱来的对未知事物的好奇心。因为这种对未知事物的好奇，驱使人们寻根究底、探索追问，使他们对新奇现象和新鲜事物特别敏感，从而产生追求、探索其奥秘的强烈愿望。这正是科学发展的基

图7-2　爱因斯坦（左）与沃尔夫冈·泡利（右）

（图片来源：中科院物理所公众号）

础。可以说，没有好奇心，就不会有科学。好奇心就是科学之母。物理学家沃尔夫冈·泡利（图7-2）因好奇而发现了原子物理世界中一个极为隐蔽的规律；沃纳·卡尔·海森堡的好奇，发现了"测不准原理"等。这些科学发现，无不印证着好奇心的重要性。

四、以和谐为要旨

科学的任务就是要从客观世界无序的运动变化之中寻找其内在的规律性。规律就是秩序，发现规律就

是认识世界、掌握世界。技术的任务就是基于科学所发现的规律，进一步掌握与完善改造世界的方法与手段，使对象世界更好地为人类造福。在长期的科技实践中，科学家们逐渐发现世界是个和谐有机的整体。无论是自然界的内在结构还是它的外在形态，都是经过亿万年的矛盾统一运动缓慢进化的结果，即和谐有机的境地。英国美学家沙利文谈到科学与美学的关系时曾说："因为科学理论的主要宗旨是发现自然中的和谐，所以我们能够立即看到这些理论必定有美学价值。一个科学理论成就的大小，事实上就是它的美学价值的大小"，"科学在艺术上的不足程度就是它作为科学不完善的程度"。许多杰出的科学家也反复强调科学与艺术是相通相融的，美是科学与艺术所共同追求的目标。随着社会的发展，人们对技术产品的审美需求越来越高。因此，科技美的最终目标是科技与艺术的交融，是追求最大限度的和谐之美。

第二节
技术美

一、技术美的含义

技术美是指人们在物质生产和产品设计的过程中，运用艺术手段对客体进行加工而形成的审美形态。技术美不是自然的属性，其有别于自然美，且依附于手工业特殊技能和大工业生产条件下机器制造的有实用价值的具体实物，也有别于一般的艺术美。这种审美形态与产品的功能相联系，体现在产品的设计、制造、销售、使用等的过程中，具有科学性、实用性、技术性，且具有与审美性能有效结合的特征。

技术美是人的建造力的体现，技术美的本质是人对建造活动的肯定，是人通过对劳动生产技术实践活动及其成果的观照，在自身建造力的对象化面前获得的惬意、欣喜、愉悦和满足。

二、技术美的特征

（一）标准化与多样化的统一

标准化，是对产品诸多因素加以统一规定，并予以实施的一项技术措施，有时也称"规格化"。多样化，是指差度大而无统一规定性。

现代化的大工业生产是根据一定的规格、模式来进行的，因此，它要求对产品的结构类型、构件等有统一规格。技术美学家们往往采用部分标准化、整体多样化的手法，使标准的要素组成非标准的系统。在零部件的"同"中，实现整体的"异"，在零部件的标准化中，实现造型的多样化，最终实现在共性中实现个性，统一中实现变化。

（二）稳定性与流行性的结合

产品所具有的标准化、模式化的特点，决定了产品生产的相对稳定性。产品的稳定性，多表现在机器设备、基本材料等方面；而流行性又主要表现在式样和色彩等方面。也就是说，产品具有内容的稳定性和形式的流行性。技术美学工作者必须具有敏锐的时代感，善于把握时代发展趋势，顺应时代潮流，创造出具有时代风格的新产品。

流行性主要体现为流行色与流行形。流行色是指时髦、时兴的色彩。色彩既是一般美感中最大众化的形式，又是最易于变化的形式美因素，常受到时代、社会、民族甚至季节的影响。流行形是指新颖时髦的形式，同样受到以上各种因素的影响。

材料具有稳定性，色彩和式样具有流行性。材料在稳中有变，在现代工业产品中，也会对其材料进行更新换代，只是变化速度相对慢一些。色彩和式样在流中有稳，变中有常。若材料稳而无变，势必影响产品的质量和销路；若色彩和式样变中无常，没有一个交替过程，也往往会导致失败。

（三）实用性与审美性的交融

实现产品实用性和审美性的交融有两种途径：一是艺术性造型；二是艺术性装饰。所谓艺术性造型，也称造型艺术化，是指在保持产品功能不变的前提下，对其进行加工改造，设计出新型独特的艺术形象，如花灯式台灯等。所谓艺术性装饰，是指在保持产品实用功能和外观造型基本不变的前提下，对其进行装饰，或绘制艺术性图案，或镶嵌艺术性饰物，从而实现实用性和审美性的交融，如画屏挂钟、绣花衣服等。

在当代物质文明和精神文明建设中，科学家、艺术家、设计师都应当以美学思想指导创作实践，将技术美学融入一切物质产品的设计创造中，在满足人们物质生活需要的同时也满足人们的精神需要，达到实用功能与审美价值的有机统一。

三、优秀案例赏析

（一）活字印刷术

中国古代的印刷术经历了雕版印刷和活字印刷两个发展阶段。雕版印刷产生于隋唐之际，人们采用优质、细密的木材制作刻板，上面刻出阳文反字，然后涂以墨汁复印纸上。这种方法虽优于手抄百倍，但也存在着不足，制作刻板需要耗费大量时间，存放刻板又要占据大量空间，且如果一部书不再重印，其刻板便失去使用价值。活字印刷术（图7-3）是在北宋庆历年间由平民毕昇发明的印刷技术。据《梦溪笔谈》的记载，毕昇以胶泥刻字，一字一印，火烧使之坚硬，存于木格之中。印刷时，先设置一块铁板，在铁板上面用松脂、蜡混合纸灰等物覆盖好，用铁框框住，然后照书稿将一个个活字拣好排于铁框之中，放置火上

图7-3 活字印刷术
（图片来源：历史探秘者百家号）

加热，待铁板上的混合物稍稍熔化，以平板压平，冷却后便可印刷。

活字印刷术的发明，不仅克服了雕版印刷的各种缺陷，而且也降低了人们的劳动强度，且印刷质量和效率都有所提高。

（二）智能家居

智能家居（见图7-4）是以住宅为平台，利用综合布线技术、网络通信技术、安全防范技术、自动控制

技术、音视频技术将家居生活有关的设施集成，构建高效的住宅设施与家庭日程事务的管理系统，提升家居的安全性、便利性、舒适性、艺术性，并实现环保节能的居住环境。智能家居和人工智能是第三次产业革命的重要组成部分，是家居发展的必由之路。

图7-4 智能家居

（图片来源：网络）

1.操作方式多样化

智能家居的操作方式十分多样化：可以用智能触摸屏进行操作，也可以用情景遥控器进行操作，还可以用手机或平板计算机进行操作；可以在任何时间、任何地点对任何设备实现智能控制；等等。以照明控制为例，只要按几下按钮就能调节所有房间的照明，全开全关功能可实现所有灯具的一键全开和一键全关等。

2.提供便利的服务

在设计智能家居系统时，应根据用户的真实需求，为用户提供与日常生活息息相关的服务，如家电控制、防盗报警、门禁可视对讲、煤气泄漏报警等。同时，还可以拓展如三表抄送、视频点播等增值服务。智能家居最基本的目标，就是为用户提供舒适、安全、方便和高效的生活环境，因此，智能家居产品最重要的一点就是以实用、易用为核心，并去掉那些华而不实的功能。

3.满足不同的需求

智能家居系统的功能具备可拓展性，因此能够满足不同用户的需求。例如，最初的智能家居系统只可以与照明设备或常用的家电设备连接，而随着智能家居的发展，将来也可以与其他设备连接，以适应新的智能生活需要。为了满足不同类型、不同档次、不同风格的用户需求，智能家居系统的控制主机还可以在线升级，控制功能也将不断完善，除了实现智能家电控制、安防报警、门窗控制和远程监控之外，还能拓展出其他功能，如喂养宠物、看护老人小孩、浇灌花园等。

4.安装规格一致性

智能家居系统的智能开关、智能插座与普通电源开关、插座的规格一致，因此，不必破坏墙壁，不必重新布线，也不需要购买新的家电设备，便可直接代替原有的墙壁开关和插座，系统可与用户家中现有的家电设备进行连接。假设新房装修时采用的是双线智能开关，则只需多布一根零线到开关即可。智能家居产品的另一个重要特征是部署简单，无须专业的施工及设计，普通电工仔细研究说明书即可上手组装整套智能家居系统。

5.系统稳定且可靠

由于整个建筑的智能化系统必须保证24小时运行，因此必须对智能家居系统的安全性、稳定性和可靠性给予高度重视，要保证即使在网速较慢或不稳定的情况下，依然不影响智能家居系统的主要功能运作。还应对各个子系统从电源、系统备份等方面采取相应的容错措施，保证系统得以正常安全使用，且具备应付各种复杂环境变化的能力。

第三节
设计美

一、设计美的含义

设计美是指在造物设计中融入人的情感和价值观，使设计项目给人以和谐的感官享受。设计作为一种艺术性的造物活动，其本质是按照美的规律为人造物。爱美之心，人皆有之，虽然"美"并不是设计的唯一属性和最终目的，但就设计成果而言，美的因素却是考察其优劣程度的标准之一。

一个成功的设计不仅能够展现智慧之美，鼓舞和激励人的精神，更能让人感受到设计应用的独特魅力。

二、设计美的特征

作为人类造物活动的创造性成果，设计美有着区别于其他任何美的独特性，主要包括以下几个方面。

（一）多元性

设计美的多元性，即设计美是多种美的形态的综合产物，其本身包含了艺术美、自然美、社会美等诸多美的因素，是诸多美的整合体。设计产品的诉求对象是消费者，消费者自身需求的多层次性必然要求设计产品具有美的多元性。作为消费主体的人的需求，可以分为基本的客观物质需求和交际、友爱、自我实现、审美等主观精神需求。设计美的多元性源于人自身需求的多层次性。

（二）社会性

设计美的社会性，首先体现在设计产品的美感具有相对普遍性。具体来讲，一定的设计产品必然是针对一定的社会群体，因此，设计者必须尽可能地追寻特定社会群体的普遍审美趣味和消费倾向等，并以此作为设计美创造的前提。同时，作为设计主体的设计者，不再是完全独立的个人，而是包括策划、调研、设计等各相关人员在内的特定群体。消费主体也不再是单纯的某个消费者，而是包括生产商、经纪人、销售者等诸多群体在内的一系列人。也就是说，无论是设计者，还是消费者，都不仅仅是个体的人，而是某一特定的社会群体。设计美也不再是属于某个个体的美，而是具有明显的社会性的美。

（三）功利性

现代设计的本质在于尽可能高质量地满足更多人的物质需求，尤其是在当代市场经济占主导的商品社会里，毫无功利性的纯粹美几乎是不存在的。在现实社会中，功利和审美往往是内在地统一于同一主体中的。

设计美的功利性首先体现在实用功能上，即产品要能够满足消费者的物质需求。其次，设计美的功利性还表现在设计美的理性特征上，也就是说，设计美要受到一系列客观条件和规律的制约，如标准化、通用化、系列化等，即要符合现代科技理性。

（四）文化性

设计是一种文化创造：首先，设计是人类社会历史文化发展到一定阶段的产物；其次，设计是人类文化的一部分。因此，设计美自然而然地具有文化性。

（五）形象性

任何设计产品最终都要以某种特殊的形象而存在，这种形象是以各种不同的造型、色彩、图案等共同组成的统一体。因此，设计美具有形象性。

三、设计美的理想

设计美的理想是指设计美所追求的目标，也就是说符合什么标准的设计才真正具有设计美。从宏观上讲，设计美的审美理想是"和谐"，设计美的和谐就是人、自然、社会的和谐，具体来说就是人、机、环境的和谐，包括人与机的和谐、机与环境的和谐以及人与环境的和谐。其中"机"就是人类的设计产品，是实现各种和谐的中介。

四、优秀案例赏析

（一）瑞典马尔默商业购物中心

马尔默商业购物中心（见图7-5）共三层，拥有93000平方米的营业面积，200家左右商铺，平均每天约2.5万名购物者到访。马尔默商业购物中心最具特色的是其琥珀色的弧形建筑外观，大气中透露着温润与暖意，内部设计秉持"自由城市"的概念，将动感、开放与好奇心作为主题，运用不同颜色将主题区进行区分，在视觉上给购物者带来色彩的狂欢。

琥珀入口（见图7-6）是马尔默商业购物中心唯一能从周围街区看得见的部分。从这里，购物者被引导进入三层零售区。琥珀入口弯曲的钢化玻璃延伸于网格壳结构中，其曲线和迂回让日光穿透至入口庭院。马尔默商业购物中心将其外部结构沿街形成强有力的造型，目的是吸引来自车站广场的人群进入商场。

购物中心内部主题各不相同的商铺成组地围绕着颜色亮丽的中庭。从中庭内可直接到达拥有2500个车位的彩虹色停车场和500个车位的室外停车场。购物中心的中庭（见图7-7）以蓝色、绿色、金色等大胆的色彩引导购物者行进。

图7-5 马尔默商业购物中心外观

（图片来源：中国商业联合会智慧商业分会官网）

图7-6 琥珀入口

（图片来源：中国商业联合会智慧商业分会官网）

图7-7 马尔默商业购物中心中庭

（图片来源：中国商业联合会智慧商业分会官网）

（二）潘顿椅

潘顿椅（见图7-8）最令人印象深刻是其流畅与舒展的曲线，除此之外，潘顿椅被推为经典之作的原因在于它是世界上第一款采用单一材料一次性压模成型的家具。在此之前，许多设计大师都曾尝试研究此类工艺，但都没有成功，直到丹麦设计师维纳尔·潘顿设计出这把造型优美的椅子——潘顿椅。潘顿椅集新材料、新造型、新工艺于一身，自其诞生之日起，就具有与众不同的意义。

潘顿椅的结构无疑是简洁至极的，所有功能结构都完美融合在一块整体成型的塑料板造型中。尽管在它问世之前，悬臂椅、Z形椅的设计已经出现，但像潘顿椅这样无须额外支撑结构的椅子是完全超出人们想象的，以至于令人怀疑其稳固性。

图7-8 潘顿椅

（图片来源：中国数字科技馆百家号）

事实上，潘顿椅对于人体坐姿重心位置的考虑是相当完美的。如果说潘顿椅的结构令人叹为观止，那么它的造型则更令人赏心悦目。流畅的曲线轮廓让人联想到传统舞蹈中的长袖舞，那曲线恰似舞者翩翩起舞时划出的优美弧线。材料本身的光泽在灯光的映射下平添几分雕塑的美感，加之明快的色彩，创造出令人愉悦的感官体验，或许这就是经典设计的永恒魅力所在。

第四节
影视艺术之美

影视艺术作为21世纪发展最为迅猛的艺术形式，是伴随着几代人成长的集体记忆，是当代大学生最为熟悉的艺术门类之一，有着鲜明的时代特征。

一、影视艺术的审美特征

影视艺术同其他艺术形式一样，源于生活、高于生活，既受普遍艺术规律的制约，又有着与众不同的审美特征。

（一）综合性

1.影视是各种艺术叠加的艺术

影视艺术同绘画、雕塑艺术相近，都以视觉形象为表现形式；它同音乐艺术相近，都是通过各种音响来创造气氛和节奏感；它同文学艺术相近，都具有叙事能力，并通过情节反映现实世界；它同戏剧艺术相近，都是借助演员的表演来塑造人物、展开情节。影视艺术发生在各种艺术形式的交叉点上，并对各种艺术形式最具生命力的表现手法兼收并蓄。当我们欣赏影视作品时，文学、音乐、绘画、建筑、雕塑、舞蹈、戏剧、摄影等各种艺术的魅力在银幕上获得了统一与升华。

2.影视是时空兼备的艺术

影视艺术可以任意表现过去、现在和未来，可以表现宏观世界、微观世界乃至内心世界，可以在充分自由的空间领域灵活转换。这种时空上的无限自由性带来了影视题材选择的广泛性、造型处理的可变性、表现手法的丰富性以及风格形式的多样性。

3.影视是科技孕育出的艺术

影视艺术的诞生与发展，始终依赖于现代科学技术的进步。它是艺术与技术完美结合的产物，任何一项艺术手段都是凭借一定的技术手段来实现的。

4.影视是集体创作的艺术

影视创作是集体智慧的结晶，涉及众多人员，需要编剧、导演、演员、摄影、美工、服装、化妆、灯光、音响等各个岗位各司其职、通力合作，才能完成一部作品。每个创作环节都不可或缺，正如影片结尾那快速闪过的演职人员名单所展现的，每一帧画面背后，都凝聚着整个创作团队的专业技艺与协作精神。

（二）运动性

影视艺术展示给人们的是运动的世界，与静止的照片不同，影视画面既有空间的伸展性，又有时间的延长性，而时间和空间的结合就体现出影视艺术的运动性。

1.影视艺术的运动性来自拍摄对象的运动

影视中的人物、环境、造型不仅存在于空间之中，更在时间的延续中动态展开。每个画面都是转瞬即逝的，无论是人物的动作活动、环境的变化，还是画面内部的造型元素，始终处于不断变化发展的过程中。

2.影视艺术的运动性来自摄影机或摄像机的运动

在影视拍摄时，摄影机或摄像机很少静止不动，它们通过推、拉、摇、移、跟、升、降等运动方式，捕捉动态的影像。即便画面表现的是一个人在沉思，也能通过推镜头等方式让观众体会到人物的心理变化。这种运动镜头的运用，大大增强了画面的艺术表现力和感染力。

3.影视艺术的运动性来自蒙太奇的运动

蒙太奇可以使一个个本来静止的画面连贯起来，使电影在审美上达到新的高度，尤其是一些特技镜头，如跳楼、中枪、炸飞等，就更离不开蒙太奇的重要作用了。

（三）逼真性

1.影视艺术具有其他艺术望尘莫及的逼真性

艺术的美依附于真，失去了真就会失去美。与其他艺术形式相比，影视艺术最接近真实生活再现。它比文学艺术更直接，比绘画艺术更立体，比音乐艺术更形象，比舞蹈、戏剧艺术更持久，比雕塑艺术更生动，它所反映出的真实是其他艺术形式望尘莫及的。

2.影视艺术具有最贴近生活原貌的逼真性

逼真是要求真实地呈现出拍摄对象的本来面貌，表现生活的画面要酷似生活本身。当人们发现照相机拍摄出来的画面远比绘画要精准时，又因其静态特性而深感遗憾。早期电影的出现解决了影像动态化的问题，又受限于黑白无声的技术局限。有声彩色电影的问世弥补了这一缺憾，人们又觉得银幕视野太狭窄，于是出现了宽银幕、巨幕。当平面影像难以满足人们对立体感的追求时，3D电影便得到发展。而当代观众觉得仅诉诸视听还不够，还渴望有触觉、嗅觉的享受，于是诞生了全息电影技术。可以说，影视技术的每一次革新，都在推动影像记录向生活原貌不断逼近。

3.影视艺术具有与虚拟性有机交融的逼真性

逼真意味着逼近于真，而不是等同于真。如果影视艺术仅仅照搬生活，而非创造出艺术的真实，就不再是艺术。正如粮食经过酿造才能成为美酒，影视艺术来源于生活，既是生活真实的反映，又是创造性的反映，艺术的真实应该高于生活。影视创作者要对真实的生活进行提炼、加工、改造，甚至虚构，最终升华为高于生活的艺术的真实。例如，科幻片、灾难片中虚构的场景是人们没有亲历过的，却能给人以身临其境的感受，因此，影视艺术不仅要表现人们看到的、听到的、感受到的真实，更要探索那些存在于想象之中、甚至超越常人认知的艺术的真实。

（四）视像性

在影视作品中，创作者通过精心设计的故事情节、立体丰满的人物性格、富有感染力的环境氛围，以及精准把握的时代脉搏等，构建出可视化的艺术世界展示于观众眼前，以此传递自己的创作理念和情感体验。

1.视像时代的标志

影视技术的发明与推广标志着视像时代的到来。人类对自然与社会的认知主要分为图画时代、文字时代、印刷时代和视像时代四个阶段，各阶段的认知方法和思维方式有所不同。如今，通过电影、电视、网络视频等视听媒介来获取新知、体验情感、了解社会已成为现代人不可或缺的生活方式。

2.视像艺术的品位

影视艺术不同于传统艺术，它是一种视像艺术。通过打破传统艺术静态的、单一的表现形式，以动态的、声画统一的表现力，成为艺术领域的新生力量。与之相应的全新思维方式——镜像思维，也逐渐被大众所接受。这种思维模式更符合现代人的认知习惯，促使影视艺术从高雅的艺术殿堂走向大众，最终成为"世俗神话"。

3.视像技术的追求

影视艺术的发展比其他任何艺术形式都更依赖于科学技术的发展与创新。如果没有摄影机的发明，电影就不会诞生；没有高速摄影技术，我们就无法体验慢镜头的神奇；没有数字影像技术，就无法真实再现奇幻的世界；没有3D技术，立体清晰的画面也无从谈起。人类的想象是无限的，对影视艺术的期待也永无止境。唯有持续推动视像技术的革新，才能实现视像艺术的长足发展。

此外，影视艺术还具有大众性、商业性等特性，由于本小节重点从审美的角度分析，此处不再赘述。

二、影视艺术的表现手法

任何艺术形式都有其独特的艺术语言和表现手法，影视艺术作为一门综合艺术形式，融合了多种艺术形式的表现语言，如文学艺术的叙事描写手法、音乐艺术的旋律与节奏、绘画艺术的构图与色彩、舞蹈艺术的形体与动作、戏剧艺术的角色与表演、摄影艺术的光影与层次等。但它也有自己最与众不同、最具生命力的核心表现形式——镜头和蒙太奇。

（一）镜头

镜头是指摄影机或摄像机从启动到静止期间不间断摄取的一段画面的总和。由于景别、运动、角度、焦距等方面的变化，镜头可以变化出很多种类，营造不同的效果。

1.景别镜头

景别主要指由于摄影机同被摄主体间距离的远近变化，所呈现出的不同画面范围及叙事内涵的镜头分类。景别镜头主要有特写、近景、中景、全景和远景五种，如表7-1所示。如果再细分，还包括大特写、近特景、中全景、小全景、大全景、大远景等。不同镜头在画面中所包含的内容不同，其所具有的艺术功能也不同。

表 7-1 景别镜头

景别镜头	画面内容(以人为例)	功能	使用频率	艺术表现力
特写	头部	强调细节,揭示心理,震撼心灵	少	强
近景	胸部以上	强调人物,突出表情	较多	较弱
中景	膝部以上	交代人物,突出动作	最多	弱
全景	全身	展现环境中的人物	较多	较弱
远景	很小	突出环境,抒发感情,创造意境	少	强

影视作品中巧妙地使用景别镜头,可以赋予画面丰富的叙事内涵和强大的艺术张力。如电影《英雄》中"无名刺秦"的经典片段,巧妙的景别镜头设计与演员的表演相得益彰,彰显出鲜明的人物形象和深刻的主题表达。

2. 运动镜头

在影视作品中,静止的镜头是不多见的,摄影机在运动过程中拍出的镜头往往具有更强的艺术表现力,这些镜头就是运动镜头。运动镜头主要包括五种基本形式,如表 7-2 所示。

表 7-2 运动镜头

运动镜头	运动方式	功能
推镜头	由远而近	引起注意,造成审视效臬
拉镜头	由近及远	交代环境,引发思考
摇镜头	上下左右旋转	展示高大或宽广,渲染气氛
移镜头	水平方向上下左右移动	扩大视野,速度快慢所表达的情感不同
跟镜头	跟随对象等距运动	看到运动中的变化,穿越时空

在影视作品的拍摄过程中,以上五种镜头常常综合运用,从而创造出千变万化的运动镜头。这些镜头不仅可以描写人物、展示环境、叙述故事,还可以创造节奏、形成风格、表现意境。

如电影《云水谣》的开场,通过推、拉、摇、移等多种运镜方式,与获取到的几组动态画面经特技合成为一个长镜头之后展现出非凡的视觉魅力。这个精湛的长镜头清晰地交代出主人公的生活背景,生动勾勒出 20 世纪 40 年代我国台湾地区的社会民俗风情画卷。

3. 其他镜头

由于分类角度不同,还有很多不同的镜头类型,其中常见的几种如表 7-3 所示。

表 7-3 其他镜头

其他镜头	分类角度	画面特征	功能
变焦距镜头	焦距变换	拟推镜头	引起注意,造成帘式效果
		拟拉镜头	交代环境,引发思考
俯仰镜头	拍摄角度	由上到下俯视	宏大场面,渺小、压抑的心理,喜剧效果
		由下到上仰视	高大威严,悲壮崇高的美感
快慢镜头	每秒 24 格上下变化	画面变快,降格	紧张气氛,夸张效果
		画面变慢,升格	突出细节,表现梦幻场景,创造意境

其他镜头	分类角度	画面特征	功能
空镜头	画面内容	没有人物	介绍环境,烘托气氛
主观镜头	观众心理	剧中人的视角	身临其境之感,主观情感
长镜头	长短	超过30秒	真实、完整、抒情

其中长镜头是最值得关注的。在故事类影视作品中,长镜头往往是艺术水准的重要体现。单就演员的表演层面看,若没有精湛的演技,则很难驾驭长镜头对细节的严苛要求。正如电影《泰坦尼克号》片尾那个长达1分半的长镜头:年迈的露丝又回到了船上,与杰克的灵魂重逢,所有在沉船事故中丧生的那些高尚的灵魂都在为他们鼓掌。流畅的画面和动人的旋律,营造出余韵绵长、令人回味无穷的艺术意境。

(二)蒙太奇

蒙太奇是音译的外来语,即法语"montage",原为建筑行业术语,意思是装配、构成,后在电影领域则引申为剪接、组合的意思,即依照情节的发展和观众的注意力与关心的程序,将不同镜头(包括声音)合乎逻辑地联结在一起的创作手法。如果把影视创作类比文学创作,那么镜头如同字、词、句,蒙太奇则相当于语法规则,一篇文章是由许多的字、词、句,按照一定的语法规则组织连缀起来的,一部影视作品则是由许多镜头按照蒙太奇这种特殊的创作手法剪辑组合而成的。因此,蒙太奇也被称作"影视文法"。

1.蒙太奇的功能

蒙太奇的神奇功能为众多理论家所津津乐道,格里菲斯、爱森斯坦、普多夫金、库里肖夫等人都对其进行了深入的研究。大众普遍认为,蒙太奇既有组织外在叙事结构的功能,又通过镜头组合揭示深层内涵。它可以叙述故事、展开情节、揭示主题,赋予画面新的含义,激发观众进行对比、联想,重构时空关系,控制影片节奏,最终形成独特的艺术风格。

2.蒙太奇的种类

蒙太奇的分类众说纷纭,仍无定论。常见的分类方式是根据其功能分为叙事蒙太奇、表现蒙太奇和理性蒙太奇三大类(图7-9)。

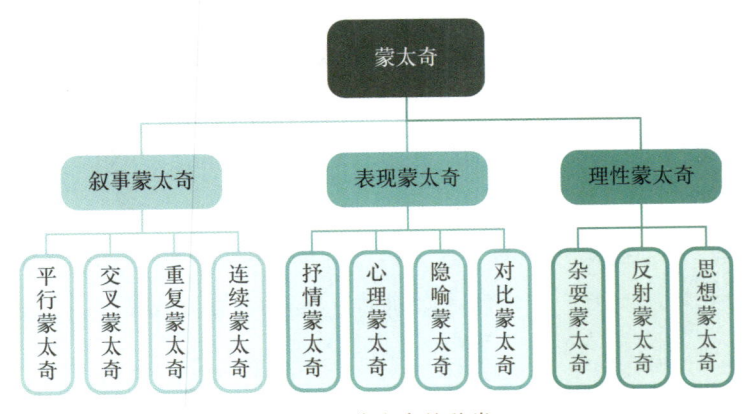

图7-9 蒙太奇的种类

首先,叙事蒙太奇以交代情节、展示事件为主旨。具体包含以下几类。

① 平行蒙太奇,是把不同时空(或同时异地)发生的两条或两条以上的情节线并列表现、分头叙述,且统一在一个完整的结构之中。这种艺术手法可以扩大影视作品的信息量,强化叙事节奏,形成对比,创造出强烈的艺术感染力。

② 交叉蒙太奇，是将同一时间、不同地域发生的两条或数条情节线迅速而频繁地交替剪接在一起，每条线索相互依存，最后汇合在一起。这种艺术手法极易引起悬念，烘托紧张激烈的气氛，强化矛盾冲突的尖锐性。

③ 重复蒙太奇，是具有一定寓意的镜头在关键时刻反复出现，相当于文学创作中的反复手法。这种艺术手法能够达到刻画人物、深化主题的目的。

④ 连续蒙太奇，是沿着一条单一的情节线索，按照事件的逻辑顺序有节奏地连续叙事。这种艺术手法经常与平行蒙太奇、交叉蒙太奇交互使用、相辅相成。

其次，表现蒙太奇是以镜头对列为基础，目的在于激发观众的联想，启迪观众的思考。具体包括以下几类。

① 抒情蒙太奇，是一种在保持叙事连贯性的基础上，通过画面组合来传达超越剧情的思想和情感的艺术手法。常见的抒情蒙太奇是在一段叙事场面之后，恰当地切入象征情绪、情感的空镜头。

② 心理蒙太奇，是刻画人物内心世界的重要手段，其通过画面镜头组接或声画有机结合，形象生动地展现人物的内心世界。该艺术手法常用于表现人物的梦境、回忆、闪念、幻觉、遐想、思索等精神活动和心理状态。

③ 隐喻蒙太奇，通过镜头或场面的对列进行类比，含蓄而形象地表达创作者的某种寓意或事件的某种情绪色彩。这种艺术手法往往将不同事物之间某种相似的特征突显出来，引导观众联想，从而领会创作者的创作意图并感受特定情绪。

④ 对比蒙太奇类似于文学创作中的对比手法，即通过镜头或场面之间的内容（如贫与富、苦与乐、生与死、高尚与卑劣、胜利与失败等）或形式（如景别大小、色彩冷暖、声音强弱、动静等）的强烈对比制造戏剧冲突，以表达创作者的创作意图或深化主题内容和思想。

最后，理性蒙太奇是通过画面之间的关系，而非单纯的一环接一环的连贯性叙事表情达意。具体包括以下几类。

① 杂耍蒙太奇，爱森斯坦给杂耍蒙太奇的定义是：杂耍是一个特殊的时刻，其间一切元素都是为了促使把导演打算传达给观众的思想灌输到他们的意识中，使观众进入引起这一思想的精神状况或心理状态中，以造成情感的冲击。

② 反射蒙太奇，其不像杂耍蒙太奇那样为表达抽象概念随意插入与剧情内容毫不相关的象征画面，而是所描述的事物和用来做比喻的事物同处一个空间，它们互为依存：或是为了与该事件形成对照；或是为了确定组接在一起的事物之间的反应；或是为了通过反射联想揭示剧情中包含的类似事件，以此作用于观众的感官和意识。

③ 思想蒙太奇，是利用新闻纪录片中的文献资料进行重新编排，以表达抽象的思想或被理性所激发的情感。这种艺术手法不追求情感共鸣，而是制造"间离效果"，使观众保持冷静的观察态度，仅以理性参与思考，而非沉浸于剧情之中。

三、影视艺术的鉴赏方法

（一）鉴赏过程

影视鉴赏是人们在观看影视作品时产生的精神活动和审美体验的全过程。这个过程包含体验、感悟、欣赏、评判四个阶段,这四个阶段是由低到高、由易到难、循序渐进的,各阶段间没有明显界限。影视作品以画面与音响为媒介,以现代科技为手段,通过银幕或荧屏再现与反映社会生活,并作用于观众的感官,使观众产生喜与悲、爱与恨、崇高与渺小等种种情感,使观众在潜移默化中受到教育、感染和启迪。同时观众基于自身的生活经验和艺术修养,对影视作品做出一定的评价,并获得美的享受。

(二)鉴赏要领

艺术鉴赏虽有规律可循,却终究是见仁见智的。影视艺术更是如此,因为欣赏对象众多,层次差异巨大,对同一部影视作品的评价往往众说纷纭,甚至截然相反。评论家一致推崇的作品,观众不一定买账;观众普遍叫好的作品,学术界可能不以为然;票房大卖、收视飘红的作品,可能口碑平平。要做到雅俗共赏,实现商业价值、观众认可与专业口碑的统一,实非易事,但这一切并不意味着影视鉴赏可以随心所欲地对一部影视作品妄加评判。俗话说:"外行看热闹,内行看门道。"影视鉴赏同样需要专业的学习和积累。只要掌握其中要领,就能看出其中的门道,即便是一家之言,只要有理有据,能自圆其说,也不失为一种可贵的观点。

1.完整的欣赏过程

评价影视作品的前提是必须完整地观看过,有的人尚未看完就以"不好看"为由放弃了欣赏,这样的评价缺乏可信度。在观看过程中,有很多人习惯边看边评价,这属于消遣性评价,其观点不足为据。只有完整欣赏全片之后,才有可能形成客观公正的评价。对于经典的影视作品,更需要一遍又一遍地欣赏,获得深刻的感悟,并做出准确的评判。因此,多数人看了一遍就写出来的影评只能称作"观后感",经过多次观看后得出的结论方可称为"影评"。当下电视剧篇幅普遍较长,边看边评的现象越来越普遍,这些评论只能作为素材参考,不能作为评价作品艺术成就的最终定论。

2.丰富的艺术积淀

艺术是相通的,影视艺术因其博采众艺的特殊性而需要评论者具有深厚的艺术积淀。想要真正看懂影视作品,需要对文学、音乐、绘画、舞蹈、建筑、雕塑、戏剧等艺术门类有基本的了解,这能让欣赏过程更加轻松。

例如,《卧虎藏龙》在当年公映时,许多观众是冲着奥斯卡奖走进影院的,但不少人观影后却反应平淡。而具备音乐素养的人则会被影片中谭盾的配乐震撼,具备美术素养的人则沉醉于影片镜头呈现出的国画特有的意境,具备文学素养的人则会反复品味那些蕴含着中国传统哲学思想的对白……当然,要求观众精通所有艺术门类并不现实,但多积累一点艺术知识对于提高艺术修养和鉴赏水平总是大有裨益的,也能让影视欣赏变得更加深刻和愉悦。

3.适当的知识储备

影视鉴赏的前提是储备必要的知识:一方面,需要掌握影视艺术的相关知识,包括影视艺术简史、表现手法、创作规律、类型特征、鉴赏方法等;另一方面,还需了解作品内容涉及的相关知识。知识储备越丰富,对作品的理解就越准确,评论水平就可能越高。这也解释了为什么研究影视艺术的专家所发表的评论更具权威性。但知识储备是相对的,而非绝对标准,关键在于适度。有时候为了深入理解一部影视作品,甚至可以现学现用,通过恶补相关知识来提升鉴赏能力。在互联网时代,网络为我们提供了便捷的知识获取途径,成为随用随取的知识储备库。

4.正确的评论引导

绝大多数人的影视艺术审美活动都是消遣性的,评判也往往是即兴的、有感而发的。当舆论一边倒地褒扬或贬低某部作品时，我们该如何判断——是独立思考，还是人云亦云？许多人面对不同观点时，觉得这个观点有理，那个观点似乎也对，不知该如何取舍。这时，最简单的做法就是多参考业内人士和权威专家的意见，他们的观点未必绝对正确，但可以提供较为专业的分析思路。此外，多阅读经典作品的评论也是提升鉴赏能力的有效途径，这些评论凝结了丰富的审美经验，能帮助我们更快地掌握正确的鉴赏方法。

5. 海量的佳片体验

影视作品中那些能够经得起时间考验、令人百看不厌的名片佳作被称为经典，多欣赏这样的经典之作，多品味这些高质量的艺术精品，能潜移默化地提高我们的审美水平。审美水平会随着年龄的增长、阅历的增加、环境的变化而逐渐提高，但若能有针对性地涉猎经典作品，便能加速这个过程，使审美水平得到显著提升。古人云"读书破万卷，下笔如有神"，讲的就是文学积累对于提高文学水平的深远影响，影视艺术也是同理。要想提高影视艺术审美水平，海量地体验、感悟、欣赏、评价名片佳作，无疑是最直接有效的方法。

（三）鉴赏方法

影视鉴赏与评论的切入点很关键，不少人满怀感触却不知如何表达，直到听了别人的观点才恍然大悟："这不正是我想说却没能说出来的观点吗？"鉴赏影视作品，不仅可以从内容方面进行评价，还可以从形式方面进行考量。

1. 内容的鉴赏

分析影视艺术的内容表现，可以从以下几个维度进行分析：从宏观层面，解读作品蕴含的社会背景、时代精神和民族特质；从微观层面，体察人物的生存情感、生命的蕴涵；从创作层面，要透过影视风格，洞悉创作者的审美理念和艺术个性。

2. 形式的鉴赏

任何艺术都有其反映社会的独特表现形式，影视艺术因其与生俱来的综合性而呈现出异彩纷呈的特征，在鉴赏时，我们可以采用化整为零、再由零到整的方法，从组成艺术作品的各项元素中寻求切入点。这些元素可以分为单项元素和综合元素，既可以从单项元素的角度做切入点进行鉴赏，又可以综合各元素展开整体评析。

单项元素包括文学、画面、声音、表演、文化等元素。文学元素重点从主题思想、情节结构、人物塑造、环境描写等方面来分析；画面元素重点从镜头运用、蒙太奇手法、光色、特技等角度来分析；声音元素重点从对白语言、环境音响、配乐等方面来分析；表演元素可以从演员的类型和表演风格为切入点进行分析；文化元素可以从作品反映出的社会背景、民族特色、时代风貌等角度来分析。

综合元素的鉴赏极为灵活，其分析视角可大可小，大到可将作品置于影视发展的历史脉络中进行"史论式"宏观评判，小到聚焦某个细节展开层层剖析。常见的评判标准包括：能否做到角度新颖，由点及面；能否高屋建瓴、全面把握；能否印象导入、深入评析；能否见解独到、见仁见智。

四、影视作品的制作与分工

影视作品的制作大致分为前期、中期和后期三个阶段：前期主要是撰写电影剧本；中期主要是摄制镜头（画面）；后期则是将各种镜头（画面）剪辑、组合起来。

在影视作品的制作过程中，涉及的岗位包括编剧、导演、演员、摄影师、作曲家、美工师、录音师、化妆师、服装师、道具设计师及剪辑师等，只有各部门通力合作、协同努力，才能创作出成功的影视作品。

（一）前期创作

前期创作又称案头准备阶段，大体上包括三个步骤。

1. 确定文学剧本

优秀的影视作品离不开优秀的剧本。一部出色的剧本，或许能成就一部经典，但一个平庸的剧本，注定无法拍出佳作。可以说，好的文学剧本是影视作品成功的基石。文学剧本的来源主要有两种：一是编剧专门为电影撰写原创剧本；二是编剧根据各类文学作品进行改编。导演获取文学剧本的途径通常有三种：一是兼任式，即导演自己动手创作剧本；二是介入式，即在剧本的编写阶段，导演就参与其中，与编剧共同打磨剧本；三是接力棒式，即导演从编剧手中接过已经定稿的文学剧本，在此基础上进行构思和艺术处理。这三种方式各具特点，但都体现了剧本创作与导演创作的密切关联。

2. 写出分镜头剧本

分镜头剧本是对未来摄制流程所做的总体设计，是导演在文学剧本的基础上进行的"二度创作"。除了对文学剧本做必要的修改和变动外，分镜头剧本还要将文学剧本中叙述的故事情节分解为若干镜头，并把每个镜头的内容进一步视觉化（具象化），确定每个镜头的时长、景别和拍摄方法，落实具体的场面调度，并根据剧情发展的需要设计音乐效果。在实际创作中，外景的选择往往会对导演的形象思维产生很重要的影响，因此许多导演总是将分镜头与选景同时进行，有的甚至采取先选景后画分镜头的创作流程。

3. 组织摄制班子

导演的合作者主要包括演员、摄影师、作曲家、美工师、化妆师、服装师、道具设计师及剪辑师等。其中，最重要的合作伙伴是演员，他们既是影视作品造型的体现者，又是角色的塑造者、风格的诠释者。导演的艺术功力，往往体现在他对演员的塑造上。从角色的分量来看，演员可分为主角、配角和群众演员；从选择范围而言，有专业演员和非专业演员之分；从表演特质来讲，又可划分为本色演员和性格演员。导演在选择演员时，一般是以角色的气质和性格为主要考量标准。

在摄制班子中，导演居于核心地位。当摄制班子组建起来后，导演要做的第一件事，就是进行"导演阐述"，内容包括作品的整体构思、主题思想的理解、人物性格及人物关系的分析、艺术风格的定位，以及对各部门的具体要求等。待拍摄场地、角色造型、道具服装、音乐作曲等工作全部就绪后，就可以进入实景拍摄阶段了。

（二）中期拍摄

中期拍摄是导演、演员、摄影师、制片人等各岗位人员通力合作完成镜头拍摄的阶段，也是最考验导演驾驭能力的阶段。

1. 要将镜头分割归类

影视作品的拍摄方式与舞台剧不同，它并非按照情节的发展循序渐进，而是要对各种镜头分割归类，并进行周密的部署。在实际拍摄中，一场景的镜头往往集中拍摄，但在最终成片中可能分散在不同段落。同样，开机拍摄的第一个镜头未必用于片头，杀青前的最后一个镜头也未必出现在片尾。

2.演员的表演是关键

与舞台剧一气呵成的演出不同，影视演员的表演是断断续续的，不能根据情节酝酿情绪，也没有观众的即时反馈，必须在拍摄现场快速进入各种戏剧情境。此外，影视演员的演出又是"遗憾"的，无法像舞台演员那样在一次次的演出中不断改进，因为镜头一旦拍摄完成便成定局，一旦后期采纳，便无法修补。这种不可逆的创作特性，使得每个演员都难免对自己的表演怀有未臻完美的遗憾。

3.导演是统率一切的核心人物

拍摄过程中，大到指导演员排戏，小到一件道具的选择，都要由导演统筹安排。整个摄制组如同一台精密仪器，其能否正常运作，在很大程度上取决于导演的组织协调能力。具体拍摄时，导演必须全神贯注地审视、把控镜头的拍摄质量，必须具备"眼观六路，耳听八方"的本领，尤其是要控制演员的表演分寸，以便及时决定是否需要重拍。在拍摄过程中，摄制组的全体人员既要自觉服从导演的统率，接受制片主任和副导演的具体调配，又要充分发挥主观能动性，大胆创造。团队配合得默契时，一个场景可能一次就拍摄成功；若配合得不好，即便重拍多次也不一定令人满意。遇到场面浩大、拍摄难度高的镜头，可以采用多机拍摄的方法，就是用两台以上的摄影机从多方位拍摄同一场景，一次便能获得多条备选素材，为后期剪辑提供更多创作可能。

（三）后期剪辑合成

后期剪辑合成是影视作品制作过程中不可或缺的一部分，主要分为如下三个步骤。

1.剪辑

如果说实拍阶段必须将完整叙事"化整为零"分解为单个镜头，那么剪辑阶段则要"聚零为整"将这些镜头重新整理组装。剪辑通常分为顺镜头、初剪、定稿三个步骤。一部影视作品的成败，在很大程度上取决于剪辑的质量。剪辑既是技术性的工作，又是创造性的劳动，其创造性主要表现在能够巧妙地运用各种剪辑方法准确地把握作品的节奏，包括删减冗余镜头、增补必要画面、调整镜头顺序、对某些镜头进行"挪位"处理等。其中"挪位"最能考验剪辑师的艺术功力和胆识，同样的镜头经过创造性重组，往往能产生全新的叙事含义，焕发出新的光彩。

当然，剪辑工作不仅是对影视画面的处理，还包括对声音进行相应的剪接。这些声音包括话音、音响、音乐等，剪辑完成后还需要将它们混录在一起，实现声画融合。影视制作需要提前完成配音、拟音等工序，对于电影和高水平的电视剧来说，配音、拟音等声音制作环节在拍摄中期就要着手准备，即便是低成本的电视节目，旁白配音、配乐选曲以及字幕制作、调光调色等工序也都是后期剪辑的重要环节。

剪辑工艺的发展经历了革命性变革。传统胶片时代的剪辑，是用剪刀和胶水完成的，效率很低，而现代数字非线性编辑技术使剪辑手段得到很大的发展。人们通过鼠标和键盘操作，并且可以实时预览效果，极大提升了剪辑效率和创作可能性。

2.特技

特技镜头是指无法通过直接拍摄获得的镜头。当代影视的发展中，特技已成为不可或缺的元素。无论是耗资巨大的电影，还是仅有几秒钟的电视广告，都可能利用特技手段为其增色添彩。早期的影视特技大多是通过模型制作、特技摄影、光学合成等手段实现，而现在这些效果都能通过计算机技术更完满地实现，因此越来越多的特技效果就成为后期制作的工作内容。近年来，特技制作软件越来越多，操作越来越简单，效果也越来越理想。可以说，只要能够想象到的画面，几乎都能通过计算机特技软件实现。

3. 合 成

剪辑好的画面、声音、特技需要经过合成才能出成片、送审、发行或播出。传统的电影合成是将画面胶片与声音磁带分别套接和转录,获得画面底片和声带底片(即"双片"),再通过合并洗印得出校正拷贝,经过修正后最终印发拷贝。而现在的影视合成大都依靠计算机软件完成,操作既简单又快捷,大大提升了制作效率。

第五节
数字媒体之美

数字媒体艺术是一门融合自然科学、社会科学和人文科学的综合性艺术,集中体现了"科学、艺术和人文"的理念。它以数字技术为载体,立足于传媒行业,既包含具有独立审美价值的艺术作品创作,也涵盖数字产品的艺术设计。作为一种独特的艺术表现形式,数字媒体艺术和当代艺术与后现代文化有着千丝万缕的联系,同时和西方科技史和现代艺术发展史的发展息息相关。

一、数字媒体艺术的主要类型

数字艺术是以数字科技和新兴传媒技术为基础,将人类的理性思维和艺术感觉巧妙地融为一体的艺术形式。广义的数字艺术就是数字化的艺术,涵盖所有以数字技术为载体的艺术创作,包括数字平面设计、网络传播的"纯艺术"作品,乃至手机铃声等具有独立的审美价值的数字化创作。狭义的数字艺术一般指的是用计算机技术进行艺术创作,涵盖艺术设计、影音制作、动画创造等各类数字艺术作品。

数字艺术主要包括交互媒体设计、数字影像艺术、虚拟现实设计、新媒体艺术等。交互媒体设计是指以互动媒体为载体的设计,例如以万维网为载体的网页设计、网络游戏设计,以手机为载体的WAP设计、手机游戏设计等。数字影像艺术包括数字动画、DV电影、数字影视广告等的设计。虚拟现实设计包括数字博物馆、数字商城等虚拟空间的设计。新媒体艺术是运用数字技术创作的前卫艺术形式。

数字艺术作品是指在创作过程中全部或部分使用数字技术手段完成的作品。其主要表现形式包括:录像及互动装置、虚拟现实、电子游戏、网络艺术、数字插画、电脑动画、数字特效、数字摄影、数字音乐、音乐影像等。也就是说,数字艺术本质上是艺术和科技深度融合的多学科交叉领域,涵盖了艺术、科技、文化、教育、现代经营管理等诸多方面的内容。任何通过计算机技术实现的媒体文化创作,都属于数字艺术的范畴。

二、数字媒体艺术的基本特征

(一)数字媒体艺术是依赖于数字技术的艺术

数字媒体艺术是与数字技术结合得最为紧密的艺术形式。从创作过程、工具使用、艺术呈现形式到艺术作品的传播与消费,其各个环节几乎都离不开计算机技术的发展,作品全部或部分通过数字科技手段实现。传统艺术作品创作虽也会借助工具,如绘画的画笔、雕塑的刻刀等,但在绘画和雕塑作品的创作中,工具的使用在艺术创作中并不起决定性作用。而在数字媒体艺术的创作中，掌握数字技术、熟练操作数字技术设备，是艺术创作的基本前提。此外，在传统艺术的创作中，每件作品都具有唯一性，如同世上没有完全相同的树叶，也很难有完全相同的两件艺术作品。但是数字媒体艺术创作过程的每一环节都会被记录下来，不仅可以修改，还可以复制。正因为如此，数字媒体艺术与许多传统艺术最大的不同就是具有技术性和可复制性，这也是数字媒体艺术区别于传统艺术的核心特征。

（二）数字媒体艺术是创作工具标准化的艺术

数字媒体艺术是建立在标准化创作平台和软件工具基础上的艺术形式，从这个意义上可称其为工具标准化的艺术。但由于标准化的技术工具固有的机械性，如果将其作为艺术创作的主导因素，会削弱艺术作品应有的独特性及表现形式的丰富性。

数字媒体艺术虽然依赖于数字技术，但其本质仍是艺术而非技术。作为艺术，在创作中就应该是人驾驭技术工具，而不是被工具所支配，艺术创作要凸显的是人而不是工具的主体作用。作为使用标准化技术工具的艺术，数字媒体艺术需要处理好艺术与技术的关系，尤其要平衡工具标准化和艺术独特性的关系。

技术平台的一致性、技术工具的相同性容易使数字媒体艺术作品趋向同质化和标准化，而艺术的生命力正在于个性化和独创性。在技术工具标准化的客观条件下，如何突破程式化窠臼，充分展现艺术创作的独特性，防止数字媒体艺术创作沦落为机械化的生产，是数字媒体艺术作品创作需要持续探索的核心课题。

（三）数字媒体艺术是多种艺术元素高度融合的艺术

数字媒体艺术是多种艺术元素和艺术形式的高度融合，它不仅包括视觉艺术和听觉艺术，还涵盖电脑绘画艺术、电脑图像处理艺术、二维和三维动画艺术、音视频艺术以及后期特技艺术等。其表现形式既可以是单一的，又可以是综合的，既可以是实景的，又可以是虚拟的，既可以是静态的，又可以是动态的。因此，数字媒体艺术既依托数字技术的支撑，又可以与传统艺术深度融合。一方面，它通过数字技术"艺术"地再现艺术，如数字化博物馆、数字化艺术馆、数字化美术作品展等；另一方面，数字媒体艺术最终以传统艺术形式呈现出来，可以说是数字艺术在传统艺术领域的延伸，如舞台艺术中的虚拟场景、特效设计等。

（四）数字媒体艺术是大众化的艺术

数字媒体艺术是一种依托数字技术的艺术形式，其门类、形式和层次十分丰富，既包括纯粹的数字媒体艺术作品，又包括数字媒体艺术在经济社会生活中的广泛应用。就其应用来说，数字媒体艺术可分成几个方面：一是与人们生活密切相关的应用，例如数字摄影、DV摄像、数字视频制作、网页设计、图文排版、数字图像设计、电子书刊设计等；二是与生产经营相关的应用，例如出版物设计、工业产品设计、企业网站设计、广告设计、包装装潢设计等；三是在创意产业中的应用，例如智能数字娱乐产品的设计和开发，包括数字电影、网络游戏等。数字媒体艺术应用的广泛性，使其逐渐发展成具有大众化特性的艺术形式。

数字媒体艺术的大众化不仅仅体现在应用的广泛性，还表现在以下三个方面。一是艺术欣赏的大众化。与传统艺术不同，数字媒体艺术的传播和欣赏都借助于互联网渠道，打破了时间和空间的限制，任何网民都能便捷地欣赏公开传播的数字媒体艺术作品。二是艺术实现的交互性。数字媒体艺术的实现以计算机作为媒介，因此受众不单单是被动地接收信息，而是能够参与、体验甚至进行再创作。三是艺术创作的大众化。由于技术的标准化，艺术爱好者可以借助专业技术软件进行艺术创作，或通过数字媒体艺术满足自身需要，例如，数字摄影爱好者可以使用Photoshop软件对照片进行后期处理等。

三、数字媒体艺术的审美特征

数字媒体艺术广泛融合了传统的影视、音乐、美术、建筑及现代科技等诸多元素。数字媒体艺术的审美特征主要表现为技术美、视听美、动态美、创造美、互动美等。

（一）数字媒体艺术的技术美

数字媒体艺术与传统艺术相比，其最大的特点在于技术的发展。技术和艺术的融合催生了技术美，这也是技术美学的最高体现。技术美依托于技术本身，与技术紧密相连，没有技术也就没有技术美。数字媒体艺术的发展完全依赖于计算机软、硬件技术的发展，其审美价值很大程度上受技术环境的制约，在数字艺术产生和发展之初，每一次视觉冲击力的突破，都离不开新技术的应用。因此，与传统艺术不同，数字媒体艺术的审美价值更多表现为技术美。

例如，2009年底上映的由著名导演詹姆斯·卡梅隆历时4年打造的3D巨制《阿凡达》（图7-10），在当时为观众带来了无比震撼的视觉感受，关键因素就在于数字技术的突破。此外，数字拍摄系统、先进的动作捕捉设备以及强大的CG制作团队，都为影片的成功奠定了重要基础。

图7-10　电影《阿凡达》剧照

（图片来源：网络）

（二）数字媒体艺术的视听美

数字媒体艺术与传统艺术相比，其特点还在于数字媒体艺术作品能够同时通过视觉和听觉两种感官渠道来表现主题内容。这种多感官的呈现方式通过对视觉和听觉的综合刺激创造美感，从而使观众获得更丰富的艺术体验。视听美因此成为数字媒体艺术的重要审美标准，它直接决定了作品能否为观众带来愉悦的感官享受。在电影《阿凡达》中，大量运用数字技术呈现虚幻的场景，塑造出栩栩如生的外星生物形象，配合以雄浑磅礴的音乐，共同构成了一场震撼人心的视听盛宴。而这种由数字技术实现的综合艺术效果，是传统的艺术形式所不能达到的。

（三）数字媒体艺术的动态美

数字媒体艺术的一个本质特征是视觉元素在空间中的不断运动变化。与传统艺术中的静态画面相比，数字媒体艺术不仅具有传统艺术中所包含的色彩、光影、构图等要素，还具有时间、空间、运动等独特的艺术维度。在数字媒体艺术中，视觉元素往往不是固定在某一个位置上，而是随着时间推移在空间中流动变化。视觉元素并不是匀速运动，而是节奏变化丰富的变速运动，时而加速，时而减速。视觉元素通过空间、时间、运动的变化构建出一种动态的秩序，从而创造出传统艺术难以表现的动态美。

（四）数字媒体艺术的创造美

数字媒体艺术在内容表现上突破了现实条件的限制，展现出极强的开放性和延展性等特点。这种艺术形式可以创造出现实生活中无法真实存在的影像效果，也可以创造出一个与现实空间完全不同的虚拟世界。它可以借助先进的技术手段，将人类天马行空的想象具象化，创造出任何可能的情境、物象和人物形象，带给观众无比强烈的心灵震撼。在《黑客帝国》（图7-11）、《指环王》、《纳尼亚传奇》等经典科幻影片中，那些超现实的角色造型、建筑外观、宇宙飞船等视觉元素都是通过数字媒体手段创造出来的。数字媒体艺术的创造性本质上是一个化想象为现实的过程，实现了从无到有、从不可能到可能的艺术飞跃。

图 7-11 电影《黑客帝国》剧照

（图片来源：网络）

（五）数字媒体艺术的互动美

数字媒体艺术审美的互动性主要体现在艺术作品的创作者与欣赏者、创作过程与结果之间的互动转换。网络艺术和虚拟现实艺术是典型的互动性数字媒体艺术形式。在网络艺术中，只要能够接入网络，无论身处何地，观众都能参与数字艺术的互动性体验，可以对艺术作品进行修改和补充，使其不断完善，从而体会到艺术创作者与欣赏者之间不同的心理感受。

在网络艺术环境中，艺术创作者与欣赏者的身份界限逐渐变得模糊，参与者可以随时切换角色，时而作为艺术创作者出现，时而摇身一变成为艺术欣赏者。这种身份的动态转换，使人们充分体验到数字媒体艺术的互动之美。

第八章

星星之火：红色文化之美

红色文化是中国共产党领导人民在长期革命实践中积淀形成的先进文化形态，是中国近现代历史进程中的精神结晶与文化瑰宝。在美育视角中，红色文化不仅是政治符号或历史记忆，更是情感的传递、审美的体验与价值的引领。它承载着信仰的力量、精神的高度与艺术的光辉，历经历史洗礼，依然焕发着蓬勃生机，成为新时代青年精神成长与审美培育的重要源泉。

第一节
红色文化的内涵与发展

红色文化是一个内涵丰富、多维度的文化概念，具有深刻的历史意义和时代价值。它不仅仅是对中国共产党革命历程的历史记载，更是中国人民在长期奋斗中形成的价值观、道德观、审美观的集中体现。从文化的根脉出发，红色文化展现了民族精神与时代精神的深度融合，是中华民族在近现代极其艰难复杂的历史环境中所凝结而成的强大精神力量。从本质上看，红色文化是以无产阶级立场为核心的先进文化体系。它坚持人民群众的主体地位，弘扬为民族独立、人民解放和社会进步而不懈奋斗的崇高精神。这种文化以马克思主义为理论基础，以中国共产党领导的革命实践为成长土壤，在斗争与牺牲中孕育，在胜利与建设中发展，在传承与创新中不断升华。红色文化的丰富性，首先体现在其多层次的内容结构上。它既包括政治层面的信仰与纲领，又涵盖了社会层面的道德与责任，更渗透至美学层面的情感与形式。从"红船精神"的初心启航到"井冈山精神"的艰苦探索，从"延安精神"的厚重积淀到"长征精神"的壮丽史诗，每一个历史节点都铸就了不朽的精神丰碑，每一段文化沉淀都承载了中华民族百折不挠、砥砺前行的集体记忆。

红色文化的发展是一个动态演进的过程，是在历史进程中不断生成、积累和升华的过程。这一文化的演进历程可以从时间、空间、形式三个维度加以解析。

从时间维度上看，红色文化的发展经历了四个主要阶段。其一是萌芽阶段，即中国共产党成立初期，红色文化以宣言、标语、革命歌谣、地下报刊等形式初见端倪。这一阶段的文化具有鲜明的启蒙性质，旨在唤醒工农大众的阶级意识与革命觉悟。其二是成长阶段，主要涵盖土地革命与抗日战争时期。这一阶段的文化表现形式不断丰富，红色文艺、群众宣传、抗战戏剧等在革命根据地蓬勃发展，形成了与战争现实紧密结合的文化生态。其三是成熟阶段，始于新中国成立至改革开放初期，红色文化以制度化的形式全面融入教育、文艺、新闻等领域，样板戏、革命历史影视作品、大型主题展览等成为主流传播媒介。其四是转型与融合阶段，即改革开放至今，红色文化在新的技术与传播语境中不断重构，其表现形式从传统文艺扩展至数字影像、新媒体、文创产品、红色旅游等，展现出强大的适应力与生命力。

从空间维度上看，红色文化以井冈山、延安、西柏坡等革命圣地为发源地，逐步向全国范围辐射传播。这一文化在地理空间上呈现出由点到线再到面的扩散轨迹，使革命精神在中华大地广泛传播，深深扎根。以延安为例，这里不仅是革命圣地，更是红色文化的思想策源地，在延安时期形成和发扬的光荣传统和优良作风，培育形成的以坚定正确的政治方向、解放思想实事求是的思想路线、全心全意为人民服务的根本宗旨、自力更生艰苦奋斗的创业精神为主要内容的延安精神，是党的宝贵精神财富。红色文化通过打造具有象征意义的文化地标，构建起完整的空间叙事体系。这些地标如今成为开展红色文化教育与沉浸式体验的重要载体（图8-1至图8-6）。

图8-1 井冈山"胜利的号角"雕塑

（图片来源：央广网）

图8-2 江西于都中央红军长征出发地纪念碑

（图片来源：中国军网）

图8-3 井冈山"星火相传"主题雕塑

（图片来源：网络）

图 8-4　江西于都"长征渡口"

（图片来源：中国军网）

图 8-5　江西瑞金中华苏维埃临时中央政府大礼堂旧址

（图片来源：央视新闻）

图 8-6　"井冈红旗"雕塑

（图片来源：网络）

从形式维度上看，红色文化的艺术载体呈现出与时俱进的多样性特征。从最初的革命歌谣、木刻版画，到延安文艺座谈会后蓬勃发展的红色文学、革命题材戏剧与电影，再到当代VR沉浸式体验、红色动漫及短视频平台上的创新演绎，红色文化始终保持着与技术创新和受众审美的同步演进。红色文艺作品不仅承载着政治理念的传播功能，更通过艺术化的表现手法，以强烈的感染力、深刻的象征意义与独特的美学价值，唤起观众深层次的情感共鸣。这种艺术表达使红色文化超越了单纯的理念传播，从理念层面走向情感深处，成为兼具理性认知与情感认同的文化力量。红色文化所蕴含的审美价值亦不容忽视。从美育视角来看，它不仅塑造了崇高的民族英雄形象、展现了人民群众的集体伟力，更在表现形式上达到了极高的艺术水准。无论是《黄河大合唱》（图8-7）的磅礴气势，还是《地道战》《红色娘子军》等经典电影中鲜明的视觉语言，抑或是年画、版画中质朴生动的艺术表达，红色文化始终以饱满的情感、鲜明的风格与独特的审美追求唤起观赏者心灵的共鸣。

图 8-7　冼星海（前）指挥鲁艺学员排练《黄河大合唱》

（图片来源：陕西党建网）

进入新时代，红色文化以更加开放的姿态与时代相融合，不断探索与大众生活的深度融合。高校纷纷设立红色文化研究中心，红色文化进课堂成为思政教育的重要内容；各地兴起红色研学旅行热潮，让学生在实地体验中感悟历史的温度；网络空间涌现出大量红色主题的影视作品、纪实纪录片、短视频与互动游戏，增强了青少年对红色文化的认同感与兴趣。在这一背景下，红色文化实现了从"被动接受"到"主动参与"的转变，完成了从"文本阅读"到"沉浸体验"的跨越，更实现了从"庄严厚重"到"温暖亲切"的转型。红色文化绝非僵化、封闭的政治说教，而是一种根植于人民生活、与人类普遍情感相通的文化表现形式。它既彰显理想信念的力量，更通过细腻的艺术语言、真实的人物刻画和真挚的情感表达，唤起人们对正义、奋斗与牺牲的深切体悟。这种独特的文化力量，以润物无声的方式滋养着一代又一代的青年，帮助他们树立了崇高的世界观、人生观和价值观。

第二节
红色文化的美育功能

红色文化作为一种具有强大思想内核与深厚历史积淀的文化形态，其美育功能体现在多个层面。它不仅能陶冶情操、提升审美能力，更能在潜移默化中引导人们形成正确的价值观与世界观。在美育的视角下，红色文化所蕴含的崇高情感、英雄气概与人民情怀，是最具感染力与教育意义的美育资源之一。它通过形象化、生动化、艺术化的表达方式，将历史的厚重转化为美感的体验，使精神的崇高内化为人格的塑造，使道德的弘扬升华为审美的愉悦。

红色文化具有强烈的情感共鸣功能。美育注重通过感性直观的方式激发人们的情感认同与精神共鸣。红色文化中所展现的革命场景、英雄事迹、民族苦难与人民斗争，能够唤起人们内心最深处的情感。如在观看电影《建党伟业》时，观众不仅能够了解历史事件，更能从李大钊、陈独秀等革命先驱慷慨激昂、奋勇前行的精神面貌中感受到理想的崇高与信仰的力量。这种情感共鸣绝非简单的感动或同情，而是一种深层次的价值认同，是对人类理想追求与精神超越的美的体验。

红色文化具有审美意识的启发作用。它以独特的艺术风格和文化形态，为审美教育提供了丰富的资源。无论是《黄河大合唱》那气势磅礴的旋律，还是《地道战》（图8-8）、《红色娘子军》（图8-9）等经典影片中富有节奏、充满张力的影像表达，抑或是革命题材美术作品所呈现的精妙构图、色彩与意境，都展现出了极高的审美品位。这些作品所特有的庄严、崇高、集体性、悲壮之美，超越了日常生活中的浅层感官愉悦，更接近于崇高美的艺术境界。这种审美体验唤起了人们对英雄主义、理想主义与民族精神的深刻体悟，从而促进人类精神境界的升华。

图8-8 影片《地道战》

（图片来源：网络）

图8-9 影片《红色娘子军》

（图片来源：中国军网）

红色文化在美育中具有重要的价值塑造功能。真正有意义的美育，不仅在于培养审美能力，更在于通过审美活动提升人的精神境界与道德品格。红色文化所蕴含的集体主义、奉献精神、坚定信仰与家国情怀，构成了新时代社会主义核心价值观的重要基石。例如："长征精神"所展现的坚韧不拔与顽强不屈，使人明白生命的意义不在于个人的安逸，而在于为理想而奋斗；"雷锋精神"中无私奉献的行为方式，引导青少年在现实生活中践行利他主义；"抗美援朝精神"所彰显的家国情怀，则让人深切体悟到个人命运与国家民族之间的血脉相连。这些价值观不仅通过理性的方式传递，更以美的形式呈现，在美育的过程中实现对人的精神世界的塑造。

红色文化的美育功能还体现在唤醒人的主体意识与强化社会责任感方面。它突出人民群众在历史发展中的主体地位，主张每一个普通人都可以成为推动社会进步的力量。这种"人民本位"的文化理念，改变了传统美育中以精英审美为核心的思维模式，促进了大众美育的普及。在红色题材文艺作品中，工人、农民、战士、妇女、少年等普通人物形象被赋予崇高意义，强调他们的创造价值、牺牲精神与历史地位。这些艺术形象的塑造，有效激励着新时代青年树立社会责任意识与主人翁精神。在美育实践层面，红色文化为课堂教学、艺术活动、社会实践等提供了宝贵的资源。通过组织学生观看红色影视作品、参观革命遗址、参与红色主题文艺创作、研读革命历史人物传记等多元形式，不仅能够提升学生的审美素养，还能增强其历史意识、社会责任感与家国情怀。特别是在当前媒介环境中，利用数字技术对红色文化进行创意表达，使其与青年群体的审美趣味与媒介习惯更契合，能够更好地实现"审美体验—价值认同—情感升华"的教育目标。例如，借助AR技术重现长征路上的艰险情境，或通过沉浸式戏剧演绎抗战故事，这些创新形式不仅增强了红色文化的艺术表现力，还能显著提升美育活动的参与度与感染力。

红色文化还促进了审美教育的民族性建构。在美育全球化趋势下，如何坚定文化自信、彰显民族特色，成为教育工作者必须回应的重要课题。作为中华民族在近现代特殊历史条件下形成的独特精神资源，红色文化天然具备培育民族认同、增强文化自信的功能。它不仅讲述中国故事、传播中国声音，更以其独特的价值体系与审美品格，回应着世界多元文化语境下的"文化身份焦虑"问题，引导青少年认识自己的文化根脉，深入理解民族精神的内核。

红色文化的美育功能还体现在其所具备的道德唤醒与人格陶冶的作用上。美育不仅是技术性的艺术训练，更是心灵的教育与人格的塑造。红色文化所展现的英雄人物形象，往往在情感张力与人格深度上达到高度统一。如刘胡兰、杨靖宇、董存瑞等英雄人物，他们既以崇高的行为令人敬佩，又以高尚的人格彰显道德理想。通过讲述他们的感人事迹，学生不仅能够受到艺术审美的熏陶，更能受到道德情操的感召，在潜移默化中实现人格的升华与精神的自省。

红色文化的美育功能归根结底是一种融思想性、艺术性与教育性于一体的综合育人功能。它不仅顺应了当代社会对文化传承、价值引领和审美提升的需求，更在新时代的美育体系建设中发挥着不可替代的作用。在多元文化并存、价值观日趋多样化的今天，红色文化凭借其鲜明的理想感召力、情感凝聚力与艺术表现力，为构建具有中国特色的美育体系提供了坚实的思想支撑与丰富的教育资源。

第三节
红色文学作品

在红色文化体系中，红色文学作品以其深沉的情感力量、卓越的艺术表现力和鲜明的思想性，成为美育的重要载体。这类作品不仅真实反映了中国共产党领导人民进行革命斗争和社会建设的光辉历程，更通过独特的艺术手法，将民族精神、家国情怀与理想信念转化为可阅读、可体验、可感知的审美对象。红色文学作品因此成为连接历史与现实、融通思想与情感、融合艺术与教育的重要纽带。

红色文学诞生于中国社会剧烈变革、民族命运攸关的历史时期，是响应时代呼唤与人民需求的文学产物。它最初以革命宣传和启蒙教育为使命，逐步发展出丰富的题材类型与艺术形式。从早期的革命诗歌、通讯报道、小说创作，到后来涵盖戏剧、散文、报告文学等多元体裁，红色文学构建了兼具中国共产党意识形态特征与中华民族文化特质的文学体系。这些作品始终以人民为主体、以革命为主线、以历史为脉络、以英雄为典型，通过独特的文学表达激发读者的审美情感与价值认同。

20世纪30至40年代，随着抗日战争的爆发，红色文学进入迅速发展期。延安成为这一时期的文化高地，延安文艺座谈会鲜明地提出了"文艺为工农兵服务"的价值导向，为红色文学创作指明了方向。此后，大批革命作家深入生活实践、扎根人民群众，在战火硝烟中以笔为枪，书写民族苦难，讴歌人民抗争，创作出一系列具有时代精神与文学价值的佳作。例如：丁玲的《太阳照在桑干河上》（图8-10）生动展现了解放区农村的社会变革，反映了农民觉醒与妇女解放的历史进程；赵树理的《小二黑结婚》（图8-11）通过农村青年的爱情故事，艺术性地呈现了新旧思想的激烈碰撞；艾青的《我爱这土地》则以饱含深情的诗句，抒发了深沉的爱国主义情感。这些作品不仅具有强烈的现实批判精神，也在艺术表达上达到了一定的高度。

图8-10　丁玲《太阳照在桑干河上》

（图片来源：人民文学出版社）

图8-11　赵树理《小二黑结婚》

（图片来源：作家出版社）

红色文学作品蕴含着历史的厚重感和强烈的感染力。这些作品以真实历史事件为依托，成功塑造了大量感人至深的英雄人物与集体群像，如瞿秋白、江姐（图8-12）、刘胡兰、董存瑞、杨子荣等，成为一代又一代中国人心中的精神丰碑。这些人物形象并非简单的"高大全"，而是在生死考验的极端环境中展现出丰富人性光辉与坚定信仰的立体化人物形象。他们的牺牲不仅具有政治意义，更是一种崇高的审美呈现，是理想人格在极限境遇下的庄严升华，展现出震撼人心的精神力量。

红色文学作品以鲜明的语言风格著称，往往表达简洁、直接、有力，富有节奏感与激情，且具备极强的传播力与感染力。特别是在诗歌与散文创作中，红色文学作品通过凝练的情感表达与精准的节奏把控，使审美体验与情感共鸣实现完美融合。例如臧克家的《有的人》、郭小川的《团泊洼的秋天》、贺敬之和丁毅的《白毛女》（图8-13）等

图8-12　罗广斌、杨益言《红岩》

（图片来源：中国青年出版社）

经典作品，皆以洗练之笔绘英雄之魂，使文字成为传递精神力量的重要载体。

新中国成立后，红色文学创作进入新的发展阶段，其开始关注社会主义建设中涌现的新人物与新事件。柳青的《创业史》、周立波的《山乡巨变》、浩然的《艳阳天》、魏巍的《谁是最可爱的人》（图8-14）等代表性作品，展现了人民群众在社会主义建设中的奋斗精神与道德光辉。这一阶段的红色文学创作不仅延续了革命理想义传统，还探索了个人与社会、理想与现实之间的张力与辩证关系，在思想深度和艺术表现力上都实现了新的突破，极大地丰富了红色文学的思想内涵与审美维度。

图8-13　电影《白毛女》海报

（图片来源：鲤城档案公众号）

图8-14　魏巍《谁是最可爱的人》不同版本

（图片来源：新华网）

改革开放以来，红色文学面临新的历史语境与审美期待。许多作家以多元的叙述手法和现代的审美视角重新诠释红色题材，如贾平凹的《高老庄》、王树增的《抗日战争》《解放战争》《朝鲜战争》等文学作品，以细腻的笔法再现战争场景，刻画人物内心，使读者在史诗般的叙事中感受到生命的厚重与历史的真实。值得注意的是，这一时期当代红色文学创作还融入了女性视角、家庭伦理、心理成长等元素，极大地拓展了其表现维度。

在新时代背景下，红色文学继续焕发活力，并通过多种媒介形态实现融合传播。如将经典红色小说改编为影视剧、舞台剧和动漫作品，使红色文化以更贴近当代审美的表达方式，触达年轻群体。以梁晓声、麦家、王跃文等为代表的作家，继续书写当代革命题材与家国命运，通过文学手段探索红色精神的当代表达路径。与此同时，红色文学还借助主题出版工程、文化建设项目、青年征文等活动不断扩展其文化影响力，已然成为新时代主旋律文艺创作的中流砥柱。

红色文学作品不仅为读者提供审美愉悦，更能为其带来思想启迪与情感陶冶。它以叙述方式传达历史真理，以形象塑造启迪道德良知，以情节设置引导价值判断，是开展思想政治教育与审美教育的有效载体。通过阅读红色文学，青少年能够在欣赏文学之美的同时，感受到信仰之美、人格之美与奋斗之美，从而建立起对理想信念、责任担当、民族精神与未来愿景的审美认同。红色文学不仅是文化的载体、历史的见证，更是美育的桥梁，是新时代美育体系中不可或缺的重要组成部分。它以文字为桥梁，以情感为纽带，以精神为核心，连接过去与未来，引导当代青年在阅读中感受美、理解美、追求美，在文学中汲取精神力量，坚定理想信念，塑造健全人格，共同投身美好社会的建设事业。

第四节
红色影视与戏剧

　　红色影视与戏剧是红色文化艺术的重要表现形式，其凭借强烈的视觉感染力、丰富的情节张力和鲜活的角色塑造，成为传递红色精神、弘扬民族气节和开展美育教育的重要媒介。这些作品通过荧幕和舞台的艺术呈现，生动再现了历史的壮丽画卷与革命人物的精神品格，唤起观众深刻的情感共鸣和审美体验，在潜移默化中实现了思想启迪与审美教育的有机统一。

　　红色影视作品自新中国成立初期就肩负着传播国家意识形态的重要使命。20世纪五六十年代涌现的《英雄儿女》、《上甘岭》（图8-15）、《林海雪原》、《红色娘子军》等经典影片，多以真实或改编的历史事件为背景，塑造了一批英勇无畏、无私奉献的英雄形象。这些作品以坚定的理想信念为内核，融合了爱国情怀、家国忠诚与民族大义，不仅满足了当时大众的精神文化需求，更成为几代人心中不可磨灭的精神丰碑。

图8-15　电影《上甘岭》海报

（图片来源：中国军网）

　　20世纪70年代的样板戏是红色戏剧发展的特殊艺术形态，其代表作《智取威虎山》（图8-16）、《红灯记》、《沙家浜》等，创新性地将革命题材与京剧、芭蕾等艺术形式相融合，既保留了民族艺术的审美韵味，又实现了红色精神的艺术升华。尽管样板戏在创作题材与表现形式上存在特定历史条件下的局限性，但在美育层面具有重要意义，它们以铿锵有力的唱腔、凝练典雅的造型和英勇典型的人物形象，为观众带来崇高、庄严的美学体验，唤醒了人们对真善美的向往与追求。

图8-16　1970年上海京剧团《智取威虎山》剧组集体改编，北京电影制片厂摄制

（图片来源：鲤城档案公众号）

改革开放后，红色影视创作呈现出从宏大叙事向多元表达的艺术转型。一方面，诸如《高山下的花环》《焦裕禄》《离开雷锋的日子》等影片，将创作视角转向革命人物的内心世界和日常生活，展现其真实而动人的人性光辉。另一方面，以《建国大业》（图8-17）、《建党伟业》、《长津湖》、《八佰》、《悬崖之上》等为代表的大制作影片，则通过恢宏场面与精良制作打造红色史诗叙事，在吸引年轻观众的同时，也拓展了红色文化的视觉表达维度。

红色影视作品在人物塑造方面尤为注重精神气质的传达。无论是《地道战》中保家卫国的乡村抗日战士，还是《战狼Ⅱ》（图8-18）中英勇无畏的新时代中国军人，都通过生动的画面、对白与行动展现了坚定信念、集体主义、责任感与民族自豪感。这些精神内核与美育目标高度契合，引导观众在观影中感悟理想信念的力量，潜移默化地塑造正向审美价值观。

图8-17　电影《建国大业》海报

（图片来源：中国政协文史馆）

图8-18　电影《战狼Ⅱ》海报

（图片来源：网络）

戏剧作为传统与现代交融的艺术形式，在红色题材创作中始终发挥着不可替代的作用。无论是话剧、京剧、歌剧，还是地方戏曲，如越剧《江姐》、豫剧《朝阳沟》等，都以独特的艺术语言在不同历史阶段生动诠释着红色精神。近些年，舞台剧《延安保育院》、话剧《共产党宣言》、歌剧《长征》、舞剧《永不消逝的电波》等戏剧作品，也以其创新的艺术表现和现代化的舞台技术受到青年观众的青睐，使红色戏剧焕发出新的生命力，其美育功能也得到进一步彰显。

红色影视与戏剧不仅是历史叙事的艺术再现，更是情感教育和价值引领的重要载体。在银幕与舞台上，观众不仅能看到烽火硝烟中的英勇身影，更能感受到信仰的重量、牺牲的意义、团结的力量与理想的光芒。这种视觉与听觉的艺术震撼带来的是情感的激荡和精神的升华，在美育的维度上促使观众在审美体验中实现了从情绪共鸣到价值认同、从观念认知到行为引导的精神成长。

此外，红色影视与戏剧也在教育实践中发挥着重要作用。各级学校通过组织学生观影观剧、舞台表演等方式，将欣赏红色经典作品作为思政课的延展内容，让学生在艺术欣赏中读懂革命历史、感悟英雄情怀、树立正确的价值观。许多高校也组织创排原创红色剧目，如清华大学原创话剧《马兰花开》、北京大学音乐剧《觉醒年代》等，这些实践不仅培养了学生的艺术创造力与表达能力，也在排练与演出中潜移默化地实现了美育与德育的深度融合。在传播媒介日益多元的今天，红色影视与戏剧也在不断寻求创新表达路径。数字技术、虚拟现实、交互视频等新形式被引入红色题材创作，传统红色艺术形式正被赋予数字时代的青春活力。

第五节
红色美术作品

　　红色美术作品作为红色文化的重要表现形式，是历史与艺术的深情交融，也是精神信仰与审美意蕴的形象化表达。通过绘画、雕塑、版画、宣传画等多种形式，红色美术将革命斗争的真实场景、英雄人物的光辉形象以及人民群众的精神风貌生动地呈现于世人眼前。它不仅是记录中国共产党奋斗历史的珍贵图像见证，更是激发人民情感共鸣、培育高尚情操的重要美育资源。

　　红色美术起源于中国共产党早期的宣传教育需要。20世纪20年代末至30年代初，许多文艺工作者深入工农兵群众，创作了大量版画、油画、素描等作品，用以传播革命思想、鼓舞斗志。例如鲁迅先生大力倡导的中国新兴木刻运动，培养出李桦、古元、彦涵等一批杰出的革命版画家，他们的作品如《怒吼吧，中国！》等，以强烈的黑白对比和凝练的构图语言，表现出中国人民的悲愤与抗争，成为早期红色美术的重要典范。抗日战争时期，红色美术进一步走向群众化与战斗化。延安鲁艺成为当时红色艺术的中心，众多艺术家在此学习和创作，形成了具有鲜明时代特征和革命精神的艺术风貌。古元的版画《减租斗争》、华君武的政治漫画、大生产运动宣传画等广泛张贴在根据地农村，不仅作为政治宣传工具发挥了重要作用，也以简洁有力、富有感染力的艺术形式传递出视觉美感与时代情绪。

　　新中国成立后，红色美术进入了系统化发展与国家主导的新阶段。20世纪50年代至70年代，艺术创作以重大历史题材与社会主义建设为中心，涌现出一大批具有高度艺术水准和强烈政治内涵的经典作品。如董希文的油画《开国大典》，以鲜明的色彩与宏大的构图定格了新中国成立的伟大时刻；刘春华的油画《毛主席去安源》，则通过油画语言，塑造了毛泽东坚毅果敢、心系人民的伟岸形象。这些作品不仅成为国家美术馆的重要收藏，也作为教科书插图、壁画与邮票图案深入人心，逐步构建起一整套红色视觉记忆体系。

　　红色宣传画在这一时期占据独特地位。它以高度程式化、大众化的方式传播政治理念，标语响亮、构图简练、色彩热烈，成为大众生活中无处不在的视觉符号。如"向雷锋同志学习""人民公仆焦裕禄""农业学大寨"等系列宣传画，通过张贴、印刷、墙绘等方式深入农村、工厂、学校，其美术风格深深植入几代人的视觉记忆，成为中国现代美术史上不可忽略的一笔。改革开放以来，红色美术逐渐从工具性表达转向多元化与个性化的艺术探索。一方面，艺术家们继续围绕革命题材进行创作，不断深化对红色历史与人物的审美表达，作品风格日趋写实、写意兼容，表现形式更加丰富。另一方面，部分艺术家尝试将红色题材与当代艺术语言相结合，探索观念艺术、装置艺术、影像艺术等新路径，使红色美术更具时代张力与批判意识。老一代艺术家持续以革命历史画为主题创作大型壁画和连环画，作品兼具叙事与美学价值；而年轻一代艺术家则通过数字绘画、虚拟展览等形式，在网络空间中延展红色视觉文化的表达边界。

人类遗产:非遗之美

中华优秀传统文化是中华民族的根与魂,而非物质文化遗产(以下简称"非遗")则是这一文化在千百年历史长河中沉淀下来的鲜活印记。非遗,既是祖辈口耳相传、薪火相继的生活智慧与艺术结晶,也是今天我们进行美育教育、传承民族精神的重要载体。在新时代的美育体系中,非遗不再只是静止的传统符号,更是一种有温度的文化体验,一种可触、可感、可悟的审美过程。其深厚的文化内涵、独特的艺术形式和深远的精神力量,已成为培育青少年文化认同、提升审美素养和坚定民族自信心的重要源泉。

第一节
非遗的分类

联合国教科文组织《保护非物质文化遗产公约》中所称非物质文化遗产,指被各社区、群体,有时是个人,视为其文化遗产组成部分的各种社会实践、观念表述、表现形式、知识、技能,以及相关的工具、实物、手工艺品和文化场所。这种非物质文化遗产世代相传,在各社区和群体适应周围环境以及与自然和历史的互动中,被不断地再创造,为这些社区和群体提供认同感和持续感,从而增强对文化多样性和人类创造力的尊重。因此,非物质文化遗产不仅是过去的记忆,更是活态的、在日常生活中持续影响着每一代人的文化力量。

根据联合国教科文组织的定义,非物质文化遗产可以分为五大类:口头传统和表现形式,包括作为非物质文化遗产媒介的语言;表演艺术;社会实践、仪式、节庆活动;有关自然界和宇宙的知识和实践;传统手工艺。

一、口头传统和表现形式

口头传统是非物质文化遗产中最基础的组成部分,涵盖了民间故事、传说、诗歌、俚语、相声、曲艺、方言、说唱等多种形式。它们不仅是语言的表达形式,更是民众生活、历史与文化的叙事载体。通过口耳相传,口头传统帮助传递了代代积累的关于人性、道德、历史与自然的深刻洞见。如各地的民间故事以及说唱艺术,如评书、京韵大鼓(图9-1)等,都是口头传统的重要体现。

二、表演艺术

表演艺术包括戏曲、舞蹈、歌唱、杂技等,涵盖了从人物表演到音乐、舞蹈等多维度的艺术表现形式。

中国传统的京剧、昆曲、越剧等戏曲艺术，是表演艺术中的重要组成部分，它们凭借精湛的唱腔、表演和造型，生动展现出民族的精神风貌与艺术追求。而诸如藏族舞蹈、傣族孔雀舞（图9-2）等舞蹈艺术，则通过优美的肢体语言，传递出深厚的情感内涵与文化精髓。通过戏曲和舞蹈的表演，非遗让我们能够直观地感受到中华传统文化中人与自然、人与人之间和谐关系的深刻表达。

图9-1　京韵大鼓

（图片来源：网络）

图9-2　杨丽萍傣族孔雀舞

（图片来源：新华社）

三、社会实践、仪式、节庆活动

这类非遗主要体现为各民族的传统节庆、民俗活动、婚丧嫁娶仪式、传统祭祀等。这些活动承载着重要的文化象征与社会功能。这些活动和仪式是人们表达对自然和生命的敬畏与感恩、传递情感、维系社会纽带的重要方式。诸如春节、中秋、端午等传统节日，已成为凝聚文化认同的重要标志。其他如苗族的"苗年"、傣族的"泼水节"、藏族的"雪顿节"等，则充分展现了不同民族的特色与丰富的文化内涵。

四、有关自然界和宇宙的知识和实践

这类非遗包括传统医学、传统农业技术、环境保护知识等，它们植根于特定自然环境与社会生活中。

中国传统医学，尤其是中医，涵盖了丰富的草药知识、治疗方法以及健康理念；传统农业技术，如水稻种植、果树栽培等，体现了人类与自然的和谐共生。随着环境保护意识的增强，这些蕴含可持续智慧的生产和生活实践，正日益受到重视，并得到重新发掘和应用。

五、传统手工艺

传统手工艺是非物质文化遗产的重要组成部分，涵盖民间手工艺、生产工具制作及传统建筑技艺等方面。这些技艺不仅体现了精湛的工艺水平，更是民族艺术与审美的表达。无论是江南的苏绣、西藏的藏饰工艺，还是福建的竹编和山西的刺绣，传统技艺代表了不同地域的文化传统和艺术特色。通过对这些技艺的传承与创新，传统工艺不仅得以保留，并成为现代设计和创作的灵感来源。

第二节
非遗的美育价值

非物质文化遗产不仅承载着深厚的历史和文化积淀，其美育价值更是在当今社会中不断被发掘和弘扬。非遗的美育价值表现在多个层面，不仅有助于提升个体的审美意识和艺术素养，还能在更深层次上塑造社会的文化认同和精神追求。

一、唤醒民族文化认同

非遗是民族文化的载体，蕴含着一个民族在漫长历史进程中对生活的智慧总结、对美的追求和对理想与精神的传承。通过非遗的教育，个体——尤其是青少年——能够更好地理解并认同自己的文化根源。这种文化认同感能够激发他们对自身传统的自信，增强文化自觉和民族自豪感。例如，学习中国传统音乐、舞蹈、戏曲等艺术形式，不仅使学生领略到艺术之美，更能让他们深刻体会其背后所蕴含的民族精神与文化价值。尤其在全球化的背景下，非遗的美育作用愈发重要。在现代化和西方文化的影响下，年轻一代可能会对传统文化产生疏离感，而非遗通过艺术的传承与表达，帮助他们在多元文化的交融中坚守文化根本，重建文化自信。

二、激发艺术创造力

非遗艺术作品通常具有独特的艺术形式与技艺，它们承载着民族的创意、智慧与审美理念。学习和欣赏这些传统艺术，能为学生打开全新的审美视野，激发他们的创新思维和艺术创造力。以中国的剪纸艺术、陶艺、刺绣等为例，它们展现出精湛的技艺与巧妙的构思，学生学习这些传统技艺，不仅能够掌握一定的技艺，还能在传统与现代的碰撞中，获得创造性的启示。非遗的美育意义不仅在于模仿和传承，更在于启发学生将传统技艺与当代艺术进行融合，创新出新的艺术形态。这种文化的继承与发展是非遗所具有的重要美育功能，也为现代艺术创作提供了丰富的灵感与创作路径。

三、培养审美与情感素养

非遗艺术作品的美学价值在于其所传递的情感与精神内涵。无论是传统的民间音乐、舞蹈，还是戏曲、手工艺等，每一项非遗艺术形式都承载着深厚的情感记忆与文化内涵。这些艺术形式以独特的表达方式，使人们在欣赏和体验过程中培养起对美的感知力和对情感的体悟力。例如，传统戏曲中的每一段唱腔、每一个动作，都蕴含着丰富的情感表达。戏曲艺术通过唱、念、做、打等多种艺术手段，传递着忠诚、勇敢、仁爱等美德，这种艺术化的情感教育能够帮助学生更好地理解人与人之间的情感联系以及社会道德规范，进而提升他们的情感素养。

此外，非遗的审美价值也引导人们在日常生活中保持对美的追求。无论是传统节庆浓郁的文化氛围，还是手工艺品中所体现的的匠心与细致，非遗始终以各种美的形态提醒我们：生活应当追求高尚、优雅与精致。这种潜移默化的影响，不断塑造人们的审美情趣和生活态度。

四、弘扬社会主义核心价值观

非遗不仅是传统文化的象征，也承载着积极向上的社会价值和理想。通过非遗的学习和传播，我们能够更深刻地理解传统文化中所蕴含的社会主义核心价值观，如集体主义、尊老爱幼、勤劳节俭、家国情怀等。例如：传统节庆中强调家族团圆、尊敬长辈的仪式，体现了家庭和社会的稳定与和谐；传统手工艺的传承，则彰显了劳动与创造的意义。借助非遗的美育功能，学生不仅能够更深入地理解传统文化的内涵，还能够通过艺术的感染，将其内化为自身的行为准则。在这一过程中，非遗扮演了时代文化的传递者，帮助人们在当代社会中重新认同并弘扬传统美德。

第三节
非遗技艺与艺术表现

非遗中的技艺与艺术表现，是传统文化深厚底蕴的具体表现，凝聚了民族文化的智慧与生活方式。它们涵盖了民间艺术、手工艺、表演艺术等多个领域，在千百年的历史中不断传承、演化与发展。即便在全球化的今天，这些技艺与艺术依旧焕发着生机与活力。非遗技艺不仅是文化的传承，其艺术表现形式也深刻塑造着现代社会的审美观念和艺术创作，成为当代美学与文化教育的重要源泉。非遗技艺大多与地方性、民族性和历史性密切相关，集中体现了特定社会群体的生存智慧、审美理念和文化价值观。这些技艺形态往往具有鲜明的地域特色和艺术风格，承载着丰富的文化内涵。例如，江南水乡的丝绸刺绣，北方草原的蒙古族马具制作，西南少数民族的蜡染技艺等，都展现出独特的工艺技法与美学追求。它们不仅表现出对自然与生活的高度感知与理解，也深刻映射了当地民众的精神世界与生活理想。在每一种非遗技艺中，都蕴含着人与自然、人与社会、人与精神世界之间的和谐统一。比如，瓷器的制作工艺不仅仅是物质上的创造，更承载着中国传统哲学、宇宙观、艺术审美的深刻表达。无论是景德镇的青花瓷，还是汝窑、定窑的白瓷，每一件作品不仅展现出精湛的工艺技巧，还折射出"天人合一"的传统理念。透过这些技艺，我们不仅能看到手工艺者的高超技艺，还能感受到其对宇宙、自然和生命的深刻理解。

非遗的艺术表现形式丰富多样，无论是戏曲、音乐、舞蹈，还是雕刻、剪纸、陶艺等，每一种形式都承载着不同的情感和文化意义。它们往往源于生活，又融于日常应用与节庆仪式之中，渗透至社会的各个层面。

一、民间戏曲与表演艺术

民间戏曲是非遗艺术中具有代表性的艺术形式。它融合了歌唱、舞蹈、表演、舞台美术等多种艺术手段，展现了丰富的民族文化内涵和历史叙事。如京剧、昆曲、黄梅戏、豫剧等，都是具有浓厚地域特色的戏曲类型。每一种戏曲艺术形式，都具备独特的表演技巧、唱腔风格和服装道具，演绎着不同的历史传奇和人物命运。这些戏曲艺术以其高度的表现力和艺术性，不仅满足了观众的审美与娱乐功能，更传递出道德观念、伦理准则、社会理想等深层次的文化价值。

二、民间音乐与舞蹈

民间音乐是非遗艺术中的重要组成部分，涵盖了不同民族的音乐风格与艺术形态。它不仅有丰富的旋律与节奏，更承载着深刻的情感表达。例如：西藏的"藏族歌舞"，通过歌唱与舞蹈结合的形式，表达了藏民族对自然、生活和神灵的敬仰；新疆的"维吾尔族木卡姆艺术（十二木卡姆）"则是集歌、舞、乐于一体的综合艺术形式，其以独特的音调和歌舞结合的形式，讲述了历史、爱情和英雄故事。民间音乐和舞蹈艺术深深植根于地域特色、民俗风情和日常生活之中，反映了人民群众的情感世界与社会风貌。

三、手工艺与工艺美术

手工艺是非遗艺术中极具代表性的艺术表现形式之一。中国传统的工艺美术如陶瓷、刺绣、竹编、木雕、皮影（图9-3）等，每一项都具有独特的技术要求和美学标准。以苏绣（图9-4）为例，其刺绣工艺极为考究，针法精细复杂，每一针每一线都凝聚着匠人的精湛技艺与专注精神。这些手工艺品不仅装点了人们的日常生活，创造出精美的艺术品，更承载着深厚的历史文化与民俗传统，是不可或缺的文化遗产。每一件手工艺作品，都是技术与艺术的完美结合。无论是景德镇的青花瓷，还是山西的布艺、陕西的皮影，其制作工艺背后都蕴藏着民族的审美哲学与情感表达。它们以精湛的技艺和丰富的艺术表现形式，展现了大众对美的追求和对生活的深刻理解。

图9-3 皮影戏影人

（图片来源：中国非物质文化遗产网）

图 9-4 苏绣

（图片来源:浙艺手工艺学院公众号）

四、民间艺术与节庆活动

不同地区的节庆活动往往有着其特定的文化表现形式。如舞龙、舞狮、庙会等传统庆典，不仅民俗色彩浓郁，还融合了多民族传统技艺与艺术表现。春节期间的舞龙舞狮表演（图9-5）中，表演将传统的舞蹈技巧与图腾文化巧妙结合，展现了对新一年的美好祝愿与对祖先文化的敬仰与传承。这类节庆艺术，既是文化传递的重要载体，也是增强文化凝聚力的体现。

图 9-5 舞龙舞狮表演

（图片来源:澎湃新闻）

五、民间文学与口头艺术

民间文学和口头艺术是非遗艺术的另一表现形式，包括民间故事、传说、歌谣、诗歌、方言等多种类型。这些口头艺术是文化认同和代际传承的核心组成部分。例如，中国的《山海经》《西游记》等古代经典，不仅是文学瑰宝，更是凝聚民族智慧的象征。通过学习民间文学，孩子们能够接触文化的根源，了解历史脉络，并深切感受传统故事中蕴含的智慧和情感。

尽管非遗艺术承载着深厚的传统文化积淀，但随着时代发展，它们也在持续转型和创新。现代艺术家和匠人将传统技艺与现代设计理念相结合，赋予非遗艺术新的生命力和表达方式。非遗艺术不仅深入大众日常生活，还成为现代文化和设计的重要元素。通过创新转型，非遗艺术实现了新的诠释和表现形式，向公众展现出文化的多样性与包容性。与此同时，借助数字化保护、虚拟展览等现代技术手段，非遗艺术得以突破传统的文化语境，向全球观众展示其独特的魅力，在全球化背景下产生更广泛的影响。

参 考 文 献

[1] 黑格尔.美学[M].朱光潜，译.北京：商务印书馆，1979.

[2] 亚里士多德.诗学[M].罗念生，译.北京：人民文学出版社，2022.

[3] 李泽厚.美的历程[M].天津：天津社会科学院出版社，2001.

[4] 贡布里希.艺术的故事[M].范景中，译.北京：生活·读书·新知三联书店，1999.

[5] 王宏建.艺术概论[M].北京：文化艺术出版社，2000.

[6] 陈传席.中国绘画美学史[M].北京：人民美术出版社，2000.

[7] 童庆炳.文学理论教程[M].5版.北京：高等教育出版社.

[8] 张前，王次炤.音乐美学基础[M].北京：人民音乐出版社，1992.

[9] 吕艺生.舞蹈美学[M].北京：中央民族大学出版社，2011.

[10] 于平.舞蹈文化与审美[M].北京：中国人民大学出版社，2005.

[11] 彭吉象.影视美学[M].3版.北京：北京大学出版社，2019.

[12] 李四达.数字媒体艺术概论[M].2版.北京：清华大学出版社，2012.

[13] 黄鸣奋.新媒体与西方数码艺术理论[M].上海：学林出版社，2009.

[14] 王文章.非物质文化遗产概论[M].修订版.北京：教育科学出版社，2013.

[15] 宋俊华.中国非物质文化遗产保护发展报告（2015）[M].北京：社会科学文献出版社，2015.